Computertechnik für Arbeitnehmervertreter, Band 2
Personaldatenverarbeitung und Arbeitnehmerrechte

Computertechnik für Arbeitnehmervertreter

Band 2
Herausgegeben von der Technologieberatungsstelle beim DGB Landesbezirk Nordrhein-Westfalen und dem Ministerium für Arbeit, Gesundheit und Soziales des Landes Nordrhein-Westfalen

Dieser Leitfaden ist Ergebnis des Projektes »Computertechnik für Arbeitnehmervertreter«, das vom Ministerium für Arbeit, Gesundheit und Soziales des Landes NRW im Rahmen des Programms »Sozialverträgliche Technikgestaltung« gefördert und von der Technologieberatungsstelle beim DGB-Landesbezirk NRW durchgeführt wurde.

Projektleitung:	Gottfried Richenhagen
Projektmitarbeiter:	Klaus-Dieter Heß, Knut Koslowski, Simone Odierna, Ralf Wortelkamp
Grafik:	Roland Henß-Dewald
Projektanschrift:	Technologieberatungsstelle beim DGB Landesbezirk NRW Lothringer Str. 62 4200 Oberhausen 1 Tel.: 0208/25046

Wir danken Hildegard Andermahr, Ulrike Henseleit und Paula Peitz für ihre Geduld beim Schreiben der Texte.

Klaus-Dieter Heß

Personaldatenverarbeitung und Arbeitnehmerrechte

Ein Referentenleitfaden

Bund-Verlag

CIP-Titelaufnahme der Deutschen Bibliothek

Hess, Klaus-Dieter:
Personaldatenverarbeitung und Arbeitnehmerrechte :
ein Referentenleitfaden / Klaus-Dieter Hess. -
Köln : Bund-Verl. 1990
    (Computertechnik für Arbeitnehmervertreter ; Bd. 2)
    ISBN 3-7663-2161-7
NE: GT

© 1990 by Bund-Verlag GmbH
Lektorat: Gunther Heyder
Herstellung: Heinz Biermann
Graphik Design: Roland Henß-Dewald
Satz: Typobauer Filmsatz GmbH, Ostfildern 3
Druck: Wagner, Nördlingen
Printed in Germany 1990
ISBN 3-7663-2161-7

Alle Rechte vorbehalten,
insbesondere die des öffentlichen Vortrags,
der Rundfunksendung und der Fernsehausstrahlung,
der fotomechanischen Wiedergabe,
auch einzelner Teile.

Inhalt

Vorwort 7

Einführung 9

Lehreinheit 1
»Einführung und Bestandsaufnahme« 1–1

Lehreinheit 2
»Aufbau und Funktionsweise von Personalinformationssystemen« 2–1

Lehreinheit 3
»Interessen bei der Einführung der computergestützten Personaldatenverarbeitung« 3–1

Lehreinheit 4
»Zentrale Gefährdungsbereiche für Arbeitnehmer und gewerkschaftliche
Gegenmaßnahmen« 4–1

Lehreinheit 5
»Einführungsstrategie der Unternehmen und Vorgehensweise der betrieblichen Interessenvertretung« 5–1

Lehreinheit 6
»Rechtliche Rahmenbedingungen« 6–1

Lehreinheit 7
»Regelungstatbestände und Betriebsvereinbarungen« 7–1

Kommentierte Literaturliste und Liste von einsetzbaren Videos 8–1

Stichwortverzeichnis 9–1

Vorwort

Betriebsverfassungsgesetz und Personalvertretungsgesetze weisen der Interessenvertretung beim Einsatz von EDV-Systemen Informations-, Beratungs- und Mitbestimmungsrechte zu. Die Wahrnehmung dieser Rechte setzt entsprechende Qualifikationen der Betriebs- und Personalräte voraus. Daher ist die Entwicklung und Durchführung von Lehrgängen für die Interessenvertretung von großer Bedeutung.

Die Technologieberatungsstelle beim DGB Landesbezirk NRW (TBS) hat aus diesem Grunde anknüpfend an Erfahrungen mehrjähriger Bildungsarbeit einen Lehrgang entwickelt, der Betriebsräte in die Lage versetzt, die Interessen der Beschäftigten bei der Einführung und beim weiteren Ausbau von EDV-Systemen qualifiziert zu vertreten. Die Lehrgangsentwicklung wurde mit Mitteln des nordrhein-westfälischen Landesprogramms »Mensch und Technik − Sozialverträgliche Technikgestaltung« gefördert. Ziel war es, unter dem Titel »Computertechnik für Arbeitnehmervertreter« ein Curriculum in Form von Referentenleitfäden bereitzustellen, nach dem Referenten im Bereich »Arbeit und Technik« Seminare durchführen können.

Als Ergebnis des Projektes sind 3 Lehrgänge entstanden:

− Grundwissen zur Technikgestaltung (Grundlehrgang);
− Personaldatenverarbeitung und Arbeitnehmerrechte (Aufbauseminar);
− Vernetzung und Integration (Aufbauseminar).

Das Lehrgangskonzept ist branchenübergreifend angelegt und umfaßt alle beruflichen Tätigkeiten. Der modulare Aufbau stellt sicher, daß sich unterschiedliche Voraussetzungen und Bedürfnisse der Teilnehmer durch Austausch und Anpassung einzelner Elemente relativ einfach berücksichtigen lassen. Die Leitfäden entstanden us der Erfahrung mehrjähriger Bildungsarbeit. Sie geben dem Referenten neben fachlichen Informationen auch didaktisch-methodische Hinweise und stellen zahlreiche Arbeitsmaterialien bereit. Richtungsweisend ist dabei die Einbeziehung von Demonstrationsrechnern in die Lehrgangsentwicklung.

Die TBS leistet durch dieses Lehrgangskonzept einen entscheidenden Beitrag zur bislang vernachlässigten Qualifizierung betrieblicher und gewerkschaftlicher Interessenvertreter, die für die zukunftsorientierte und sozialverträgliche Technikgestaltung in NRW unverzichtbar ist.

Hermann Heinemann,
Minister für Arbeit, Gesundheit
und Soziales des Landes
Nordrhein-Westfalen

Dieter Mahlberg,
Vorsitzender des
DGB Landesbezirks
NRW

Einführung

I. Die Konzeption des Curriculums

Das Curriculum »Computertechnik für Arbeitnehmervertreter« kann und will das traditionelle Angebot gewerkschaftlicher und gewerkschaftsnaher Bildungsarbeit nicht ersetzen, sondern es versteht sich als seine Fortführung und Ergänzung. Daher wird vorausgesetzt, daß die Teilnehmer/innen die üblichen von den Einzelgewerkschaften angebotenen Betriebsräte-Seminare absolviert haben.

Das Curriculum folgt dem Konzept einer politisch orientierten Fachbildung, indem es von der Erfahrung ausgeht, daß für die arbeitnehmerorientierte Gestaltung von EDV-Systemen im Betrieb technisches, arbeitsorganisatorisches und betriebsverfassungsrechtliches Fachwissen unabdingbar ist. Durch die Erarbeitung gesellschaftlicher und wirtschaftlicher Rahmenbedingungen des EDV-Einsatzes stellt es sich aber auch der Tatsache, daß auf der betrieblichen Ebene allein eine sozialverträgliche Technikgestaltung nicht erreicht werden kann.

Der Umfang des notwendigen Fachwissens wird nicht von fachdisziplinären Überlegungen bestimmt, sondern nach den Kriterien der Praxis- und Handlungsorientierung.

Praxisorientierung bedeutet, daß Inhalte ausgewählt wurden, die für die betriebliche Situation der Einführung und des Ausbaus von EDV-Systemen von zentraler Bedeutung sind, d.h. die zum Verständnis und zur Analyse dieser Situation benötigt werden. Denn Voraussetzung für eine qualifizierte Interessenvertretung ist ein adäquates Verständnis dieser Wirklichkeit; nur wer die (zum Teil auch vorgetäuschte) Sachlogik und die hinter der Einführung von EDV-Systemen stehenden Interessen zu erkennen in der Lage ist, kann darauf kritisch und konstruktiv reagieren.

Ein Lehrgang für Interessenvertreter darf jedoch nicht bei der Analyse der betrieblichen Wirklichkeit stehenbleiben, sondern er muß arbeitnehmerorientierte Gestaltungsalternativen aufzeigen und zu praktischem **Handlungswissen** weiterentwickeln. Wo direkte praktische Empfehlungen nicht möglich sind, sollte er mit den Teilnehmern Orientierungspunkte für Handlungsentscheidungen erarbeiten.

Folgende Kenntnisse, Fertigkeiten und Fähigkeiten liegen dem Curriculum als **Groblernziele** zugrunde:

1. Die Fähigkeit zum frühzeitigen Erkennen geplanter Rationalisierungsmaßnahmen,
2. Die Fähigkeit zum selbständigen Abschätzen und Beurteilen insbesondere der betrieblichen Auswirkungen von EDV-Anwendungen,
3. Die Kenntnis und Fähigkeit zur selbständigen Anwendung arbeitnehmerorientierter Kriterien für die Auswahl und Gestaltung von Hard- und Software sowie für die Gestaltung der Arbeitsorganisation,
4. Das Wissen um rechtliche und gewerkschaftliche Handlungsmöglichkeiten sowie um praktische Vorgehensweisen zur Wahrnehmung dieser Möglichkeiten,
5. Die Fähigkeit zur Entwicklung und Vertretung überbetrieblicher politischer Forde-

rungen, die sich aus der Notwendigkeit sozialverträglicher Technikgestaltung ergeben,

6. Die Bereitschaft zum Handeln und die Fähigkeit, eigene diffuse Computerängste zu differenzieren, zu bewerten und in Handlungsbereitschaft umzusetzen,

7. Aktualisierte und sachspezifisch ausgeprägte allgemeine Kompetenzen der Informationsbeschaffung und -bewertung sowie Handlungs-, Vermittlungs-, Analyse- und Formulierungskompetenzen.

Es wurden drei **Bausteine** erstellt: ein Grundseminar mit dem Titel »Grundwissen zur Technikgestaltung« (Band 1 dieser Reihe), ein Aufbauseminar zu dem Thema »Integration und Vernetzung« (Band 3) sowie das vorliegende Aufbauseminar: »Personaldatenverarbeitung und Arbeitnehmerrechte«. Jedes Seminar besteht aus mehreren **Lehreinheiten,** die wiederum in **Arbeitsschritte** (AS) gegliedert sind.

Das Lehrgangskonzept ist branchenübergreifend angelegt und umfaßt alle beruflichen Tätigkeiten. Der modulare Aufbau stellt sicher, daß sich unterschiedliche Voraussetzungen und Bedürfnisse der Teilnehmer durch Austausch und Anpassung einzelner Elemente relativ einfach berücksichtigen lassen.

II. Einsatz von Demonstrationscomputern

Daß in der gewerkschaftlichen Bildungsarbeit innerhalb der Thematik »Neue Technologien und Arbeitswelt« der Einsatz von Demonstrationscomputern sinnvoll ist, kann mittlerweile als unbestritten gelten. Es stellt sich jedoch die Frage nach dem »Wie«. Im Curriculum »Computertechnik für Arbeitnehmervertreter« werden vier Einsatzebenen realisiert:

1. Funktionsweise von EDV verdeutlichen

Hierbei geht es um die Demonstration der generellen Funktionsweise von EDV-Anlagen. (Beispiel: EVA-Prinzip oder Erklären einzelner Hardware-Komponenten im Grundseminar). Im Aufbauseminar können etwa Strukturen von Datenbanken verdeutlicht werden.

2. EDV-Anwendungsgebiete veranschaulichen

In dieser Einsatzebene stehen folgende Fragen im Mittelpunkt:
– Wo liegen die Substitutionspotentiale der EDV?
– Welche Arbeitsgebiete bzw. Teiltätigkeiten werden durch EDV-Systeme ersetzt?
– Wie funktioniert die Arbeit an/mit den neuen Geräten (Funktionsteilung Mensch/Maschine)?
So läßt sich beispielsweise an einem Textverarbeitungsprogramm demonstrieren, welche Tätigkeiten vom Menschen auf das System verlagert werden (Formatieren, automatische Trennung, Bausteintechnik, ...).

3. Auswirkungen des EDV-Einsatzes aufzeigen

Indirekt lassen sich auch Auswirkungen des Einsatzes von EDV-Systemen veranschaulichen. Im vorliegenden Baustein zur computergestützten Personaldaten-

Einführung   11

verarbeitung können z.B. durch die Simulation eines Personalinformationssystems und der Leistungserfassung an Bildschirmgeräten die darin enthaltenen Kontrollpotentiale aufgezeigt werden.

4. Prinzipien der Gestaltung demonstrieren

Auf dieser Ebene geht es innerhalb des Curriculums hauptsächlich um die Demonstration software-ergonomischer Prinzipien. Hier ist aber auch einzuordnen die Demonstration von möglichen Zugriffsschutzsystemen sowie von in Betriebsvereinbarungen zu fordernden Protokollierungsdateien.

Über die Einsatzebenen hinaus bieten sich drei verschiedene didaktisch-methodische Vorgehensweisen an:

1. Die Demonstration durch den Referenten,
2. Praktische Übungen durch die Teilnehmer,
3. Der Einsatz von Lernprogrammen.

Hier wurde der ersten Einsatzform der Vorzug gegeben. Denn der für die anderen Einsatzformen notwendige Erwerb von Bedienerqualifikationen belastet den Seminarverlauf zusätzlich, ohne daß er unter den gegebenen Rahmenbedingungen einen wesentlichen Beitrag zur Erreichung der Lernziele leistet.

III. Hinweise zum Gebrauch dieses Bausteins

Jede Lehreinheit des Bausteins »Personaldatenverarbeitung und Arbeitnehmerrechte« enthält

– eine Beschreibung der angestrebten **Lernziele** und einen Hinweis auf die dort behandelten **Lerninhalte**,

– einen **Kurzzugang**, der zu Planungszwecken in konzentrierter Form einen Überblick über Inhalte, Didaktik und Methodik der Lehreinheit bietet,

– eine **Langfassung**, die die Inhalte und die vorgeschlagene Methodik ausführlich darstellt,

– Hinweise zum **Demonstrationsrechnereinsatz**, falls er für die Lehreinheit vorgesehen ist,

– **Literaturhinweise**,

– **Arbeitstransparente** (»Folien«),

– **Arbeitsblätter**, die entweder Aufgaben für Arbeitsgruppen enthalten oder als Tischvorlage für die Teilnehmer/innen Verwendung finden können.

Zusätzlich zu diesen Elementen, die in jeder einzelnen Lehreinheit enthalten sind, werden am Ende dieser Einleitung **allgemeine didaktisch-methodische Hinweise** gegeben, die auf generelle Schwierigkeiten und Vorgehensweisen eingehen, wie insbesondere Vorbereitung und Durchführung eines die einzelnen Lehreinheiten übergreifenden **Planspiels.** Das Ende dieses Bausteins bildet eine kommentierte Liste von themenrelevanten Büchern und Aufsätzen sowie Videos.

Die Langfassung gibt einerseits die Inhalte des Seminars in der Form wieder, wie sie behandelt werden sollen. Dies dient dem Referenten zugleich als Erinnerung. Andererseits sind, hervorgehoben durch gerasterte Kästen, Vorschläge für das didaktisch-methodische Vorgehen eingearbeitet. Sie beziehen sich auf die Wahl geeigneter Arbeitsformen (Referat, Lehrgespräch, Arbeitsgruppen, Plenum, Planspiel, Betroffenenbericht, Einzel- oder Partnerarbeit), die Auswahl und den Gebrauch der Medien (Folien, Tafel, Wandzeitung, Arbeitsblatt) und enthalten Verweise auf den Demonstrationsrechnereinsatz.

Falls der Einsatz von Demonstrationsrechnern vorgesehen ist, wird er in einem gesonderten Abschnitt der jeweiligen Lehreinheit ausführlich dargestellt. Er setzt hardwareseitig voraus, daß ein PC unter MS-DOS 3.2 (XT/AT oder kompatibel, 1,2 MB Laufwerk und je nach ausgewählter Software bis zu 512 KB RAM sowie Festplatte oder zweites Laufwerk und z.T. GW-BASIC 2.01) mit Großbildprojektion (Großbildprojektor oder Flatscreen) zur Verfügung steht. Darüber hinaus werden Standardsoftware (dBase III) und gewerkschaftliche Demonstrationsprogramme (PISSY, BDESI, PISDEMO, LEIKO) eingesetzt. Diese Demonstrationssoftware kann zusammen mit Demonstrationsdateien für die obige Standardsoftware auf einer gesonderten Diskette (TBS-Diskette) bezogen werden (siehe Bezugshinweis am Beginn dieses Buches).

Die Numerierung der Folien und der Arbeitsblätter hat folgende Bedeutung:

1. Ziffer: Nummer des Bausteines, dabei bedeutet
        1 = Grundwissen zur Technikgestaltung
        2 = Personaldatenverarbeitung und Arbeitnehmerrechte
        3 = Integration und Vernetzung

2. Ziffer: Nummer der Lehreinheit

3. und 4.
Ziffer: Fortlaufende Nummer innerhalb der Lehreinheit.

Folien, die in mehreren Lehreinheiten Verwendung finden können, sind an den Stellen eingeordnet, wo sie erstmals auftreten.

Bei einigen Folien werden sogenannte Overlays verwendet. Sind diese Overlays mit Großbuchstaben A, B, ... benannt, so handelt es sich um alternative Overlays, d.h. zur Grundfolie gehört zunächst das Overlay A, das dann zugunsten von B weggenommen wird usw. Die Verwendung von Zahlen in der Overlay-Nr. signalisiert, daß die einzelnen Overlays additiv auf die Grundfolien gelegt werden sollen.

Zu den verschiedenen Funktionen, die Folien innerhalb dieses Curriculums erfüllen können, vgl. die einführenden Bemerkungen in Baustein 1. Da nicht jede Folie selbsterklärend ist, werden innerhalb der didaktischen Hinweise einige der Folien genauer erklärt. Oft entfaltet die Bildsprache ihre erklärende Wirkung erst durch ein bestimmtes Vorgehen des Referenten. Auch in den Folien des Bausteins 2 wird die bereits bekannte einheitliche, modular verwendbare Symbolik eingesetzt. Bei einzelnen Symbolen, die nicht selbsterklärend sind, sei deshalb auf die Liste der wichtigsten verwendeten Symbole mit Bedeutungshinweis im Baustein 1 (Materialband) verwiesen.

Einführung 13

Die Anzahl der Folien wurde so bemessen, daß der Referent oder die Referentin Auswahlmöglichkeiten besitzt. Es ist also nicht vorgesehen, daß alle Folien zum Einsatz kommen. Je nach Situation und Inhalt sollten sie z.B. in Form eines Tafelbildes oder einer Wandzeitung vor den Augen der Teilnehmer entwickelt werden.

Teile des Referentenleitfadens können zu Seminarunterlagen für die Teilnehmer zusammengefaßt werden und zwar

– die in den Literaturhinweisen als Teilnehmermaterial deklarierten Literaturauszüge, die ja zum Selbststudium und zur Nacharbeit außerhalb des Seminars gedacht sind sowie
– die Folien und Arbeitsblätter, die die persönlichen Aufzeichnungen der TeilnehmerInnen ergänzen.

Der Baustein »Personaldatenverarbeitung und Arbeitnehmerrechte« ist als Seminar für 2–3 Tage konzipiert. Er geht von einem **Zeitrahmen** von 17–20 Unterrichtseinheiten (UE) a 50 Minuten aus. Eine mögliche Aufteilung der Lehreinheiten auf die einzelnen Wochentage gibt die folgende Tabelle wieder:

	vormittags	nachmittags	UE
Montag	LE 1 + LE 2, Teil 1	LE 2, Teil 2	6–7
Dienstag	LE 3	LE 4 + LE 5	7
Mittwoch	LE 6	LE 7	6–7

Hierbei sind die ungefähren Zeitangaben zugrunde gelegt, die in den Kurzzugängen der Lehreinheiten für jeden Arbeitsschritt aufgeführt wurden. Es kann sich dabei immer nur um durchschnittliche Angaben handeln, die dem Referenten die Zeitplanung erleichtern sollen. Das beschriebene Seminar ist jedoch bei Einhaltung der oben erwähnten Teilnehmervoraussetzungen im angegebenen Zeitrahmen durchführbar, wie mehrere Erprobungen ergeben haben.

IV. Allgemeine didaktisch-methodische Hinweise und Hinweise zum Einsatz

Dieser Baustein ist zwar als Mehr-Tages-Seminar angelegt, hält aber durch seine modulare Struktur auch die Möglichkeit offen, als halbtägiger Block innerhalb eines umfassenderen Seminars (z.B. zu EDV-Einsatz im Betrieb allgemein) eingesetzt zu werden.

Der Baustein »Personaldatenverarbeitung und Arbeitnehmerrechte« unterscheidet sich nicht nur durch seinen Umfang vom Baustein 1 (»Grundwissen zur Technikgestaltung«), der auf fünf Tage angelegt ist, sondern auch durch seine Eingangsvoraussetzungen: Er baut auf den Kenntnissen und Fähigkeiten auf, die im Baustein 1 vermittelt werden. Daher ist die Beherrschung folgender Inhalte Eingangsvoraussetzung:

- prinzipielle Funktionsweise von EDV-Systemen,
- Überblick über EDV-Anwendungen,
- wichtigste Gefährdungsbereiche beim EDV-Einsatz,
- prinzipielle Möglichkeiten der Gestaltung,
- rechtliche Rahmenbedingungen im Zusammenhang mit Einführung und Einsatz von EDV,
- Handlungskonzepte.

Falls keine Verwendung als Aufbauseminar geplant ist, muß sichergestellt werden, daß die Teilnehmer über diese Voraussetzungen verfügen.

Zur stofflichen Eingrenzung sollen zwei Bemerkungen vorausgeschickt werden. Die Wahl des Titels »Personaldatenverarbeitung und Arbeitnehmerrechte« drückt aus, daß der behandelte Inhalt über die Beschäftigung mit **Personalinformationssystemen (PIS)** hinaus betriebliche Datenerfassungssysteme (Beispiel: Arbeitszeiterfassung) mit einschließt, soweit sie Personaldaten verarbeiten und mit Personalinformationssystemen verknüpft werden können.

Zweitens gehen Aufgabenstellung und Nutzungsmöglichkeiten einer so definierten Personaldatenverarbeitung weit über die klassischen Aufgaben des Personalwesens hinaus, sie umschließen zusätzlich Aufgaben der Fachabteilungen, Aufgaben des Zeitwesens, Arbeitsplatzbeschreibungen, Aufgaben des betriebsärztlichen Dienstes u.ä. Im Zentrum dieses Seminars soll jedoch die Nutzung der verschiedenen EDV-Systeme und Personaldaten für die Zwecke der Personalabteilung stehen.

Insgesamt werden mit dem Baustein »Personaldatenverarbeitung und Arbeitnehmerrechte« folgende **Lernziele** verfolgt:

Die Teilnehmer sollen

- ausgehend von den traditionellen Aufgaben des Personalwesens die Interessen der Unternehmen an der computergestützten Personaldatenverarbeitung kennenlernen und im Zusammenhang mit den Möglichkeiten der EDV die neue Qualität der computergestützten Personaldatenverarbeitung analysieren und beurteilen können,

- den Aufbau und die Funktionsweise von PIS kennen, um in der Lage zu sein, später den Leistungsumfang von PIS anhand von Systembeschreibungen und Datenkatalogen einschätzen und konkrete Gestaltungsvorschläge bzw. Alternativen entwickeln zu können,

- lernen, daß sich die Potentiale der Personaldatenverarbeitung nicht nur auf PIS, sondern auf die Auswertung und Verknüpfung vielfältiger betrieblicher und außerbetrieblicher Quellen von Personaldaten erstrecken,

- die Auswirkungen der computergestützten Personaldatenverarbeitung auf die Beschäftigten allgemein, auf die betriebliche und gewerkschaftliche Interessenvertretung sowie auf die Personalsachbearbeiter abschätzen können,

- in der Lage sein, gewerkschaftliche Gegenvorstellungen auf betrieblicher und gesellschaftlicher Ebene zu entwickeln,

Einführung 15

– die Einführungsstrategien und die Akzeptanzmaßnahmen der Unternehmen kennen und daran orientiert ein durchsetzungsfähiges Handlungskonzept entwickeln können,

– das zur Verfügung stehende rechtliche Instrumentarium, insbesondere BetrVG und Bundesdatenschutzgesetz sowie die einschlägigen Urteile des BAG, kennen, um es in vollem Umfang zur Absicherung von betrieblichen Schutz- und Gestaltungsstrategien nutzen zu können und

– als Betriebsräte kompetent mit der Geschäftsleitung über die Einführung eines PIS verhandeln und die geforderten Regelungsmaßnahmen auch in Betriebsvereinbarungsentwürfen formulieren können.

Didaktische Vorbemerkungen zum Planspiel

In der gewerkschaftlichen und gewerkschaftsnahen Bildungsarbeit ist der Einsatz des Planspiels inzwischen üblich. Diese Methode bietet den Vorteil der Verknüpfung zweier Ebenen der Aneignung neuer Kenntnisse: Die Ebene der »theoretischen«, intellektuellen Aneignung wird verknüpft mit der Ebene des »praktischen« Einübens neuer Fähigkeiten und Fertigkeiten in realitätsnahen Situationen. Diese Lernform führt erfahrungsgemäß zu größeren Lernerfolgen als reine »Theoriearbeit«.

Im Rahmen dieses Aufbauseminars ist innerhalb der Lehreinheiten 3, 4, 6 und 7 ein Planspiel vorgesehen. Hierbei geht es um das Vorgehen des Betriebsrates bei der betrieblichen Auseinandersetzung um den Einsatz eines PDV-Systems. Das Planspiel wird jeweils in Arbeitsgruppen durchgeführt, wobei erforderlich ist, daß diese kontinuierlich während des gesamten Planspiels in gleicher Zusammensetzung arbeiten. Nur auf diese Weise entstehen realitätsnahe Situationen, die für das Gelingen des Planspiels notwendig sind.

Das Planspiel besteht aus folgenden Phasen:

1. Phase

Der Betriebsrat erhält ein Schreiben, in welchem die Geschäftsleitung mitteilt, daß das Personalabrechnungssystem IPAS eingeführt werden soll.

Die Teilnehmer/innen erhalten die Aufgabe, die Interessen, die hinter der Einführung stehen, zu diskutieren, eine Handlungsstrategie zu entwickeln und einen Brief zu entwerfen, in dem sie auf die Strategie des Unternehmens reagieren (**Arbeitsblatt 2301**).

2. Phase

Die Geschäftsleitung hat mit einem neuen Schreiben (**Arbeitsblatt 2304**) geantwortet und dem Betriebsrat in der Anlage einen Firmenprospekt von IPAS zugestellt. Das Schreiben enthält darüber hinaus eine Einladung zu einer Demonstrationsveranstaltung des Herstellers.

Die Teilnehmer/innen erhalten die Aufgabe, den Brief zu diskutieren und den Firmenprospekt zu analysieren (**Arbeitsblatt 2305**). Weiterhin sollen sie Fragen entwickeln, die bei der Herstellerdemonstration gestellt werden können.

3. Phase

In der nächsten Arbeitsgruppenphase stellt sich dem Betriebsrat die Aufgabe, auf der Basis der Informationen der Geschäftsleitung (Firmenprospekt, Aussagen über Anwendungszwecke, Datenkatalog) mögliche Auswirkungen bei der Systemeinführung abzuschätzen und daraufhin eine erste eigene Strategie zur Vermeidung und Minderung der Auswirkungen zu entwickeln.

Arbeitsaufgabe ist es, ein Flugblatt zu entwerfen, in dem die Gefährdungsbereiche von IPAS und die Gestaltungsvorschläge des Betriebsrates dargestellt werden (**Arbeitsblatt 2401**).

4. Phase

Die Geschäftsleitung informiert nun die Mitarbeiter über eine notwendig gewordene Nacherhebung von Daten (**Arbeitsblatt 2601**).

Arbeitsaufgabe für den Betriebsrat ist es, die rechtliche Situation zu prüfen, d.h. insbesondere die Zulässigkeit und die Mitbestimmungsrechte (Lösungshinweise auf **Arbeitsblatt 2602**).

5. Phase

Die Unternehmensleitung hat dem Betriebsrat einen Betriebsvereinbarungsentwurf zugesandt (**Arbeitsblatt 2707**). Der Betriebsrat erhält die Aufgabe, diesen Entwurf zu analysieren und eine Stellungnahme zu erarbeiten, in der er auf die Defizite des vorliegenden Entwurfs hinweist.

Lehreinheit 1
»Einführung und Bestandsaufnahme«

Inhalt

Lernziele und Lerninhalte 1–3

Kurzzugang 1–4

Langfassung

    AS 1 Einführung 1–5

    AS 2 Die Aufgaben des Personalwesens im Unternehmen 1–6

    AS 3 Begriffsbestimmungen 1–8

    AS 4 Bestandsaufnahme zur betrieblichen Einführung von PIS 1–9

Literaturhinweise 1–10

Arbeitstransparente 2100 bis 2107 1–11

Arbeitsblätter 2101 bis 2102 1–21

Einführung und Bestandsaufnahme

Lernziele und Lerninhalte

Lehreinheit 1 stellt die Rahmenbedingungen der computergestützten Personaldaten-verarbeitung dar. Sie dient nicht dazu, die betrieblichen Arbeitnehmervertreter zu Fachleuten des Personalwesens weiterzubilden. Trotzdem sollen hier die grundlegen-den Aufgaben der Personalabteilungen dargestellt werden, um sowohl die prinzipiell möglichen Einsatzfelder für Personalinformationssysteme als auch in späteren Lehr-einheiten die grundsätzlich neue Qualität der computergestützten Personaldaten-verarbeitung begreifen zu können.

Im einzelnen sollen die Teilnehmer/innen

— in einem motivierenden Lernschritt die besondere Bedeutung der Personalinfor-mationssysteme unter den Rationalisierungsinstrumenten erkennen,
— die Aufgaben der Personalabteilungen im Rahmen der Unternehmensziele begrei-fen,
— die für das Verständnis des Bausteins notwendigen Grundbegriffe kennenlernen und anwenden können sowie
— im Rahmen einer Bestandsaufnahme einen Überblick über den Ausbaustand der computergestützten Personaldatenverarbeitung im eigenen Betrieb geben und diesen in den Ausbaustand anderer Betriebe einordnen können.

Kurzzugang

Lerninhalte	Didaktisch-methodische Hinweise
AS 1 Einführung	
1.1 Vorstellung	
Begrüßung, Vorstellung der Referenten/innen und Teilnehmer/innen	Folie 2100
Darstellung des geplanten Lehrgangsablaufs Organisatorisches (z.B. Freizeitgestaltung)	Folie 2101
1.2 Motivation	Folie 2102 oder 2103
	Zeitbedarf: ca. 40 Min.
AS 2 Die Aufgaben des Personalwesens im Unternehmen	Lehrvortrag, Lehrgespräch, Folien 2104, 2105, 2106, Arbeitsblatt 2101
	Zeitbedarf: ca. 15 Min.
AS 3 Begriffsbestimmungen	Lehrvortrag, Festhalten der Begriffe auf Wandzeitung Folie 2107 und Overlay
Personaldaten, computergestützte Personaldatenverarbeitung, Personalinformationssysteme (PIS)	
	Zeitbedarf: ca. 15 Min.
AS 4 Bestandsaufnahme zur betrieblichen Einführung von PIS	Arbeitsblatt 2102 (Zeitbedarf: 10 Min.) Zusammenfassung
	Zeitbedarf: ca. 20 Min.

Einführung und Bestandsaufnahme 1–5

Langfassung

1. Einführung

1.1 Vorstellung

Am Anfang dieser Lehreinheit stehen

– Begrüßung,
– Vorstellung der Referenten/innen,
– Vorstellung der Teilnehmer/innen **(Folie 2100)**,
– Darstellung des geplanten Lehrgangsablaufes anhand der **Folie 2101** und
– Regelung organisatorischer Fragen (z.B. Freizeitgestaltung).

1.2 Motivation

Dem Einsatz von Personalinformationssystemen (PIS) kommt innerhalb der Rationalisierungsmaßnahmen in der privaten Wirtschaft und im öffentlichen Dienst eine Schlüsselrolle zu.

PIS rationalisieren nicht nur die Lohn- und Gehaltsabrechnung, sondern bilden auch einen Grundstock für die Sammlung sensibler Personaldaten aus allen Unternehmensbereichen. Gerade in Zeiten der Wirtschaftskrise oder der Strukturveränderung stellen sie ein im Interesse der Unternehmensleitung hervorragendes Planungsinstrument zum Personalabbau, zur Personalumsetzung oder allgemein: zum optimalen »flexibilisierten« Personaleinsatz dar.

Personalinformationssysteme sind universell einsetzbar. Sie sind nicht an eine bestimmte Branche oder Betriebsgröße gebunden. Sie werden im Bergbau, in der Textilwirtschaft oder in der chemischen Industrie genauso eingesetzt wie in Universitätsverwaltungen, Krankenhäusern oder Banken. Dabei sind in den Betrieben nicht nur einzelne Abteilungen betroffen, sondern alle Beschäftigten, deren Personaldaten im Personalinformationssystem gespeichert wurden.

Die Frage »Was ist und was kann ein Personalinformationssystem?« ist deshalb nur in zweiter Linie eine technische Frage. Die Antwort hängt von den Motiven und Interessen der Unternehmensleitung bei Einführung der computergestützten Personaldatenverarbeitung ab. Deshalb werden wir im folgenden Arbeitsschritt von den Aufgaben des betrieblichen Personalwesens ausgehen, bevor Definition, Funktionsweise und Aufbau von Personalinformationssystemen behandelt werden. Umgekehrt kann dann gestützt auf diese in Lehreinheit 2 vermittelten technischen Kenntnisse die neue Qualität von Personalinformationssystemen herausgearbeitet werden; daraus lassen sich anschließend (vgl. Lehreinheit 3) die Motive und Interessen der Unternehmensleitung bei Einführung der computergestützten Personaldatenverarbeitung ableiten.

> Die **Folien 2102** oder **2103** können als Einstieg dienen. Sie lenken die Aufmerksamkeit auf die Motive und Interessen der Unternehmen beim Einsatz und bei Anwendung von Personalinformationssystemen.

2. Die Aufgaben des Personalwesens im Unternehmen

Die traditionellen Instrumente des Personalwesens sind die Karteikarte (vgl. **Folie 2104** und **Arbeitsblatt 2101**) und der Karteikasten bzw. die handschriftlich geführte Personalakte. In einer relativ standardisierten, d.h. einheitlichen, Form werden hier für alle Arbeitnehmer die gleichen Angaben (Stammdaten) erfaßt. Eine Terminkontrolle, z.B. Einhaltung von Fristen, Probezeiten etc. wurde durch verschiedenfarbige Markierungen (»Reiter«) am Kopf der Karten gewährleistet.

Um die Einsatzmöglichkeiten von Personalinformationssystemen beurteilen zu können, geht man am zweckmäßigsten von der bestehenden Aufgaben- und Organisationsstruktur der Personalabteilungen aus.

Die Funktionen des Personalwesens lassen sich aufteilen in die drei Bereiche Entgeltrechnung (oft auch mit Personalabrechnung bezeichnet), Personalverwaltung und Personalplanung (vgl. **Folie 2105**), die im einzelnen mit folgenden Aufgaben betraut sind (vgl. **Folie 2106**):

Zur **Entgeltrechnung** zählt

— die Abrechnung und Überweisung von Löhnen, Gehältern, Betriebsrenten, Kurzarbeitergeld, Urlaubsgeld sowie

— die Einbehaltung von Beiträgen für Dritte (z.B. Lohnpfändungen, Sozialversicherung).

Im Bereich der **Personalverwaltung** werden

— Personalakten mit Beurteilungen, Verwarnungen, Fortbildungsmaßnahmen usw. geführt,

— Einstellungs-, Umsetzungs- oder Kündigungsverfahren abgewickelt,

— Termine und Fristen (z.B. Urlaub, Einhaltung der Arbeitszeit, Probezeit, Kündigungsschutz, Arbeits- und Aufenthaltserlaubnis, befristete Arbeitsverhältnisse) kontrolliert,

— Auskünfte gegenüber internen Stellen und einzelnen Arbeitnehmern (Lohn- und Gehaltslisten, Telefonlisten, Urlaubsnachweise) und externen Stellen (Behörden, Versicherungen, Banken, Gewerkschaften, Arbeitsämtern, Finanzämtern) erteilt und Daten nach DÜVO und DEVO (Datenübertragungs- und Datenerfassungsverordnung) übermittelt sowie

— Statistiken über Krankenstand, Fehlzeiten, Überstunden, Fluktuation, Urlaubsinanspruchnahme, Eingruppierungen, Altersaufbau der Belegschaft etc. erstellt.

Gegenüber den eher statischen Bereichen der Personalabrechnung und Personalverwaltung hat in den vergangenen Jahren der vorausschauende und dispositive Bereich der **Personalplanung** erheblich an Bedeutung gewonnen. Aufgabe der unternehmerischen Personalplanung ist es, dafür zu sorgen, daß genügend geeignetes Personal zur Verfügung steht. Dabei ist es das Ziel, Personalengpässe oder -über-

Einführung und Bestandsaufnahme 1–7

hänge zu vermeiden, das Risiko von Unternehmensentscheidungen zu vermindern, um auf diese Weise Marktpositionen, Konkurrenzfähigkeit, Liquidität und Bestand des Unternehmens zu sichern, und das vorhandene Arbeitskräftepotential quantitativ und qualitativ optimal auszuschöpfen. Die Personalplanung ist somit auch Grundlage für Rationalisierungsmaßnahmen im Personalbereich selbst. Sie umfaßt folgende Einsatzbereiche (im unternehmerfreundlichen, betriebswirtschaftlichen Originaljargon drückt sich bereits deren Haltung gegenüber den betroffenen Menschen aus):

— Die Ermittlung der erforderlichen personellen Kapazitäten in quantitativer, qualitativer und zeitlicher Hinsicht (Personalbedarfsermittlung),
— die Versorgung des Unternehmens mit Arbeitskräften durch interne und externe Beschaffung (Personalbeschaffung),
— die Verbesserung der Leistungsfähigkeit und Leistungsbereitschaft der Mitarbeiter z.B. durch Aus- oder Fortbildung (Personalentwicklung),
— die Zuordnung der Arbeitskräfte zu Arbeitsplätzen oder umgekehrt (Personaleinsatz),
— den Erhalt der Leistungsfähigkeit und Leistungsbereitschaft der Arbeitskräfte z.B. durch Gefahrenschutz, Gesundheitsvorsorge (Betriebsarzt) oder Sozialleistungen (Personalerhaltung),
— die Einsparung von Personal in quantitativer, qualitativer und zeitlicher Hinsicht (Personalabbau) und
— die Kontrolle der unterschiedlichen Einkommensbestandteile sowie der Personalnebenkosten (Personalkostenanalyse). (Vgl. Domsch 1984)

Für die Zielsetzungen dieses Seminars ist der Bereich der Personalplanung der wichtigste. Während die Personalabrechnung und die Personalverwaltung weitgehend auf der Ebene von Sachbearbeitertätigkeiten abgewickelt wird, stellt die Personalplanung ein dispositives Tätigkeitsfeld des Managements mit weitreichenden Auswirkungen dar.

Dies ist möglich, weil Persönlichkeitsdaten nicht nur in der Personalabteilung erfaßt und verarbeitet werden. Sie fallen an sehr vielen Stellen im Betrieb an, z.B. bei der Erfassung von Maschinenbelegungen, bei der Auftragsverfolgung, in der Qualitätskontrolle oder in der Tourenplanung und können sowohl für die jeweils spezifischen Zwecke aber auch für Zwecke des zentralen Personalwesens ausgewertet werden.

Für AS 2 ist das Lehrgespräch oder der Lehrvortrag vorgesehen. Zur Unterstützung stehen die **Folien 2105** und **2106** zur Verfügung.

Beide Folien sind von unten nach oben zu lesen. Dadurch wird ausgedrückt, daß Daten der Entgeltrechnung erst die Grundlage für die Personalverwaltung bilden und diese wieder Grundlage der Personalplanung ist. Die abgesetzte Figur (Folie 2105) symbolisiert das in der Personalplanung häufig angewandte Prinzip der Personalauslese (»Selektion«).

Die Erläuterung der einzelnen Teilbereiche der Personalplanung in Folie 2106 verfolgt nicht den Zweck, daß die Teilnehmer diese Fachbegriffe beherrschen müssen. Mithin kann der Referent in einer Merkregel die Aufgaben der Personal-planung damit zusammenfassen, daß Antwort auf die Frage gegeben werden soll: Wieviel Beschäftigte werden wann und wo und mit welchen Qualifikationen benötigt, welche Maßnahmen sind dazu nötig und welche Kosten verursacht das Personal?

3. Begriffsbestimmungen

Zunächst müssen einige der in diesem Baustein verwendeten Begriffe definiert wer-den.

Personaldaten sind sämtliche im Betrieb erhobenen Arbeitnehmerdaten. Darunter fallen personenbezogene Daten wie z.B. Name, Geburtsdatum, Wohnort, Familien-stand, und personenbeziehbare Daten wie z.B. Maschinendaten oder Schichtpläne.

Was ist computergestützte Personaldatenverarbeitung (CPDV)?
Unter dem Begriff computergestützte Personaldatenverarbeitung werden alle EDV-Systeme (Hard- und Software) zusammengefaßt, die Personaldaten verarbeiten, d.h. erfassen, speichern, verändern, übertragen und ausgeben.

Was sind Personalinformationssysteme?
Mit Personalinformationssystem (PIS) wollen wir alle Systeme der computergestütz-ten Personaldatenverarbeitung bezeichnen, die zur Personalabrechnung, Personal-verwaltung oder Personalplanung geeignet sind.

Über den Begriff des Personalinformationssystems gibt es in der Praxis oft unklare, ja sogar widersprüchliche Vorstellungen. Abhängig vom Interesse desjenigen, der den Begriff gebraucht, und dem Eindruck, den er erwecken möchte, wird darunter ein-mal die administrative Verarbeitung von Personaldaten verstanden und ein anderes Mal bezeichnet dieser Begriff ein dispositives System.

Für den einen sind Personalinformationssysteme »Anwendungssysteme, die die Per-sonalarbeit in Wirtschaftsunternehmen und öffentlichen Verwaltungen unterstüt-zen. Sie umfassen die sogenannten administrativen Funktionen wie zum Beispiel Lohn- und Gehaltsabrechnung, Personalverwaltung, Personalstatistiken, aber auch nicht routinemäßig anfallende Arbeiten in der Personalabteilung (insbesondere Per-sonalplanung) und bieten hier vielfältige Unterstützungsmöglichkeiten«.

Für den anderen sind PIS »reine Informationssysteme. Sie sind später entstanden als die DV-maschinellen Personalabrechnungs- und Verwaltungssysteme und erfüllen andere Zwecke«.

Für Arbeitnehmer ist es wichtig zu wissen, daß die Grenzen zwischen den auf verschiedene Arten definierten Systemen fließend sind:

– Auch aus einem Personalabrechnungssystem läßt sich innerhalb kürzester Zeit eine personenbezogene Auswertung zum Beispiel über Krankheitshäufigkeiten, Fehlzeiten oder die soziale Situation eines Beschäftigten durchführen.

– Ein administratives System ist häufig nur der Vorläufer für ein planendes Informa-tionssystem. Durch Hinzunahme von weiteren Auswertungsprogrammen und

Einführung und Bestandsaufnahme 1–9

zusätzlichen Datensätzen wird so aus einem System zur Lohn- und Gehaltsabrechnung ein Personalinformationssystem.

Es können auch mit den gleichen, zu Abrechnungszwecken erhobenen, Daten
Aufgaben der Personalinformation und -planung durchgeführt werden. **Folie 2107**
zeigt, daß mit einfachen Urlaubsdaten nicht nur Urlaubsansprüche abgerechnet,
sondern auch Anwesenheitsstatistiken angefertigt und sogar Einsatzplanungen
durchgeführt werden können (Beispiele für Abfragen in Folie 2107, **Overlay**).

– Die Begriffe selbst dienen auch zum Verwischen von Unterschieden. Gerade
wegen der kritischen Haltung der Betroffenen werden häufig Personalinformationssysteme wie PAISY und IPAS verschleiernd als EDV-gestützte Personalabrech-
nungssysteme bezeichnet.

– Auch die Übergänge zu anderen betrieblichen Informationssystemen, die Personaldaten erheben wie z.B. zu Arbeitszeiterfassungssystemen, sind fließend.

> Für diesen Arbeitsschritt ist ein Lehrvortrag sinnvoll. Da die aufgeführten Begriffe
> für das ganze Seminar von Bedeutung sind, sollten sie an einer Wandzeitung
> festgehalten werden.

4. Bestandsaufnahme zur betrieblichen Einführung von PIS

> Am Ende dieser Lehreinheit steht eine Bestandsaufnahme des Ausbaustandes
> von Personalinformationssystemen in den Betrieben der Seminarteilnehmer mit
> Hilfe des in **Arbeitsblatt 2102** abgedruckten Fragebogens. Sie verfolgt einen dop-
> pelten Zweck. Zum einen soll sie die Auswahl von Beispielmaterial ermöglichen,
> an dem das im Seminar Gesagte konkretisiert werden kann. Zum anderen ver-
> schafft sie dem Referenten/der Referentin Aufschluß über den Kenntnisstand der
> Teilnehmer und ermöglicht ihm/ihr damit eine teilnehmerorientierte Vorgehens-
> weise.
>
> Für jeden im Seminar vertretenen Betrieb soll ein Fragebogen ausgefüllt werden
> (Zeitbedarf: 10 Min.). Im Anschluß daran faßt der Referent/die Referentin die
> Ergebnisse auf einer Wandzeitung zusammen, um so allen Teilnehmer/innen die
> einzelnen betrieblichen Beispiele zugänglich zu machen. Gegebenenfalls werden
> die Teilnehmer gebeten, Einzelheiten zu erläutern. Eine Auswertung wird erst im
> Verlauf der Lehreinheit 2 vorgenommen.

Literaturhinweise

Hentschel, B.; Wronka, G.; Mülder, W. (Hg.):
Personaldatenverarbeitung in der Diskussion, Köln 1986
Dieser Sammelband, herausgegeben aus dem Umfeld der Gesellschaft für Datenschutz und Datensicherung, gibt aus betriebswirtschaftlich-juristischer Sichtweise einen Überblick über Personaldatenverarbeitung im Unternehmen von der technischen Realisierung, über Interessenstandpunkte bis hin zu Mitbestimmungsrechten, Betriebsvereinbarungen und Einigungsstellenverfahren.

Domsch, M.:
Personal, in: Vahlens Kompendium der Volkswirtschaftslehre, Band 1, München 1984, S. 483ff.

Einführung und Bestandsaufnahme

Arbeitstransparente

2100	Vorstellung der Teilnehmer
2101	Lehrgangsablau
2102	Personalinformationssystem
2103	Personalinformationssystem
2104	Traditionelle Personalstammkarte
2105	Aufgaben des Personalwesens
2106	Aufgaben des Personalwesens
2107	PDV am Beispiel von Urlaubsdaten
2107 O	PDV am Beispiel von Urlaubsdaten

TBS   2100

Technologieberatungsstelle beim DGB Landesbezirk NRW   Computertechnik für Arbeitnehmervertreter

Vorstellung der Teilnehmer

?   Name

                          Beruf

                          Tätigkeit

?   Betrieb

                          Betriebsgröße

                          Betriebliche Funktion

                          Gewerkschaft

?   Erfahrungen mit
                          Personaldatenverarbeitung

?   Erwartungen
                          an das Seminar

© TBS

TBS 2101

Technologieberatungsstelle beim DGB Landesbezirk NRW   Computertechnik für Arbeitnehmervertreter

Lehrgangsablauf

LE 1   Einführung und Bestandsaufnahme

LE 2   Aufbau und Funktionsweise
von Personalinformationssystemen

LE 3   Interessen bei der Einführung der
computergestützten
Personaldatenverarbeitung

LE 4   Zentrale Gefährdungsbereiche für
Arbeitnehmer und gewerkschaftliche
Gegenmaßnahmen

LE 5   Einführungsstrategie der Unternehmen
und Handlungsmöglichkeiten der
betrieblichen Interessenvertretung

LE 6   Rechtliche Rahmenbedingungen

LE 7   Regelungstatbestände und Betriebs-
vereinbarung bei Einführung und
Einsatz der computergestützten
Personaldatenverarbeitung

© TBS

TBS   2102

Technologieberatungsstelle beim DGB Landesbezirk NRW   Computertechnik für Arbeitnehmervertreter

Personalinformationssystem

Wir brauchen
sagte der Unternehmer
ein
Personalinformationssystem

Das Personal
begrüßte
diesen Vorschlag sehr

Bisher
war es wirklich
immer
sehr schlecht
informiert worden

Knut Becker

TBS	2103
Technologieberatungsstelle beim DGB Landesbezirk NRW	Computertechnik für Arbeitnehmervertreter

Personalinformationssystem

Der Unternehmer
wollte möglichst alles
über Franz
erfahren

um genug über ihn
zu wissen

für den Fall
daß er nichts mehr
von ihm
wissen will

Knut Becker

TBS 2104

Technologieberatungsstelle beim DGB Landesbezirk NRW | Computertechnik für Arbeitnehmervertreter

Traditionelle Personalstammkarte

Zuname: _____
(bei Frauen auch Geburtsname)

Vorname: _____

beschäftigt als: _____

Abteilung: _____

erlernter Beruf: _____

Wohnung: _____

Straße: _____

Kreis: _____

Steuerkarte Nr. _____ Finanzamt _____

Steuerklasse _____ Sozialversicherung _____

Gewerkschaft _____ seit _____

Krankenkasse: _____

Einstellung am: _____ | bisheriger Arbeitgeber: _____

Probezeit bis: _____

_____ Krankenkasse angemeldet am: _____

Abgegeben:

Vers.-Nachweise Nr. _____

Steuerkarte _____

Zeugnis _____

Arbeitspaß Nr. _____

Sonstiges _____

Austritt am: _____ wegen _____

_____

_____ Krankenkasse abgemeldet am: _____

Zurückerhalten:

Vers.-Nachweise Nr. _____

Steuerkarte _____

Zeugnis _____

Arbeitspaß Nr. _____

Sonstiges _____

Ich habe vorstehende Unterlagen erhalten. Sonstige Ansprüche irgendwel und in Verbindung mit diesem sowie seiner Beendigung habe ich nicht mehr.

_____ , den _____ 19_____ _____

© TBS

TBS 2105

Technologieberatungsstelle beim DGB Landesbezirk NRW   Computertechnik für Arbeitnehmervertreter

Aufgaben des Personalwesens

Personalplanung

Personalverwaltung

Entgeltrechnung

© TBS

TBS 2106

Technologieberatungsstelle beim DGB Landesbezirk NRW   Computertechnik für Arbeitnehmervertreter

Aufgaben des Personalwesens

Personalplanung

Personalbedarfsermittlung
Personalbeschaffung
Personalentwicklung
Personaleinsatz
Personalerhaltung
Personalfreistellung
Personalkostenanalyse

Personalverwaltung

Personalakte führen
Einstellungen und
Kündigungen
Termin- und
Fristenkontrolle
Erstellen von Statistiken
Datenübermittlung

Entgeltrechnung

Lohn- und
Gehaltsabrechnung
Betriebsrenten
Kurzarbeitergeld
Einbehaltung
von Beiträgen für Dritte

© TBS

TBS
2107

Technologieberatungsstelle beim DGB Landesbezirk NRW   Computertechnik für Arbeitnehmervertreter

PDV am Beispiel von Urlaubsdaten

Planung
Einsatzplanung mit den gemeldeten Urlaubsdaten gleichmäßige Auslastung

Information und Verwaltung
Aktueller Anwesenheitsstand in den einzelnen Abteilungen

Abrechnung
Abrechnung der Urlaubsansprüche der Mitarbeiter

Urlaubszeiten
:
765 Meier, Alfons
     5. – 22. 7.; 3. – 9. 10.
766 Koch, Peter
:   6. – 11. 8.; 5. – 16. 12.

© TBS

Wie können im
August Urlaubs-
engpässe ausge-
schlossen werden?

Urlaubsstand in
der Schlosserei?
Wer hat Urlaub
im Sekretariat?

Wieviel Urlaub
steht Alfons Meier
1989 noch zu?

Arbeitsblätter

2101   Original Personalstammkarte
2102   Bestandsaufnahme von Personalinformationssystemen

TBS — Arbeitsblatt 2101 Seite 1

Technologieberatungsstelle beim DGB Landesbezirk NRW — Computertechnik für Arbeitnehmervertreter

Original Personalstammkarte

Zuname: _____
(bei Frauen auch Geburtsname)

Vorname: _____

beschäftigt als: _____

Abteilung: _____

erlernter Beruf: _____

Wohnung: _____

Straße: _____

Kreis: _____

geb. am: _____

in: _____

Kreis: _____

Religion: _____

Staatsangehörigkeit: _____

Familienstand: _____

Kinder geboren:
1. _____
2. _____
3. _____
4. _____

Steuerkarte Nr. _____ Finanzamt _____

Steuerklasse _____ Sozialversicherung _____

Gewerkschaft _____ seit _____

Krankenkasse: _____

Urlaub 19___ = ___Tage + rückständiger Urlaub ___Tage = Gesamt-Urlaub ___Tage

Sonstige Fehltage | K = Krank S = Sonderurlaub

	1	2	3	4	5	6	7	8	9	10	11	12	13	14	15	16	17	18	19	20	21	22	23	24	25	26	27	28	29	30	31
Jan.																															
Febr.																															
März																															
April																															
Mai																															
Juni																															
Juli																															
Aug.																															
Sept.																															
Okt.																															
Nov.																															
Dez.																															

Lohn / Gehaltsveränderungen

Datum _____ DM _____
Tarifklasse _____

Datum _____ DM _____
Tarifklasse _____

Datum _____ DM _____
Tarifklasse _____

Einstellung am: _____

Probezeit bis: _____

bisheriger Arbeitgeber: _____

_____ Krankenkasse angemeldet am: _____

Abgegeben:

Vers.-Nachweise Nr. _____

Steuerkarte _____

Zeugnis _____

Arbeitspaß Nr. _____

Sonstiges _____

Austritt am: _____ wegen _____

_____ Krankenkasse abgemeldet am: _____

Zurückerhalten:

Vers.-Nachweise Nr. _____

Steuerkarte _____

Zeugnis _____

Arbeitspaß Nr. _____

Sonstiges _____

Ich habe vorstehende Unterlagen erhalten. Sonstige Ansprüche irgendwelcher Art aus dem Arbeitsverhältnis und in Verbindung mit diesem sowie seiner Beendigung habe ich nicht mehr.

_____, den _____ 19___ _____
Unterschrift

Quelle: Soenneken

TBS

Arbeitsblatt 2101 Seite 2

Technologieberatungsstelle beim DGB Landesbezirk NRW — Computertechnik für Arbeitnehmervertreter

Original Personalstammkarte

Zuname:		Kontroll-Nr.		Wohnung:		Fam. Stand	Steuerklasse		**19**
(bei Frauen auch Geburtsname)									
Vorname:		geb. am:				Kinder	Steuerfrei DM	ab	

13.	Dezember	November	Oktober	September	August	Juli	Juni	Mai	April	März	Februar	Januar	

Grund-Gehalt

DM

Hier 1. Streifen einkleben dann fortlaufend wie links beschrieben

Gesamt

Gebrauchsanleitung

1. Für jeden Arbeitnehmer **eine dieser Stammkarten** anlegen und mit den entsprechenden Daten **ausfüllen**

2. Die angelegten Karten alphabetisch in den Ordner Nr. 7905 einsortieren.

3. Bei der **Lohn**abrechnung je nach Anzahl der zu schreibenden Abrechnungen entweder das Lohnformular Nr. 7901 oder 7902 nehmen und die einzelnen Beträge senkrecht eintragen. Bei **Gehalts**abrechnung kommen die Formulare Nr. 7911 bzw. 7912 in Frage.

   Achtung In der Spalte „Sozialvers.-pflichtig. Entgelt" nur den Betrag eintragen, von dem Sozialversicherungsbeiträge zu entrichten sind. **Beitragsbemessungsgrenze der Renten- oder Angestelltenversicherung** beachten. Bei angebrochenen Monaten ist die Beitragsbemessungsgrenze aus der Teil-Lohnzahlungszeitraum-tabelle zu berücksichtigen.

4. Wenn alle Abrechnungen für die einzelnen Arbeitnehmer eingetragen sind, erfolgt auf dem **zusammenhängenden** Satz die Queraddition und Eintragung in die Gesamtspalte. Hierdurch ergibt sich auch eine Kontrolle der einzelnen Abrechnungen. Wenn monatlich mehrere Formulare ausgefüllt werden, klebt man am besten die Originalstreifen „Gesamt DM" auf eine Stammkarte, um durch Queraddition die monatliche Gesamtsumme zu ermitteln. Diese Stamm-karte wird mit den monatlichen Lohnlisten zusammen abgelegt (wie unter Punkt 8 beschrieben).

5. Ist ein Lohntrennsatz voll verbraucht bzw. sind alle Abrechnungen erledigt, dann wird der Satz getrennt. Dies ge-schieht wie folgt:

   a. Satz in Waagrechte bringen — Trennrand links —

   b. Den perforierten Griffrand mit gespreizter linker Hand auf Unterlage festdrücken, dann mit kurzem kräftigen Zug Blätter ausreißen; von oben beginnend. Achtung! Mit der rechten Hand darf das Kohlepapier nicht mitgefaßt werden. Mit einem Zug werden also alle Kohlepapiere aus dem Satz entfernt!

6. Nachdem die Sätze so getrennt sind, werden das erste und das zweite Blatt jeweils in der Mitte waagerecht einmal gefalzt, um eine bessere Trennung an der Perforation zu erreichen. Der Originalstreifen wird auf die Stammkarte aufgeklebt. Dabei ist darauf zu achten, daß der erste Streifen, der überhaupt aufgeklebt wird, in die „**Januar**"-Spalte kommt. **Die äußerste rechte Spalte bleibt für die Gesamtaddition am Jahresende frei.** Im nächsten Monat wird der Streifen in der Spalte „Februar" festgeklebt usw. So kann man immer den DM-Betrag lesen und hat auch immer den Text lesbar vor sich. Zum Aufkleben der Streifen auf die Stammkarte bitte nicht den ganzen Streifen anfeuchten, sondern jeweils nur die obere und untere linke Ecke!

7. Die Durchschläge der Lohnstreifen werden genau wie die Originale getrennt und dem Arbeitnehmer mit der Auszah-lung ausgehändigt.

8. Die erste Kopie des Satzes ist die Lohnliste und wird im Ordner 7907 nach Monaten getrennt abgelegt. Wenn bei mehreren Lohnlisten pro Monat Stammkarten mit aufgeklebten „Gesamt DM"-Streifen anfallen, dann hier ebenfalls ablegen.

   Falls nur wenige Arbeitnehmer vorhanden sind, kann man die Stammkarten (Lohnkonten) der Arbeitnehmer mit im Ordner 7907 ablegen. Man muß dann ein Register 7906 zusätzlich einfügen.

9. Es ist darauf zu achten, daß von Hand ausgefüllte Blankospalten im Laufe des Jahres nicht verändert werden dürfen.

SOENNECKEN-Personalstammkarte Nr. 7904 für Lohn
Nachdruck und Nachahmung verboten.

UK.WG

Quelle: Soenneken

TBS

Arbeitsblatt 2102 Seite 1

Technologieberatungsstelle beim DGB Landesbezirk NRW — Computertechnik für Arbeitnehmervertreter

Bestandsaufnahme von Personalinformationssystemen (PIS)

1. Welches Personalinformationssystem ist im Betrieb vorhanden?

   Name/Hersteller:

2. Welche personenbezogenen und -beziehbaren Daten werden darin neben Abrechnungsdaten verarbeitet?

   Werden z.B. Krankheitsdaten und Fehlzeiten erfaßt?
   ja:
   nein:

3. Mit welchen anderen Systemen werden im Betrieb personenbezogene Daten erfaßt bzw. verarbeitet?

4. Welche Programme und Auswertungen werden mit Personaldaten durchgeführt?

5. Werden Personal-Computer (PCs) für Personaldaten eingesetzt? Für welche Zwecke und Anwendungen?

TBS	Arbeitsblatt 2102 Seite 2
Technologieberatungsstelle beim DGB Landesbezirk NRW	Computertechnik für Arbeitnehmervertreter

6. Gehen Daten auch an außerbetriebliche Stellen und wenn ja an welche?

 - Abrechnungsdaten (DÜVO):

 - sonstige:

7. Wie hat die Unternehmensleitung die Einführung der Personaldatenverarbeitung begründet?

8. Ist eine Betriebsvereinbarung zum Einsatz des Personalinformationssystems abgeschlossen worden?

Lehreinheit 2

»Aufbau und Funktionsweise von Personalinformationssystemen«

Inhalt

Lernziele und Lerninhalte 2–3

Kurzzugang 2–5

Langfassung

    AS 1 Aufbau eines Personalinformationssystems 2–7

    AS 2 Daten und Datenbanksysteme 2–8

    AS 3 Die Methodenbank eines PIS .2–10

    AS 4 Die Erhebung und Erfassung personenbezogener Daten 2–12

    AS 5 Personaldaten auf PCs 2–19

Rechnereinsatz 2–21

Literaturhinweise 2–28

Arbeitstransparente 2201 bis 2213 2–29

Arbeitsblätter 2201 bis 2211 2–50

Aufbau und Funktionsweise 2–3

Lernziele und Lerninhalte

Diese Lehreinheit vermittelt Kenntnisse über den Aufbau und die Funktionsweise von computergestützten Personalinformationssystemen. Sie sind notwendig, um die neue Dimension der Personalarbeit, die durch EDV-Unterstützung möglich wird, begreifen und die dadurch entstehenden Gefährdungen der Arbeitnehmer abschätzen zu können. Technische Grundkenntnisse sind für Arbeitnehmervertreter auch deshalb erforderlich, damit sie den Leistungsumfang von Personalinformationssystemen anhand von Systembeschreibungen und Datenkatalogen einschätzen und mit der Unternehmensleitung sowie den Sachverständigen kompetent verhandeln können.

Des weiteren zeigt diese Lehreinheit auf, daß Personalinformationssysteme nicht für sich alleine betrachtet werden können, sondern im Kontext der betrieblichen Erfassung, Verknüpfung und Verarbeitung von personenbezogenen und personenbeziehbaren Daten stehen. PIS sind neue verfeinerte Methoden- und Auswertungspakete, die sowohl zusätzliche Datenquellen verwenden als auch auf schon bestehende Datenbestände zurückgreifen. Die Interessenvertretung soll lernen, sich nicht ausschließlich am Begriff Personalinformationssystem zu orientieren, sondern erkennen, daß die Potentiale der Personaldatenverarbeitung (und damit auch die von ihr ausgehenden Gefährdungen für Arbeitnehmer) nur im Zusammenhang mit allen im Betrieb erfaßten und verknüpften personenbezogenen Daten beurteilt werden können.

Auch in dieser Lehreinheit werden Technikdarstellung und Interessenbezug miteinander verzahnt; Entwicklung und Einsatz technologischer Systeme werden nicht als wertfrei und neutral, sondern als Ergebnis interessengeleiteter Strategien dargestellt.

Im einzelnen sollen die Teilnehmer/innen

- die prinzipiell unterscheidbaren Datenarten, Arbeitsplatz- und Personaldaten kennenlernen, damit später die Potentiale eines möglichen Abgleichs abschätzbar werden,
- die Funktionen von Datenbank- und Methodenbanksystemen innerhalb von PIS unterscheiden können und
- die verschiedenen über Programme möglichen Auswertungsmethoden unterscheiden, um die entsprechenden Begriffe aus Systembeschreibungen verstehen und auf mögliche Gefährdungen für Arbeitnehmer schließen zu können.

In einem weiteren Schritt sollen die Teilnehmer/innen

- den im Betrieb zunehmenden »Datenhunger« als notwendige Folge und Voraussetzung der Einführung von PIS deuten können,
- die wesentlichen Datenquellen für personenbezogene Daten im Zusammenhang mit PIS kennenlernen und
- die Unterschiede zwischen der konventionellen und der automatischen Datenerfassung sowie die steigenden Gefährdungspotentiale bei der automatischen Datenerfassung erkennen.

Diese Lehreinheit behandelt nicht EDV-technische Grundbegriffe wie z.B. Daten, Hardware, Software etc. Diese werden im Umfang der Lehreinheit 2 aus Band 1 (Grundwissen zur Technikgestaltung) vorausgesetzt. Falls erforderlich, kann eine Wiederholung eingefügt werden.

Zur Umsetzung der Lernziele wird in dieser Lehreinheit ein Demonstrationsrechnereinsatz empfohlen. Dabei soll ein Personalinformationssystem simuliert werden. Die Simulation verfolgt aber nicht nur Erkenntnisziele im technischen Bereich. Sie demonstriert auch Selektions- und Auswertungsmöglichkeiten anhand fiktiver Arbeitnehmerdaten. So erkennen die Teilnehmer/innen, welche Möglichkeiten bereits in recht kleinen, nicht zur wirklichen Anwendung gedachten Systemen stecken. Sie können auf diese Weise eine Anschauung von den Gefährdungen entwickeln, die sich bei der Anwendung marktgängiger, echter Systeme ergeben.

Aufbau und Funktionsweise 2–5

Kurzzugang

Lerninhalte	Didaktisch-methodische Hinweise
AS 1 Aufbau eines Personalinformationssystems	Lehrgespräch (evtl. Wiederholung) Folie 2201
	Zeitbedarf: ca. 10 Min.
AS 2 Daten und Datenbanksysteme	Lehrgespräch
Datenbanksysteme und -abfragesprachen als entscheidender Schritt zu PIS Persönlichkeitsdaten, Arbeitsplatzdaten	Arbeitsblätter 2201 bis 2203 Folie 2202
	Zeitbedarf: ca. 20 Min.
AS 3 Die Methodenbank eines PIS	
Abrechnungssysteme; Statistikprogramme; Programme zur Personalplanung, -steuerung und Entscheidungsfindung; freie Abfragesprachen	Lehrvortrag/Lehrgespräch mit Demonstrationsrechnereinsatz (vgl. Rechnereinsatz Nr. 1) Folien 2203 und 2204, Arbeitsblätter 2204 und 2205
	Folie 2201 mit Overlay
	Zeitbedarf: ca. 100 Min.
AS 4 Die Erhebung und Erfassung personenbezogener Daten	
4.1 Herkömmliche Formen	Lehrvortrag Folie 2205 mit Overlay 1 Arbeitsblätter 2206 und 2207
4.2 Systeme zur automatischen Erfassung	Lehrvortrag mit Demonstrations- rechnereinsatz Folie 2205 mit Overlay 2
– Arbeitszeiterfassung und Verarbeitung	Folie 2206, Arbeitsblätter 2208 und 2211
– Zugangs- und Bewegungskontrolle	Folie 2207
– Telefondatenerfassung	Folien 2209, 2208
– Tank- und Kantinenabrechnung	Folie 2210 und Arbeitsblatt 2209
– BDE/PPS-Systeme	Folien 2211 und 2212, Arbeitsblatt 2210
	Demonstrationsrechnereinsatz (vgl. Rechnereinsatz Nr. 2 und 3)

4.3 Zusammenfassung und Vernetzungstendenzen	Folie 2205 mit Overlay 1 und 2 oder Folie 2213 Arbeitsblatt 2211
	Zeitbedarf: 60 Min. ohne/ 120 Min. mit Rechnereinsatz
AS 5 Personaldaten auf PCs	Lehrvortrag
	Zeitbedarf: 15 Min.

Aufbau und Funktionsweise   2–7

Langfassung

1. Aufbau eines Personalinformationssystems

Diese Lehreinheit setzt voraus, daß die Teilnehmer/innen über folgende Begriffe
verfügen:

— Hardware, Zentraleinheit, Hauptspeicher
— Software, Anwendungs- und Systemsoftware, Programm, Betriebssystem
— Daten, Datei, Datenbank
— das Prinzip EVA
— Bit, Byte
— Speicher, Datenträger
— Stapel-, Dialogbetrieb
— DFÜ
— PC
— Schnittstelle

Ist dies nicht der Fall, so muß eine Wiederholung eingefügt werden. Sie kann
anhand der Lehreinheit 2 aus Band 1 vorgenommen werden, indem das Personalinformationssystem als Standardbeispiel für die dort verwendeten Begriffe dient.

Es gibt viele Typen von Personalinformationssystemen. Sie unterscheiden sich durch
die unternehmensbezogene Vorgeschichte, branchenspezifische Besonderheiten,
Art und Umfang der gespeicherten Daten, die verfügbaren und geplanten Auswertungsprogramme, die Zahl der verkoppelten Teilsysteme etc. Sie haben jedoch
folgende Komponenten gemeinsam (vgl. **Folie 2201**): Von der Hardwareseite her sind
zu nennen die zentrale EDV-Anlage, auf der das System »läuft«, und die dezentralen
Ein-/Ausgabegeräte, mit denen das System »gefüttert« wird bzw. Auswertungen
durchgeführt werden können. Während die Beschaffenheit dieser sichtbaren Sy-
stemteile jedoch für unsere weiteren Untersuchungen nicht im Vordergrund stehen,
sind die Programme und Daten im Hinblick auf Arbeitnehmergefährdungen und
Regelungstatbestände von wesentlich größerer Bedeutung. Mit ihnen als dem »eigentlichen Personalinformationssystem« werden wir uns in den folgenden Arbeits-
schritten ausschließlich beschäftigen.

In diesem Arbeitsschritt wie auch in den folgenden der Lehreinheit 2 sollen jeweils
die Ergebnisse der Bestandsaufnahme (LE 1) theoretisch vertieft werden. Hier am
Anfang der Lehreinheit können die Antworten auf Frage 1 mit ausgewertet werden.

Zum Gebrauch der Folie 2201: Hier (wie in den folgenden Folien) werden Pikto-
gramme oft in übertragenem Sinne eingesetzt. Eine »Diskette« bedeutet somit
»Programme« und eine »Trommel« steht für »Daten/Datenbank« (vgl. Legende der
Foliensymbolik im Materialband von Band 1).

2. Daten und Datenbanksysteme

Die Entwicklung von Datenbanken und komfortablen Abfragesprachen stellt aus Arbeitgebersicht einen entscheidenden Schritt in der Konzeption von Personalinformationssystemen dar. Sie bietet ihnen folgende Vorteile:

- Die **Mehrfachspeicherung** der gleichen Information durch unterschiedliche Nutzer (z.B. Abteilungsleiter und Personalabteilung) entfällt. Dadurch wird das Personalwesen für die Geschäftsleitung transparenter.
- **Jede Stelle** im Unternehmen kann auf alle Informationen im aktuellen Zustand zugreifen, sofern sie zur Aufgabenerfüllung notwendig sind und ein Zugriffsrecht besteht.
- Die Daten werden **zentral** verwaltet und gepflegt und sind deshalb stets aktuell.
- Den Entscheidungsträgern (zentrales Management) stehen **alle** betrieblichen Informationen auf Wunsch zu Auswertungszwecken bereit.
- Datenbankabfragesprachen und andere entwickelte Techniken ermöglichen beliebige **Datenkombinationen** ohne aufwendige **Suchprozesse**.
- Durch eine **hohe Speicherdauer** sind auch alte Informationen mit relativ geringem Suchaufwand verfügbar.

Die Funktion einer Datenbank im Betrieb verdeutlicht **Folie 2202**.

Das Datenbanksystem im PIS umfaßt mehrere Datenbanken (z.B. Personalstammdatenbank, Qualifikationsdatenbank, Arbeitsplatzdatenbank etc.), in denen alle für die Verfolgung des Unternehmensinteresses wichtigen Daten über den Personalbestand und zum Teil auch über die Arbeitsplätze eines Betriebes gespeichert sind.

Welche Daten im einzelnen in einem Personalinformationssystem abgespeichert sind, hängt von den konkreten Aufgabenstellungen ab, die mit diesem System bearbeitet werden sollen.

Arbeitnehmerdaten (auch Personaldaten genannt) sind in Persönlichkeitsdaten und Arbeitsplatzdaten einteilbar.

Persönlichkeitsdaten (vgl. **Arbeitsblatt 2201**) sind einmal Daten zur Feststellung bzw. Erkennung eines Arbeitnehmers. Dazu zählt die sogenannte Personalnummer, die das mühelose Auffinden der Daten eines Arbeitnehmers ohne die Gefahr einer Verwechselung ermöglicht. Gleiches ist aber auch mit folgenden Daten möglich:

- Name, Geschlecht, Geburtsdatum, Geburtsort, Familienstand
- Wohnort, private Telefonnummer
- Rentenversicherungsnummer, Lohnsteuerschlüssel, Sozialversicherungsschlüssel, Sozialversicherungskennzeichen, Krankenkassenschlüssel.

Andere Persönlichkeitsdaten geben Auskunft über die Qualifikation bzw. Klassifikation eines Arbeitnehmers und können zu seiner Beurteilung herangezogen werden. Hierzu zählen:

- die Schulbildung, die Berufsausbildung, Umschulungen, der berufliche Werdegang, besuchte Lehrgänge und Kurse, Fremdsprachenkenntnisse, Qualifikationen spezieller Art,
- die körperliche Verfassung, wie etwa Muskelbeanspruchung, Körperhaltung, Sehvermögen,

Aufbau und Funktionsweise 2–9

– frühere Unfälle und Verletzungen,
– geistige Fähigkeiten, wie z.B. Auffassungsgabe, praktische »Anstelligkeit«, technisches Verständnis, mündliche und schriftliche Ausdrucksfähigkeit, Reaktionsvermögen, Konzentrationsfähigkeit,
– charakterliche Eigenschaften, wie z.B. Monotoniefestigkeit, Mitarbeiterführung, Bereitschaft zum Lernen, Konsultieren und Informieren der Vorgesetzten, Kontaktfähigkeit.

Neben den Persönlichkeitsdaten können im Datenbanksystem auch **Arbeitsplatzdaten** (Informationen über die Arbeitsplätze) gespeichert werden, wie z.B. (**Arbeitsblatt 2202**):

– Arbeitsplatznummer, Vorgänger am Arbeitsplatz, Schichtplankennziffer, Aufsichtsbereichsnummer, Telefonnummer,
– die Tätigkeitsbezeichnung,
– physische und psychische Anforderungen,
– Klima am Arbeitsplatz, Lärm-, Staub- und Gasverträglichkeit, Einwirkungen mechanischer Schwingungen,
– Prämienbereichskennziffer, vorgesehener Grundlohn, etwaiger Besitzstandsausgleich, Funktions- und Erfahrungszulagen.

Viele der Daten werden verschlüsselt gespeichert. **Arbeitsblatt 2203** zeigt an Hand eines Fluktuationsschlüssels ein Beispiel. Mit solchen Schlüssellisten, die im Personalinformationssystem sehr verbreitet sind, kann der Aufwand für Speicherung, Verarbeitung und Erfassung der Daten erheblich reduziert werden. Daraus folgt, daß immer auch die vollständigen Schlüssellisten vorliegen müssen, damit der aus unverständlichen Zahlenreihen bestehende Originalausdruck des Datensatzes entschlüsselt werden kann.

Die neuen technischen Möglichkeiten eines Personalinformationssystems führen im allgemeinen dazu, daß Unternehmen versuchen, den bisherigen Datenbestand erheblich auszuweiten. In vielen Fällen enthalten Personalinformationssysteme bereits zwischen 200 und 2 000 Einzelmerkmale pro Arbeitnehmer. Die Speicherkapazität des Personalabrechnungs- und -informationssystems PAISY liegt bei ca. 2 500 Kilobyte, was ungefähr 1 000 dichtbeschriebenen Schreibmaschinenseiten entspricht.

Dieser Arbeitsschritt soll im Lehrgespräch durchgeführt werden. Zur Illustration stehen die **Arbeitsblätter 2201** bis **2203** zur Verfügung. Um diesen Arbeitsschritt mit dem folgenden zu verzahnen, kann bereits hier **Folie 2203** (für Teilnehmer schwerpunktmäßig aus Produktionsbereichen) bzw. **Folie 2204** (für Teilnehmer überwiegend aus Büro und Verwaltung) zum Einsatz kommen, indem als Beispiele für Persönlichkeits- und Arbeitsplatzdaten die dort genannten Merkmale herausgegriffen werden.

Zusätzlich sollten hier die Ergebnisse der Frage 2 aus der Bestandsaufnahme (Erfassung von Personaldaten in den Betrieben der Teilnehmer) mit eingebracht werden. Gegebenenfalls kann schon jetzt am Rechner demonstriert werden, was Persönlichkeitsdaten sind (vgl. Rechnereinsatz Nr. 1).

3. Die Methodenbank eines PIS

Neben der Entwicklung von Datenbanksystemen mit komfortablen Abfragesprachen war die Entwicklung von Auswertungsprogrammen (Methodenbank) entscheidend zur Vervollständigung der Personalinformationssysteme. Diese Software bestimmt weitgehend die »Mächtigkeit« eines PIS. Dabei lassen sich folgende Typen unterscheiden:

1. Die Software zur Berechnung der Brutto- und Nettolöhne, zur Veranlassung der Überweisungen an Arbeitnehmer und Sozialversicherungsträger bildet die Grundlage der reinen **Abrechnungssysteme**, welche uns hier nicht weiter beschäftigen, da ihre Regelung keine großen Schwierigkeiten aufwirft. Unsere Zielsetzung besteht gerade darin, Personaldatenverarbeitung auf diesen Bereich zu beschränken.

2. Die einfachsten vom Hersteller gelieferten Elemente einer Methodenbank sind **Statistikprogramme**, die zum Beispiel Statistiken anfertigen über

   - Belegschaftszusammensetzung,
   - Personalstand,
   - Personalbewegung,
   - Fluktuation,
   - Altersstruktur,
   - Betriebszugehörigkeit,
   - Nationalität,
   - Krankenstand,
   - Überstunden und
   - Berufsgruppen.

3. Programme zur **Planung, Steuerung und Entscheidungsfindung** im Personalwesen ermöglichen Auswertungen, die früher praktisch unmöglich waren. Zu diesen Programmen gehören insbesondere:

   - Die Terminüberwachung (Alarmberichte)
     Mit Hilfe von Alarmberichten wird die Personalverwaltung automatisch und rechtzeitig auf den Ablauf oder den Beginn bestimmter Fristen (z.B. Probezeit, Ablauf der Sechs-Wochen-Frist im Krankheitsfall, Aufenthalts- und Arbeitsgenehmigung etc.) hingewiesen. Die Unternehmensleitung kann so rechtzeitig überprüfen, ob bestimmte Maßnahmen einzuleiten sind.

   - Der Profilabgleich
     Um den Personaleinsatz im Interesse der Unternehmensleitungen zu optimieren, werden Personal- und Arbeitsplatzdatenbank miteinander verglichen. Dies ist dann besonders einfach, wenn sie eine ähnliche Struktur aufweisen. Die Menge der Auswertungsmöglichkeiten hängt dabei natürlich von der Menge der Daten ab, die in diesen Datenbanken gespeichert sind. Am häufigsten werden Qualifikationsprofile durch die Gegenüberstellung von Kenntnissen oder Fähigkeiten der Beschäftigten und Anforderungen von Arbeitsplätzen abgeglichen (vgl. **Folien 2203** und **2204** mit den jeweiligen **Overlays**). Ziel des Vergleichs ist es, eine Stelle, deren Anforderungen nach Inhalt und

Aufbau und Funktionsweise 2–11

Schwierigkeitsgrad definiert sind, zu besetzen. Aus einer Menge von Beschäftigten erhält derjenige die Stelle, dessen Fähigkeiten mit cen Stellenanforderungen am weitgehendsten übereinstimmen. Mit dieser Methode kann schließlich die gesamte Personalstruktur eines Unternehmens mit den Erfordernissen der einzelnen Arbeitsplätze verglichen werden. Das Ergebnis liefert die Grundlage für Maßnahmen zur Anpassung der Arbeitskräfte an die Anforderungen der Arbeitsplatzstruktur.

– Programmierte Analysen
Bei diesen Verfahren werden Daten aus der Personal- oder der Arbeitsplatzdatenbank so aufbereitet, daß sie die Grundlage für »objektive« Entscheidungen bilden. So lassen sich zur Begründung von Kündigungen Personaldaten (z.B. Krankenstände, Fehlzeiten, Überstunden etc.) und zur Begründung von Herabgruppierungen Arbeitsplatzdaten (z.B. Anforderungen an körperliche Verfassung, Zuverlässigkeit, berufliche Erfahrung etc.) analysieren.

– Simulationen, Hochrechnungen, Regressionsanalysen, Trendberechnungen
Regressionsanalysen sind mathematische Verfahren zur Berechnung von Entwicklungstrends bei Vernachlässigung von »zufälligen« Abweichungen. Auf diese Weise können z.B. Produktionssteigerungen und Beschäftigungsentwicklung (Personalkostenentwicklung) statistisch miteinander in Beziehung gebracht werden.

Von Bedeutung für Personalentscheidungen können insbesondere Simulationen sein. Mit Hilfe von Simulationsmodellen werden die Folgen von Entscheidungen experimentiell durchgespielt: Was passiert, wenn…? Oder: Was ist zu tun, damit…? Die realen Vorgänge werden dabei unter verschiedenen Rahmenbedingungen simuliert, um die günstigste Lösung zu ermitteln. So läßt sich z.B. die Entwicklung der Personalkosten in einzelnen Abteilungen oder im gesamten Betrieb bei alternativen Vorgehensweisen der Geschäftsleitung feststellen.

4. Zu den Auswertungsmöglichkeiten zählt auch die Nutzung von **freien Abfragesprachen.** Unter verschiedenen Namen (z.B. PAISY-Info, Infogenerator, freie Abfrage) werden in vielen Personalinformationssystemen freie Zugriffe auf Datenfeldinhalte der Datenbank ermöglicht. Ohne große Programmierkenntnisse lassen sich beliebige Verknüpfungen vornehmen, wodurch die Daten ad hoc zu jedem beliebigen Zweck kombiniert und ausgewertet werden können und zwar unabhängig von den Standardprogrammierungen des Herstellers und ohne selbst ein Programm erstellen zu müssen. Diese Abfragesprachen sind im allgemeinen so leicht zu erlernen, daß auch die Sachbearbeiter in der Personalabteilung oder die Geschäftsleitung die Datenbank ohne jede Programmierkenntnis unmittelbar und jederzeit im Dialog am Datensichtgerät benutzen können. Das führt zu einer äußerst flexiblen Nutzung der Daten.

Für die betriebliche Interessenvertretung stellt sich die Aufgabe, das in Einführung befindliche Softwarepaket auf seine Anwendungsmöglichkeiten hin zu analysieren. Eine vergleichende Analyse verschiedener marktgängiger Standardsoftwarepakete für computergestützte Personalplanung ist im **Arbeitsblatt 2204** wiedergegeben. Einen Überblick über die Unterstützung betriebswirtschaftlicher Planungsmethoden durch Standardsoftware gibt **Arbeitsblatt 2205** (diese Arbeitsblätter können ggfs. als Hintergrundmaterial eingesetzt werden).

Zur Durchführung des Arbeitsschritts 3 wird folgende Vorgehensweise vorgeschlagen:

Zunächst kurze Erläuterung einer Methodenbank, anschließend Demonstrationsrechnereinsatz anhand des Programms zur Simulation von PIS (vgl. Rechnereinsatz Nr. 1). Dabei kann mit fiktiven Daten gearbeitet werden, die entweder vom Referenten vorher ausgewählt und eingegeben wurden oder die sich die Teilnehmer ausgedacht haben.

Für den Kurzvortrag stehen die **Folien 2203** und **2204** mit ihren **Overlays** zur Verfügung, die zwei Beispiele für den Profilabgleich zeigen. Außerdem können die **Arbeitsblätter 2204** und **2205** hier Verwendung finden.

Zum Abschluß des Arbeitsschrittes kann **Folie 2201** durch das zugehörige **Overlay** ergänzt werden.

Hinweis: Dieser Stoff wird zur Festigung und Lernzielkontrolle zu einem späteren Zeitpunkt in einer Eigentätigkeit der Teilnehmer noch einmal aufgegriffen (vgl. Ende von Lehreinheit 3).

4. Die Erhebung und Erfassung personenbezogener Daten

Personalinformationssysteme können nicht für sich alleine betrachtet werden, wie das Grundbild in **Folie 2205** nahelegt, sondern stehen im Kontext der betrieblichen Erfassung, Verknüpfung und Verarbeitung von Personaldaten. Wenn sie effektiv für den Unternehmer nutzbar sein sollen, benötigen sie zahlreiche aktuelle Daten. Dies gilt vor allem dann, wenn sie zur Unterstützung bei Personalentscheidungen eingesetzt werden sollen. Dabei können die Methoden- und Auswertungspakete des PIS sowohl auf schon bestehende Datenbestände zurückgreifen als auch zusätzliche Datenquellen erschließen. Die Potentiale der Personaldatenverarbeitung und damit auch die von ihr ausgehenden Gefährdungen für Arbeitnehmer können daher nur im Zusammenhang mit allen im Betrieb erfaßten und verknüpften Personaldaten beurteilt werden.

Folie 2205 mit **Overlay** wird zur Unterstützung der folgenden Arbeitsschritte in verschiedenen Stufen entwickelt.

Aufbau und Funktionsweise 2–13

4.1 Herkömmliche Formen

Persönlichkeitsdaten

Die herkömmliche Form der Erfassung besteht im wesentlichen in schriftlichen Aufzeichnungen. An erster Stelle ist dies die bereits erwähnte Personalstammkarte (vgl. **Folie 2104** bzw. **Arbeitsblatt 2101**), welche in standardisierter Form die wichtigsten Persönlichkeitsdaten enthält. Hinzu kommen alle von den Beschäftigten selbst ausgefüllten Fragebögen, Formulare, Einstellungsunterlagen, aber auch Datenerhebungen, die von einer zweiten Person zur Beurteilung des Beschäftigten durchgeführt werden, wie z.B. Einstellungstests, Personalbeurteilungen durch Vorgesetzte oder auch Ergebnisse des werksärztlichen Dienstes und Erkenntnisse des Werkschutzes. Auch bei diesen herkömmlichen Datenquellen hat sich die Menge der pro Arbeitnehmer erhobenen Daten drastisch erweitert. Beim Einsatz von PIS werden diese bereits erhobenen Daten elektronisch erfaßt (d.h. codiert und abgespeichert) und damit der computergestützten Personaldatenverarbeitung zugänglich gemacht.

Beispiel: Ein Merkmal aus Beurteilungsbögen (vgl. **Arbeitsblatt 2206**) ist die »Bereitwilligkeit«, unangenehme Aufgaben, wie z.B. monotone Tätigkeiten, zu übernehmen. Das gleiche Merkmal wird auch unter den Arbeitsplatzdaten geführt (vgl. unten).

Arbeitsplatzdaten

Auch zur Beschreibung der Arbeitsplätze gibt es schriftliche Aufzeichnungen, z.B. über notwendige Schulungsmaßnahmen, Ergebnisse der Arbeitsablaufkontrolle und der analytischen Arbeitsbewertung sowie Stellenbeschreibungen. Auch diese unabhängig von PIS vorliegenden Dokumente und Daten können ebenfalls elektronisch erfaßt und abgespeichert werden.

Beispiel: Das Forschungsinstitut für Rationalisierung hat mehrere hundert Merkmale festgelegt und detailliert aufgegliedert, mit denen jeder einzelne Arbeitsplatz beschrieben werden kann. Diese Arbeiten waren Vorläufer des berühmt-berüchtigten ISA-Systems – Informationssystem Arbeitseinsatz und Arbeitsplatzplanung – bei Daimler-Benz. Auch hier ist das Merkmal »Monotoniefestigkeit« belegt (**Arbeitsblatt 2207**) und kann mit Persönlichkeitsdaten (s.o.) abgeglichen werden.

Zusammenfassung

1. Die zahlreich bereits erhobenen und schriftlich erfaßten Daten lassen sich auf elektronische Datenträger bringen und bilden erst die Datengrundlage für ein PIS.
2. Gleichzeitig wird aber deutlich, daß die manuelle Erhebung von Persönlichkeitsdaten (Beispiel Beurteilungsbogen) einen erheblichen Aufwand darstellt, den die Unternehmensleitungen und ihre Wissenschaftler und Techniker durch die automatische Erfassung von Personaldaten im Betrieb minimieren wollen.

> **Folie 2205** mit **Overlay 1** zeigt in der Mitte das bereits eingeführte PIS. Herkömmliche Datenquellen (Beispiele) speisen die Personaldatenbank (links) sowie die Arbeitsplatzdatenbank (rechts).

4.2 Systeme zur automatischen Erfassung

Ein Personalinformationssystem läßt sich über Schnittstellen mit anderen personaldatenverarbeitenden Systemen eines Unternehmens koppeln. So können von diesen Systemen automatisch z.B. Leistungsdaten abgerufen und ausgewertet werden. Bei Personalinformationssystemen besteht also die Möglichkeit, daß sie im Verbund mit allen anderen betrieblichen EDV-Systemen arbeiten, in denen personenbezogene oder -beziehbare Daten anfallen. Durch den Datenaustausch zwischen diesen verschiedenen Systemen erhält man ein komplexes System der automatisierten Personaldatenverarbeitung. Die wichtigsten sind: Zeiterfassungssystem, Telefondatenverarbeitungssystem, Zugangskontrollsystem, Betriebsdatenerfassung und die Erfassung von Benutzerdaten am Datensichtgerät (vgl. **Folie 2205** mit **Overlay 2**).

Im folgenden sollen einige dieser Systeme beschrieben werden.

4.2.1 Arbeitszeiterfassung und -verarbeitung (AZEV)

Automatische Zeiterfassungssysteme werden häufig mit den Argumenten der »Gerechtigkeit« (»Wer pünktlich kommt, soll auch belohnt werden!«), einer »flexiblen Arbeitszeitregelung« oder einer »schnelleren Lohnberechnung« eingeführt. AZEV-Systeme verwenden einen maschinenlesbaren Ausweis sowie Zeiterfassungsterminals, die z.B. am Werkseingang Arbeitszeitdaten automatisch erfassen.

Die Funktionsweise eines AZEV-Systems kann am Beispiel eines von ihm erstellten »Zeitkontoauszuges« erläutert werden (vgl. **Arbeitsblatt 2208** sowie **Folie 2206**, die einen Teil des Arbeitsblattes zeigt). Im monatlichen Zeitkontoauszug werden zunächst alle Kommt/Geht-Zeiten festgehalten. Das System ermittelt dann die tägliche Zeitsumme, zieht die Mittagspause ab (im Beispiel 45 Min.) und zeigt verschiedene Zeitarten an wie Normalzeit, verletzte Kernzeit etc. Dienstreisen und dienstliche Abwesenheiten gehen nach manueller Eingabe ebenfalls in die Rechnung ein. Die ermittelten Zeiten werden für den gesamten Monat aufsummiert und mit Korrekturen seit der letzten Abrechnung und der Sollzeit abgeglichen. Hieraus ergibt sich in unserem Beispiel ein Saldo von plus 25,01 Stunden, von dem aber nur 10 Stunden angerechnet werden.

Die durch ein AZEV-System anfallenden Personaldaten werden jedoch nicht nur monatlich ausgedruckt, sondern können in der Regel zu einem PIS überspielt und dort weiter verarbeitet werden. In manchen Fällen, wie z.B. bei IPAS, ist eine Zeiterfassungskomponente sogar ins PIS integriert. Dadurch hat das PIS nicht nur Daten zur Verfügung, die – wie z.B. Jahresurlaub, lohnfortzahlungspflichtige Zeiten, Überstunden – für die Lohn- und Gehaltsabrechnung nötig sind, sondern auch solche, die unter verhaltensbedingten Aspekten auswertbar sind.

Aufbau und Funktionsweise 2–15

Hierunter zählen z.B.:

– Das tägliche Zeitkonto, die Verletzung von Kernzeiten, das Überziehen von Pausen oder unentschuldigtes Fehlen,
– der Monatsabschluß mit den Zeitkonto-Salden, die einzelnen Überstunden mit verschiedenen Zuschlägen oder Fehlzeiten nach Fehlzeitenarten,
– Fehlzeitenstatistiken und
– Fehlzeitengründe.

Abgesehen davon, daß sich diese Auswertungen nicht mehr allein mit den Abrechnungsnotwendigkeiten begründen lassen und daher im Arbeitnehmerinteresse nicht akzeptabel sind, stellen sich zwei zusätzliche Probleme.

Erstens sind die Systeme keinesfalls so flexibel, wie die Werbung verspricht. Aus betrieblich bedingten Gründen mit dem Meister abgesprochene Änderungen der Kern- oder Schichtzeiten führen z.B. oft zur Verletzung der einprogrammierten Kernzeiten, da eine entsprechende Systemmeldung nur durch recht umständliche Änderungen am Programm verhindert werden kann.

Zweitens liegt die Beweispflicht bei Auftreten eines Fehlers jetzt auf Seiten des Arbeitnehmers. Hatte er früher bei der Stempeluhr einen eigenen Kontrollbeleg über jede erfaßte Zeit in der Hand, fehlt ihm jetzt dieser Beleg, wenn nicht ein »druckendes Terminal« ihm täglich eine Quittung über die geleistete Arbeitszeit verschafft.

4.2.2 Zugangs- und Bewegungskontrolle

Zeiterfassungsgeräte lassen sich mit Zugangskontrollsystemen koppeln, bei denen gespeichert wird, wo und wann ein Arbeitnehmer den Betrieb oder bestimmte Abteilungen betritt oder verläßt. Zugangskontrollen wurden aus dem militärischen Sicherheitsbereich in die Betriebe übernommen. Befanden sie sich anfangs noch ausschließlich an den Fabrikeingängen und an besonderen Sicherheitszonen, so gehen immer mehr Betriebe dazu über, einzelne Bereiche untereinander »abzuschotten« und mit unterschiedlichen Zugangsberechtigungen zu versehen. Zwischen den verschiedenen Zonen befinden sich Ausweisleser, die die Personalnummer des Arbeitnehmers und die Uhrzeit erfassen, seine Zugangsberechtigung überprüfen und über den Zugang »entscheiden« (vgl. **Folie 2207**). Die Systeme lassen sich grob unterscheiden in Systeme mit einfacher »Schlüsselfunktion« und solche, in denen als »Nebeneffekt« auch noch die erfaßten Daten zentral gespeichert und zu anderen Auswertungszwecken genutzt werden können. So läßt sich nachträglich der Weg des Beschäftigten und die Verweildauer in verschiedenen Betriebsteilen durch räumliche und zeitliche »Bewegungsprotokolle« feststellen.

4.2.3 Telefondatenerfassung

Telefondatenerfassungssysteme gestatten Aufschluß über das »Kommunikationsverhalten« der Beschäftigten. Sie werden mit dem Argument der Telefonkostensenkung eingeführt, liefern aber gleichzeitig eine Menge von Zusatzinformationen (vgl. **Folie 2208**), wie z.B.:

- Datum des Telefongesprächs,
- Uhrzeit,
- Zielort,
- Nummer des angerufenen Teilnehmers,
- Gesprächsdauer,
- Anzahl der Gebühreneinheiten,
- Kosten des Telefongesprächs,
- Nebenstellennummer und
- eine Kennung, ob ein Privat- oder Dienstgespräch vorliegt.

Die von der Nebenstellenanlage gelieferten Gesprächsdaten können vom »Telefoncomputer« sortiert, weiterverarbeitet und an das PIS übergeben werden. So läßt sich z.B. der Anteil der Privatgespräche, das Arbeitsverhalten, der Anteil von Telefonaten an der täglichen Arbeitszeit, die Häufigkeit und Dauer von telefonischen Kundenkontakten (und damit die Arbeitseffektivität) feststellen. Daß Arbeitgeber an Langzeitauswertungen interessiert sind, wurde bereits bei vielen betrieblichen Auseinandersetzungen durch das hartnäckige Bestehen auf einer umfangreichen und langfristigen Telefondatenspeicherung deutlich. Wie eine Telefonrechnung dagegen auch aussehen kann, zeigt **Folie 2209**. Diese Daten werden dann spätestens am Ende des folgenden Monats gelöscht.

Telefondatenerfassungssysteme gewinnen an zusätzlicher Brisanz für die Arbeitnehmer, wenn im Zuge der Digitalisierung des Fernmeldenetzes die herkömmlichen Telefone durch multifunktionale Endgeräte mit wesentlich erweitertem Leistungsspektrum ersetzt werden. Im ISDN-Netz laufen die verschiedensten Kommunikationsinhalte (Telefonieren, Fernkopieren, Daten- und Textübertragung) dann über den gleichen, einem Teilnehmer zuordbaren Anschluß. Es können so nicht nur alle Kommunikationsdaten (Ort, Zeit etc.), sondern auch die Kommunikationsinhalte selbst maschinell aufgezeichnet und nachträglich ausgewertet werden, da sie in digitaler Form vorliegen.

Auf diese Problematik wird im Band 3 »Vernetzung und Integration« genauer eingegangen.

4.2.4 Tank- und Kantinenabrechnung

Wie bei den zuvor genannten Systemen der automatischen Erfassung von Personaldaten können auch hier die Daten unter neuen Gesichtspunkten monatlich oder in größeren Abständen zusammengefaßt werden. So kann die Beantwortung der Fragen »Wer hat was wann mit wem gegessen?« oder »Wer hat wann wieviel getankt?« durch die Auswertung von Tank- und Kantinendaten Rückschlüsse auf Konsumgewohnheiten, Lebenswandel oder Gesundheit gestatten.

Ein gemeinsamer Identifikationsschlüssel für verschiedene dieser Datenerfassungsgeräte kann der elektronisch lesbare Werksausweis sein (vgl. **Folie 2210** und **Arbeitsblatt 2209**).

Aufbau und Funktionsweise 2–17

4.2.5 BDE/PPS-Systeme

Auch mit Hilfe von sogenannten »Betriebsdatenerfassungssystemen« (BDE) (vgl. **Folie 2211**) oder »Produktions-Planungs- und -Steuerungssystemen« (PPS) werden Informationen über das Betriebsgeschehen computergestützt erfaßt und ausgewertet. BDE soll den gesamten Produktionsablauf durchsichtig und steuerbar machen, um versteckte Leistungsreserven aufzudecken. Die Daten dienen im BDE/PPS-System selbst oder auch nach Übergabe an ein PIS der Unternehmensleitung zur Personalüberwachung und -kontrolle, zur Fertigungssteuerung, Auftragsverfolgung, zu Kosten- und Lohnabrechnungen.

Schwerpunkte der meisten BDE-Systeme sind die Maschinenbelegung und die Auftragsverfolgung (vgl. **Folie 2212**). Bei PPS-Systemen werden sämtliche Betriebsabläufe in einer gemeinsamen Datenbank gespeichert. Ziel ist, die lückenlose und zeitgenaue Erfassung aller Arbeitsgänge. Dies bedeutet praktisch eine ständige Zeitaufnahme im Betrieb. Da Arbeitsgänge und Bearbeitungszeiten meist mit den Beschäftigten identifiziert werden können, entsteht eine Fülle von personenbeziehbaren Daten. Im Beispiel der **Folie 2212** ist dies beim Ausdruck der Maschinenbelegungsliste und bei der Anzeige des Bearbeitungsstandes von Aufträgen der Fall. Endpunkt einer solchen Entwicklung kann die Verknüpfung der verschiedenen Datenquellen zu einer Datenbank sein, in der alle betrieblichen Vorgänge auf einzelne Arbeitnehmer rückführbar sind (wie z.B. bei PPS-Systemen). BDE/PPS-Systeme fungieren dann als aktuelle und umfassende Lieferanten von Leistungs- und Verhaltensdaten, die im PIS zusätzlich ausgewertet werden können. Eine Leistungskontrolle und -verdichtung ist aber auch – unabhängig vom Anschluß an ein PIS – zu befürchten (vgl. hierzu **Arbeitsblatt 2210**; vgl. auch Rechnereinsatz Nr. 2).

BDE ist keineswegs auf den Fertigungsbereich beschränkt. Auch im Verwaltungs- und Dienstleistungsbereich finden sich vergleichbare Kontrollmöglichkeiten. Immer dann, wenn sich der Benutzer bei der Arbeit am Bildschirmgerät, Textverarbeitungsautomaten, an der Datenkasse etc. identifizieren muß (Personalnummer und/oder Benutzercode), besteht die Möglichkeit, die Eingaben am Gerät zu protokollieren und daraus eine individuelle Leistungsstatistik anzufertigen (vgl. hierzu Rechnereinsatz Nr. 3). Solche Geräte sind auch aus diesem Grunde nach einem Urteil des Bundesarbeitsgerichtes mitbestimmungspflichtig, wie in Lehreinheit 6 noch ausgeführt wird.

4.3 Zusammenfassung und weitere Vernetzungstendenzen

Während bereits die auf herkömmliche Weise erhobenen und schriftlich erfaßten Daten einen hohen Nutzen für die Zwecke eines PIS darstellen, besitzen die automatischen Datenerfassungssysteme (vgl. **Folien 2213** und **2205** mit **Overlay 1** und **2**) eine wesentlich höhere Qualität. Denn erstens ist der Aufwand zur Erhebung und Erfassung der Daten relativ klein und zweitens ist die so entstehende Datenbasis nicht mehr zufällig und durch Stichproben entstanden, sondern lückenlos und umfassend. Am deutlichsten wird das bei Methoden der Leistungsbewertung. Während früher mit Hilfe von REFA-Methoden die Zeiterfassung stichprobenartig erfolgte, hält ein BDE-System Leistungsdaten jetzt automatisch und kontinuierlich fest.

Mit der Vernetzung verschiedener Informationssysteme und dem Aufbau einheitlicher Datenbanken werden Schritte zu einem umfassenden Management-Informationssystem eingeleitet.

Die Übergabe von Daten anderer betrieblicher Datenerfassungssysteme an das PIS ist nur der erste Schritt hierzu. In einem zweiten Schritt soll das Personalinformationssystem mit anderen Informationssystemen, z.B. für Finanz- und Rechnungswesen, Materialwirtschaft und für Marketing verknüpft werden. Endziel ist ein einheitliches System, das hierarchisch strukturiert allen betrieblichen Ebenen − vom Sachbearbeiter bis zum Management − durch festgelegte und gestaffelte Zugriffsrechte genau die und nur die Informationen liefert, die zur Ausführung der jeweiligen Funktionen benötigt werden.

Die innerbetrieblich entstandenen Personaldaten können durch die Vernetzung mit außerbetrieblichen Informationen noch weiter vervollständigt werden. Hierzu zählen vor allem die Auskünfte früherer Arbeitgeber, von Behörden und Auskunfteien. Als weitere wichtige außerbetriebliche Datenquellen in Großunternehmen sind auch die Informationssammlungen über Arbeitnehmer auf Konzernebene oder in anderen Unternehmensteilen anzusehen. Besondere Brisanz gewinnt der Austausch von Personaldaten in überbetrieblich vernetzten Informationssystemen wie z.B. in PPS-Systemen zwischen Zulieferern und Herstellern oder die Übermittlung von Telefondaten im digitalisierten Telefonnetz.

Für diesen Arbeitsschritt ist ein Lehrvortrag unterstützt durch Arbeitstransparente sowie ein Demonstrationsrechnereinsatz vorgesehen. Hierzu noch einige Anmerkungen.

Folie 2205 zeigt in verkleinerter Form die Komponenten eines Personalinformationssystems. Mit Hilfe von **Overlay 1** können die herkömmlichen Datenquellen verdeutlicht werden, die Eingang in die Personaldatenbank (links) und in die Arbeitsplatzdatenbank (rechts) finden. **Overlay 2** zeigt Datenquellen, die ihre Daten automatisch dem Personalinformationssystem zur Verfügung stellen: Ein BDE-Terminal, ein Bildschirm, ein Telefon, eine Kasse, eine CNC-Maschine und ein Arbeitszeiterfassungssystem.

Die anderen Folien bedürfen keiner weiteren Erläuterung.

Bereits in dieser Lehreinheit kann angedeutet werden, daß die Erfassungssysteme unterschiedlich ausgestaltbar sind (z.B. bezüglich erfaßter Daten, Auswertungsmöglichkeiten, Schnittstellen) und dadurch auch unterschiedliche Gefährdungspotentiale bzw. Gestaltungsspielräume für die betriebliche Interessenvertretung eröffnen. Für die aus gewerkschaftlicher Sicht zu entwickelnden Pflichtenhefte ist als **Arbeitsblatt 2211** ein Beispiel (AZEV-System) beigefügt.

Der Demonstrationsrechnereinsatz soll die Verknüpfung zwischen Produktionsdaten und Personaldaten simulieren (vgl. Rechnereinsatz Nr. 2) bzw. die neue Qualität automatischer Datenerfassung zum Zwecke der Leistungs- und Verhal-

Aufbau und Funktionsweise   2–19

tenskontrolle offensichtlich machen (vgl. Rechnereinsatz Nr. 3). Hier wird die maschinelle Erstellung von Überweisungsbelegen simuliert, bei der für den Anwender und zunächst auch für den Teilnehmer unbemerkt kontinuierlich Leistungsdaten protokolliert und ausgewertet werden.

5. Personaldaten auf PCs

Während anfangs die automatisierte Bearbeitung personalwirtschaftlicher Aufgaben
vorwiegend als Batch-Verarbeitung erfolgte, findet zunehmend die dialogorientierte
Verarbeitung statt. Beide Formen werden oft auch nebeneinander eingesetzt. Die
Batch-Verarbeitung ist dann ökonomisch, wenn die Informationsgewinnung zu bestimmten festgelegten Zeitpunkten erfolgen soll, wie zum Beispiel die Lohn- und
Gehaltsabrechnung am Monatsende. Dialogorientierte Systeme finden Verwendung,
wenn eine sofortige Information (z. B. in der Personalplanung) gewünscht wird. Darüber hinaus ermöglicht die Dialogverarbeitung jedem autorisierten Mitarbeiter eine
flexible und eigenständige Programmierung und Auswertung der vorhandenen
Daten nach eigenen Interessen und Aufgabenstellungen.

Wegen dieser Flexibilität wird auch die Kontrolle der Personaldatenverarbeitung
durch den Betriebsrat erheblich erschwert. Deshalb sollte die Dialogverarbeitung
von **Personaldaten** möglichst verhindert werden.

Zusätzliche Kontrollprobleme für die Interessenvertretung wirft die Erfassung, Speicherung, Verarbeitung und Übermittlung von Personaldaten auf **Personalcomputern**
auf. Denn während der Großrechner organisatorisch von den Anwenderabteilungen
abgeschottet und über Maßnahmen der technischen Kontrolle für die betriebliche
Interessenvertretung transparent gemacht werden kann, ist der Benutzer eines PCs
Anwender und Systemherr zugleich. Er definiert sich seine eigenen Zugriffsrechte,
»strickt« und verändert seine eigenen Programme, sammelt Daten nach eigenen
Maßstäben und kann über den Diskettenausgang oder einen LAN-Anschluß Daten
und Auswertungsergebnisse in beliebiger Form auf andere Rechner übermitteln.

Da sich wirksame Datenschutzmaßnahmen bei der Verarbeitung von Personaldaten
auf PCs kaum kontrollieren lassen, sollte der Betriebsrat von vornherein eine PC-
Nutzung für diese Zwecke völlig ausschließen.

Wenn sich diese Linie nicht durchhalten läßt, ist es unbedingt angeraten, eine
spezielle Vereinbarung für die PC-Nutzung abzuschließen, um die spezifischen Probleme zu berücksichtigen.

Auch der Bundesdatenschutzbeauftragte hat sich wiederholt mit der Problematik
von Personaldaten auf PCs befaßt und dazu folgende Forderungen entwickelt:

– Eine strikte und lückenlose Menü-Steuerung aller planmäßigen (zulässigen) Verar-
  beitungen, die auch den richtigen Einsatz von Hilfsprogrammen (Kopieren, Ausdrucken, Sortieren u. ä.) garantiert,

- die kryptographische Verschlüsselung aller Daten auf externen Speichern, die nur im Rahmen der planmäßigen (menü-gesteuerten) Verarbeitung aufgehoben werden kann, und
- die maschinelle Protokollierung (logging) der Systemaktivitäten.

Ergänzend sollte jeder PC-Einsatz begleitet werden durch

- Schulung in allgemeinen Datenschutzfragen, zumindest im Rahmen der Einweisung in die PC-Benutzung,
- Unterrichtung über generell durchzuführende Sicherungsmaßnahmen,
- Hinweise auf die verfahrensabhängigen, besonderen Datenschutzprobleme und Datensicherungsmaßnahmen auch für den Einsatz von Standardsoftware,
- Benennung eines leicht erreichbaren Ansprechpartners für alle beim Betrieb auftretenden Fragen des Datenschutzes und der Datensicherung,
- je nach Anwendung mehr oder minder häufige Kontrollen, die sicherstellen, daß die Vorgaben in der Praxis auch eingehalten werden.

Das heißt für die betriebliche Praxis, daß die Interessenvertretung bei der PC-Verarbeitung von Personaldaten sich der spezifischen Problematik

- andere Anwendungsgebiete (Qualifizierungsdaten etc.),
- erschwerte Überwachungsmöglichkeiten

bewußt sein und den Arbeitgeber verpflichten sollte, o.g. Forderungen durch geeignete technisch-organisatorische Maßnahmen sicherzustellen (vgl. auch Lehreinheit 7).

Für eine vertiefte Behandlung der Datenschutzproblematik bei der Verarbeitung von Personaldaten auf PC, die ein eigenes Seminar erforderlich machen würde, kann auf weiterführende Literatur verwiesen werden (vgl. z. B. Literaturhinweise).

Für Arbeitsschritt 5 ist ein kurzer Lehrvortrag vorgesehen.

Rechnereinsatz

Vorbereitung

Innerhalb dieser Lehreinheit ist die Simulation eines Personalinformationssystems vorgesehen. Je nach den technischen Möglichkeiten bieten sich dazu folgende Alternativen:

a) Falls die notwendige Hard- und Software nicht im Unterrichtsraum, sondern an einem anderen Ort zur Verfügung steht, sollte die Demonstration in der unten beschriebenen Reihenfolge in einem Block durchgeführt werden.

b) Falls die Hard- und Software im Unterrichtsraum zur Verfügung steht, sollte die Vorführung in die verschiedenen Lehrgangsabschnitte integriert werden (vgl. unten).

c) Falls kein EDV-System zur Verfügung steht, läßt sich das Gesagte durch einige »Trockenbeispiele« erläutern. Hierzu können Ausdrucke von vorab durchgeführten Computerauswertungen herangezogen werden.

Notwendige Minimalausstattung zur Vorführung

- IBM-kompatibler PC inkl. Bildschirm und Diskettenstation.
- Bei großer Teilnehmerzahl Kamera und zusätzlicher Monitor/Bildschirm/Fernsehgerät zur vergrößerten Wiedergabe.
- Diskette(n) mit Betriebssystem und Simulationsprogramm.
- Sinnvoll, aber nicht notwendig ist die Hinzunahme eines Druckers.

Die Vorführung könnte zum Beispiel folgende Bestandteile enthalten:

- Demonstration von Hardware
- Laden Betriebssystem
- Auflisten Directory (Programme und Dateien), Anwendungssoftware
- Aufruf und Ausführung eines Programms
- Definition der Struktur der Personaldatenbank
  Hier wird dem Referenten wahlweise eine Modellstruktur angeboten oder Möglichkeit gegeben, selbst im Teilnehmerkreis Persönlichkeitsmerkmale definieren zu lassen.
- Aufbau der Datenbank durch Erfassen von Personaldaten
  Nach Wahl fiktive von den Teilnehmern genannte Daten oder ein vorbereitetes Datenset
- Ausgabe eines Datenstammsatzes
- Suchprogramm nach einem festgelegten Merkmal
- Suchprogramm nach einem Katalog zu kombinierender Merkmale (schrittweises Herausfiltern von Arbeitnehmern)
- Kombination mit statistischen Auswertungen
- Ein Abgleich mit Arbeitsplatzdaten ist an dieser Stelle nicht möglich, da nur eine Personaldatenbank zur Verfügung steht. Jedoch kann ein Betriebsdatenerfas-

sungssystem und seine Verknüpfung mit Personaldaten simuliert werden (Rechnereinsatz Nr. 2).

– Als ein Beispiel für Analyseprogramme mag der sogenannte »Sozialverträglichkeitsfaktor« herhalten, der im Simulationsprogramm PISSY für jeden herausgefilterten Arbeitnehmer abgerufen werden kann.

– Auch der Bereich der Personalabrechnung kann demonstriert werden:
   a) Lohnkosten (Brutto, Netto, Sozialabgaben) für einen bestimmten Arbeitnehmer
   b) Entsprechendes für den Gesamtbetrieb
   c) Dito für eine herausgefilterte Arbeitnehmergruppe im Vergleich zu den Gesamtbetriebskosten.

In der gewerkschaftlichen Bildungsarbeit wurden verschiedene Simulationsprogramme entwickelt, wie z.B.

– PISSY/BDESI von Hartmut Weber und Reiner Niebur (HBS),
– PISDEMO/LEIKO von Kai Ohl (IGM, Abt. Tarifpolitik)
– sowie PIsS von Bernd Zimmermann und Wolfgang Hockertz.

Während die Personalinformationssystem-Simulation PIsS als Programm inklusive Handbuch und didaktischen Hinweisen beim WI-Verlag bezogen werden kann (vgl. Literaturhinweis), sind die übrigen genannten Programme auf der TBS-Diskette enthalten.

Im folgenden sind Vorschläge für den Einsatz ausgearbeitet.

1. Möglichkeiten eines Personalinformationssystems

Variante a: Demonstration anhand von PISSY

Ziel:

Mit dem Rechnereinsatz soll gezeigt werden, daß bereits auf einer Datenbasis von wenigen Datenfeldern qualifizierte Auswertungen durchgeführt werden können. Folgende Beispiele machen dies deutlich:

– Anzeigen der gesamten Datenbank;
– Anzeigen von aktuellen Personaldaten eines ausgesuchten Arbeitnehmers;
– Herausfiltern von Arbeitnehmergruppen nach variabel angebbaren Kriterien.

Für die Demonstration kann entweder der auf der Diskette enthaltene Modellsatz von Personaldaten oder aber jeder beliebige vom/von der Referenten/in gewünschte Personaldatensatz zugrunde gelegt werden. Im letzten Fall ist der Referent nicht nur frei in der Festlegung der Datenfeldinhalte, sondern auch bei der Bedeutung der Datenfelder selbst. Diese Arbeitsgänge sollten jedoch aus Zeitgründen vor der Demonstration vorbereitet werden.

Die Möglichkeiten des Programms PISSY sind auch in der Zeitschrift Mitbestimmung ausführlich beschrieben (vgl. Literaturverzeichnis).

Aufbau und Funktionsweise 2—23

Systemvoraussetzungen:
PC mit MS-DOS 3.2, TBS-Diskette mit PISSY (Verfasser: Hartmut Weber; Rechte bei Hans-Böckler-Stiftung. Eine weitere Einsatzmöglichkeit des Programms PISSY ist beschrieben in: Die Mitbestimmung 7/8 1984, S. 288ff.)

Start:
Einlegen der Diskette in Laufwerk A
Siehe Datei READ.TBS auf der TBS-Diskette.
Eingabe a: PISQBNEU
Codewort: HBS (Großbuchstaben)

Ende:
Mit 7 (für ›Programm beenden‹)

Vorgehen:
Die Benutzerführung des Programms ist selbsterklärend.
Bei Nutzung des vorhandenen Modelldatensatzes sind interaktive Abfragen wie folgt zu beantworten:
Datennamen Alt ‹return›
Personaldaten Alt ‹return›

a) Anzeigen der gesamten Datenbank
   ›Datenbank auslisten‹ (= 1) eingeben

b) Auswahl eines Arbeitnehmers
   ›Stammdaten‹ (= 2) eingeben und Personalnummer auswählen

c) Sonderauswertungen: Beispiel Lohnabrechnung
   Im **Hauptmenü** 4 eingeben.

   Es kann wahlweise für einen ausgewählten Arbeitnehmer, für alle Arbeitnehmer hintereinander oder für den gesamten Betrieb (Lohnkosten total) abgerechnet werden.
   Sonderauswertung ›Lohnerhöhung vorausberechnen‹.

   Im Menü **Personalabrechnung** 4 eingeben,

   Prozentsatz der Lohnerhöhung (Beispiel: 4.5) eingeben.

d) Herausfiltern von Arbeitnehmern
   Es sollen die Arbeitnehmer angezeigt werden, die die höchste Fehlzeit (= 4 Tage) aufweisen und noch keine 8 Jahre im Betrieb arbeiten. Im Menü »Personal-Info« ist einzugeben:
   5 (für Datenfeld ›Fehltage‹) = Auswahl des Datenfeldes
   4 (für Anzahl ›Fehltage‹) = Eingabe des Datenfeldwertes

   und es werden die betroffenen Arbeitnehmer und die Mittelwerte aller erfaßten Daten für diese Gruppe ausgegeben.

   Mit
   3 (für ›Weiterfiltern‹)
   3 (für ›Betriebszugehörigkeit‹)

8 (für ›8 Jahre‹) und
1 (für ›Kleiner‹)
wird die Gruppe auf die gewünschten Charakteristika reduziert.

Mit 1 wird eine Betriebsabrechnung für diese Ausleseoption durchgeführt.

Variante b: Demonstration anhand von PISDEMO

Ziel:

Analog zur Variante a (vgl. oben). Zusätzlich soll die Rechnerdemonstration aufzeigen, daß und wie Persönlichkeitsdaten verdichtet werden können zu Auswertungen auf der Abteilungsebene. Dadurch kann das höhere Management einzelne Betriebsteile z.B. bezüglich Leistungsgrad, Fehlzeiten oder Überstunden miteinander vergleichen und gegeneinander ausspielen.

Durch die Vorführung von freien Abfragen zeigt der Referent schließlich, wie flexibel sich der Anwender seine Auswertungen durch Datenfeldkombinationen und Selektionsbedingungen selbst programmieren kann.

Systemvoraussetzungen:

PC mit MS-DOS 3.2, TBS-Diskette mit PISDEMO (Autor: Kai Ohl)

Start:

Einlegen der Diskette in Laufwerk A
Siehe Datei READ.TBS auf der TBS-Diskette. Beim ersten Programmlauf Festlegung der Zugriffsberechtigung (Benutzername und Paßwort).

Ansonsten Direktaufruf des Programms laut READ.ME im Verzeichnis PISDEMOV.

Ende:

Menügesteuert, nach Wahl von ENDE erscheint Anfangsmaske, dann ‹ende› eingeben.

Es läuft eine Protokollierung mit, die anschließend oder später (vgl. LE 6, Rechnereinsatz Nr. 1) ausgewertet werden kann.

Vorgehen:

Die Benutzerführung des Programms ist selbsterklärend. Es wird vorgeschlagen, aus jeder Auswahl des Hauptmenüs ein bis zwei Beispiele vorzuführen.

Aufbau und Funktionsweise

2. Verknüpfung von Daten aus der BDE mit der Personaldatenverarbeitung

Ziel:

Es wird ein Beispiel dafür gegeben, welche Daten mit Hilfe eines Maschinen-BDE-Terminals z.B. über Arbeitsleistung, Pausen, Fehler, Stückzahlen etc. erfaßt werden. Anschließend geht es um die Möglichkeiten, diese Daten auszuwerten, Beschäftigtengruppen herauszufiltern und Verknüpfungen zu Stamm- und Bewegungsdaten des Personalinformationssystems herzustellen.

Das Programm ist nicht auf die Datenstruktur des Modelldatensatzes festgelegt, sondern ermöglicht die beliebige Erweiterung mit neuen Feldnamen und Beschäftigtendaten.

Diese Demonstration setzt inhaltlich den Rechnereinsatz Nr. 1 fort. Sie kann auf mehreren Wegen im Seminar eingesetzt werden:

A) Als direkte Fortsetzung der Demonstration Nr. 1, Variante a. In diesem Fall können im folgenden die Punkte a), b) und c) kurz gehalten bzw. ganz weggelassen werden.

B) Die beiden Vorführungen werden voneinander getrennt behandelt und sind dann wie beschrieben durchzuführen.

C) Die PISSY-Demonstration fand bereits im Grundseminar statt oder mußte ganz ausfallen. Dann ist jedoch vor Beginn der gesamten Vorführung die PISSY-Datenstruktur kurz zu erläutern.

Systemvoraussetzungen:

PC mit MS-DOS 3.2, TBS-Diskette mit BDESI (Autor: Hartmut Weber)

Start:

Siehe Datei READ.TBS auf der TBS-Diskette.
cd pissyv
BDESI
Codewort: HBS (Großbuchstaben)

Ende:

Im Hauptmenü über den Menüpunkt ›Beenden‹ (= 6)

Vorgehen:

Die Benutzerführung des Programms ist selbsterklärend. BDESI ist analog zu PISSY aufgebaut und zu bedienen (vgl. auch Rechnereinsatz Nr. 1, Variante a). Folgende Reihenfolge wird vorgeschlagen, wobei auf die vorhandenen Modelldateien zurückgegriffen wird (Sollte gewünscht werden, eine neue Modelldatei anzulegen bzw. die vorhandene zu verändern, bitte untenstehenden Hinweis beachten.):

a) Anzeigen der gesamten Produktionsdaten
   Hier kann auf den Modelldatensatz (jeweils ›ALT‹ angeben) zurückgegriffen bzw. ein neuer Datensatz (›NEU‹) festgelegt werden (Eingabe der Datennamen: Codewort NIE; Eingabe von Produktionsdaten: Codewort RN)

›Datenbank auslisten!‹ (= 1) eingeben
b) Produktionsdaten eines Arbeitnehmers auswählen
   Im Hauptmenü: »2« und gewünschte Personalnummer eingeben
c) Herausfiltern von Arbeitnehmern nach Produktionsinformationen (= 4)
   Auswahl eines Datennamens (z. B. ›2‹ für Stückzahl)
   Eckwerte (d. h. Maximum oder Minimum) festlegen
   Eine Liste der gefilterten Personen wird ausgegeben
   Diese Filterung kann fortgesetzt werden durch die Wahl ›2‹ (= noch filtern),
   wobei jetzt als Basis nicht mehr die Grundgesamtheit dient, sondern die bereits
   erhaltene Filterung.
d) Sonderauswertung (Wahl ›3‹ nach Filterung, Benutzerberechtigung = ›CHEF‹ in
   Großbuchstaben)
   Hier können Produktionsinformationen relativ zueinander bewertet werden.
   Allgemein ausgedrückt: Das Programm dividiert für jeden Arbeitnehmer den
   Wert des ersten durch den des zweiten angegebenen Datennamens.
   Z.B.: Die Anzahl der Pausen (Datenname Nr. 3) bezogen auf die produzierte
   Stückzahl (Datenname Nr. 1).
   Als Ergebnis werden die erfaßten Personen nach der Größe des berechneten
   Wertes neu sortiert (Hitliste).
   Wichtiger Hinweis: Da die Datenfelder durch ihre Nummern ausgewählt werden
   müssen, welche zum Zeitpunkt der Sonderauswertung nicht anzeigbar sind,
   sollten sie vorher notiert werden. Für das angegebene Beispiel:
   Pausen = Variable Nr. 3
   Stück = Variable Nr. 1
e) Verknüpfung der BDE mit dem Personalinformationssystem
   Die über BDE erfaßten Daten werden mit den Daten des Personalinformationssystems (vgl. Rechnereinsatz Nr. 1, Variante a) verknüpft und stehen anschließend
   für Auswertungen auf dem Gesamtdatenbestand zur Verfügung.
   Im Hauptmenü: Gesamtinfo (= 5) wählen,
   dann in den Menüpunkt Produktionsinformation und beliebige Auswertungen
   (vgl. oben) durchführen.

   Wichtiger Hinweis:
   a) Statt der vorhandenen Modelldateien kann auch mit neuen Datensätzen
      gearbeitet werden, indem beim Programmbeginn „Produktionsdaten = NEU"
      gewählt wird. Sollen auch die Datenfeldnamen neu definiert werden, dann
      auch „Datennamen = NEU" eingeben.
   b) Außerdem besteht die Möglichkeit, die vorhandene Modelldatei zu ändern
      oder zu ergänzen (starten mit Datennamen = ALT, Produktionsdaten = ALT,
      im Hauptmenü Änderungsdienst = 3).

Eine Verknüpfung von BDE mit PISSI funktioniert jedoch nur wenn die Anzahl der
Datensätze in beiden Programmen identisch ist.

Aufbau und Funktionsweise 2−27

3. Leistungskontrolle bei der Belegerfassung

Ziel:

Mit diesem Programm wird aufgezeigt, wie bei gewöhnlicher Bildschirmarbeit – hier Erfassung von Überweisungsbelegen – die Leistungen der Beschäftigten (Sachbearbeiter etc.) insbesondere also Pausen, Korrekturen, benötigte Zeit, Anschläge pro Minute sofort miterfaßt und anschließend gebündelt werden können.

Systemvoraussetzungen:

PC mit MS-DOS 3.2 und GW-BASIC 2.01, TBS-Diskette mit dem Programm LEIKO der IG Metall, Abt. Tarifpolitik (Autoren: Hartmut Meine, Kai Ohl)

Start:

TBS-Diskette in Laufwerk A einlegen. Die Startbefehle können der Datei READ.TBS entnommen werden.

Ende:

Statt der Eingabe eines Sachbearbeiternamens muß ENDE eingegeben werden. Mit der Eingabe von SYSTEM kehrt man zum Betriebssystem zurück.

Vorgehen:

1. Sachbearbeitertätigkeit simulieren
   Namen eines Sachbearbeiters/Datenerfassers eingeben. Etwa 3 bis 5 Belege erstellen mit beliebigen Werten. Dabei darauf achten, daß Tippfehler vorkommen, die anschließend korrigiert werden. Auch mindestens einmal eine Pause machen, die länger als 10 Sekunden dauert.

2. Leistungskontrolle und -auswertung
   Nach Eingabe des Benutzernamens BOSS, der wie ein Paßwort fungiert, erfolgt die Leistungsauswertung, die nach untenstehender Struktur aufgebaut ist:

Eingabe-Nr.	Anschläge	Dauer	Pause (sec)	Anschläge/min ohne Pause	Anschläge/min mit Pause
1	24	50	9	28,8	24,42
2	31	21	0	88,57	88,57

Achtung:

Aufgrund der einfachen Struktur des Programmes kann nicht mehr als ein Sachbearbeiter simuliert werden, ehe die Leistungskontrolle und -auswertung vorgenommen wird.

Literaturhinweise

DGB Bundesvorstand:
Freitag, der 13. – ein ganz normaler Arbeitstag? (Broschüre zur Personaldatenverarbeitung), Düsseldorf 1985

Hockertz, W; Zimmermann, B.:
Alle Macht den Drähten?, Düsseldorf 1989 (WI-Verlag)

IG Chemie-Papier-Keramik (Hg.):
Einsatz von Personalcomputern und Anwendung von Abfragesprachen. Band 3 der Reihe: Mitbestimmungspraxis. Handlungshilfen für Betriebsräte. Hannover 1990.
Diese Broschüre kann ergänzend zum Seminar als Teilnehmermaterial ausgegeben werden, um die Problematik von Personaldatenverarbeitung auf PC zu vertiefen.

IG Metall (Hg.):
Schwerpunktthema: Verdrahtet, verdatet, verkauft, in: Der Gewerkschafter 7/84, Monatsschrift für die Funktionäre der IG Metall, Seite 24ff.

Niebur, R.:
EDV in Betrieb und Verwaltung – eine Gefahr für die Arbeitnehmer, hg. von der Hans-Böckler-Stiftung, Düsseldorf 1983

Siemens Aktiengesellschaft:
Gebührencomputer 301 und 3001 (A) mit Megabyte-Laufwerken. Bedienungsanleitung, hg. vom Geschäftsbereich Private Kommunikationssysteme und -netze, München o.J.

Weber, H.:
Planspiel PAISY – Erfahrungsbericht aus der gewerkschaftlichen Bildungsarbeit einer Verwaltungsstelle der IG Chemie, in: Die Mitbestimmung 7/8 1984, Monatszeitschrift der Hans-Böckler-Stiftung, S. 288ff.

Aufbau und Funktionsweise   2–29

Arbeitstransparente

2201	Aufbau eines Personalinformationssystems
2201 O	Aufbau eines Personalinformationssystems
2202	Funktion einer Datenbank im Betrieb
2203	Profilvergleich – Lagerarbeitsplatz
2203 O1	Persönlichkeitsdaten
2203 O2	Arbeitsplatzdaten
2204	Profilvergleich – Sekretariatsarbeitsplatz
2204 O1	Persönlichkeitsdaten
2204 O2	Arbeitsplatzdaten
2205	Erfassung von Personaldaten
2205 O1	...manuell:
2205 O2	...automatisch:
2206	Monatsabschluß eines AZEV (Auszug)
2207	Zugangskontrollsystem
2208	Telefonrechnung
2209	Telefonrechnung
2210	Datenerfassung und Kontrolle durch elektronisch lesbare Werksausweise
2211	Aufgaben der Betriebsdatenerfassung
2212	BDE: Kopplung von Maschinen-, Auftrags- und Personaldaten
2213	Datenlieferanten eines PIS

TBS

2201

Technologieberatungsstelle beim DGB Landesbezirk NRW   Computertechnik für Arbeitnehmervertreter

Aufbau eines Personalinformationssystems

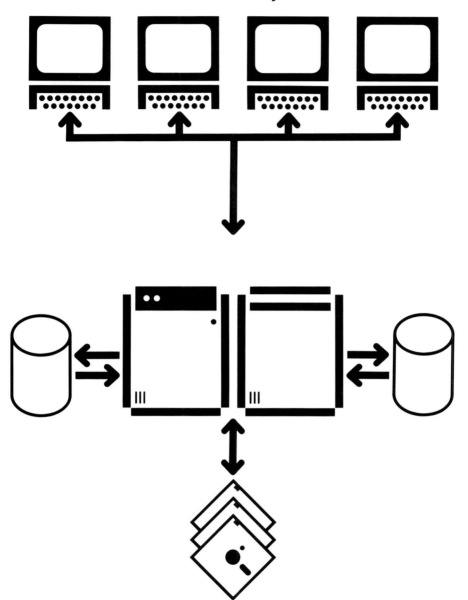

© TBS

EDV   Anlage

**Personal-
datenbank**

**Arbeitsplatz-
datenbank**

**Methoden-
und
Modellbank**

Abrechnungssysteme
Statistiken
Planung, Steuerung,
Entscheidung
Freie
Abfragesprachen

Funktion einer Datenbank im Betrieb

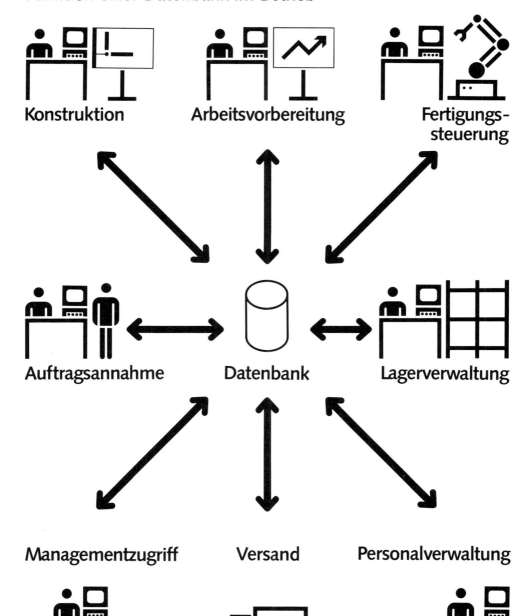

TBS

2203

Technologieberatungsstelle beim DGB Landesbezirk NRW   Computertechnik für Arbeitnehmervertreter

Profilvergleich – Lagerarbeitsplatz

Qualifikationen	Kenntnisse			
	fehlen ▼	mäßige ▼	gute ▼	sehr gute ▼
Dateneingabe (EDV)				
Körperliche Verfassung				
Sehvermögen				
Kooperations- fähigkeit				
. .				
. .				
. .				

© TBS

Persönlichkeitsdaten

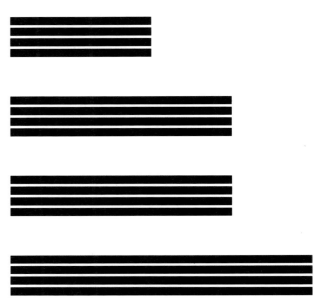

Fähigkeiten des Arbeitnehmers

– Arbeitsplatzdaten

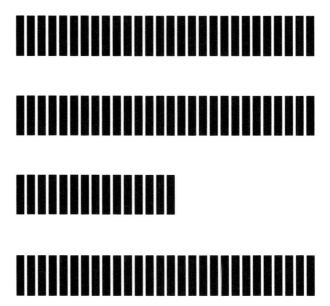

Anforderungen des
Arbeitsplatzes

TBS 2204

Technologieberatungsstelle beim DGB Landesbezirk NRW   Computertechnik für Arbeitnehmervertreter

Profilvergleich – Sekretariatsarbeitsplatz

Qualifikationen	Kenntnisse			
	Grund-wissen	gute	sehr gute	ausge-zeichnete
	▼		▼	▼	▼

Sprachkenntnisse
Englisch

Sprachkenntnisse
Spanisch

Maschinen-
schreiben

Schriftliche
Ausdrucksfähigkeit

Kontakt-
fähigkeit

.
.

.
.

© TBS

Persönlichkeitsdaten

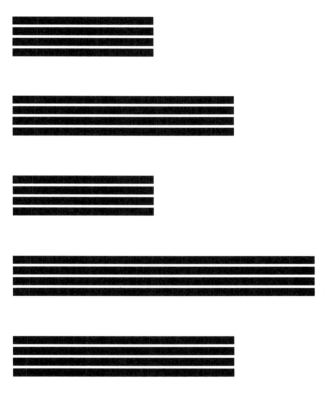

Fähigkeiten des Arbeitnehmers

– Arbeitsplatzdaten

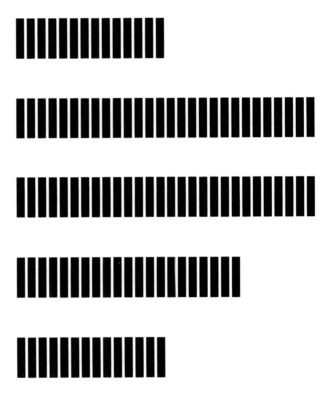

Anforderungen des Arbeitsplatzes

Erfassung von Personaldaten

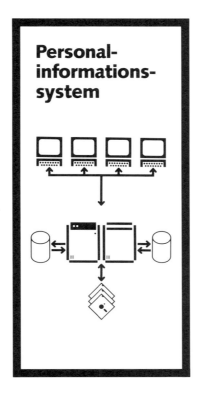

manuell:

Personalstamm-karte	analytische Arbeitsbewertung
Beurteilungs-system	Stellen-beschreibung
Einstellungs-tests	Arbeitsablauf-kontrolle
Einstellungs-untersuchung	Schulungs-maßnahmen
...	...

automatisch:

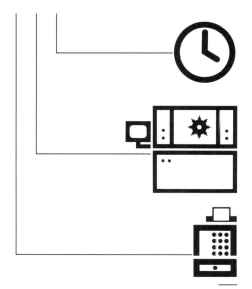

TBS

2206

Technologieberatungsstelle beim DGB Landesbezirk NRW   Computertechnik für Arbeitnehmervertreter

Monatsabschluß eines AZEV (Auszug)

```
********************************************************************

Z E I T K O N T O A U S Z U G
01.09. - 30.09.
------------------------------------------------------------------
NAME:
KOST.:         211283    PERSNR.:       10921    ZEITGRUPPE:    1
ABT.:          10202     AUSWEISNR.:    168      TÄTIGK.-SCHL.: 0
------------------------------------------------------------------
           KOMMEN     GEHEN                   ZEITEN    MEHR-   SOLL-
    TAG  LESE ZEIT  LESE ZEIT  ZEITARTEN   ERFASST ANGER ARBEIT  ZEIT
-----I---------I---------I------------I-------------I------------
01 MO                          DIENSTREISE         08:00         08:00
02 DI                          DIENSTREISE         08:00         08:00
 .
 .


 .
 .
11 DO 104 07:58 104 17:50 NORMALZEIT      09:52 09:07           08:00
12 FR 104 07:47 108 08:45 NORMALZEIT      00:58 00:58           08:00
12 FR                     KERNZEIT VERLETZT*W*
12 FR 108 12:27 104 17:44 NORMALZEIT      05:17 04:59
12 FR                     DIENSTL.ABW.(STDW.)
-----I---------I---------I------------I-------------I------------
 .
 .


 .
 .
30 DI 104 07:57 104 18:52 NORMALZEIT      10:55 10:10           08:00
-----I---------I---------I------------I-------------I------------
ZEITSUMMEN                              160:04 191:01  0:00 176:00
KORREKTUREN                                    10:00 43:43
SALDO                                          25:01 43:43
SALDOÜBERTRAG                                   0:00  0:00
*W* MAXIMALER ÜBERTRAG 10:00 ÜBERSCHRITTEN UM  15:01
NEUER SALDO                                    10:00 43:43
```

nach: Niebur 1983

Zugangskontrollsystem

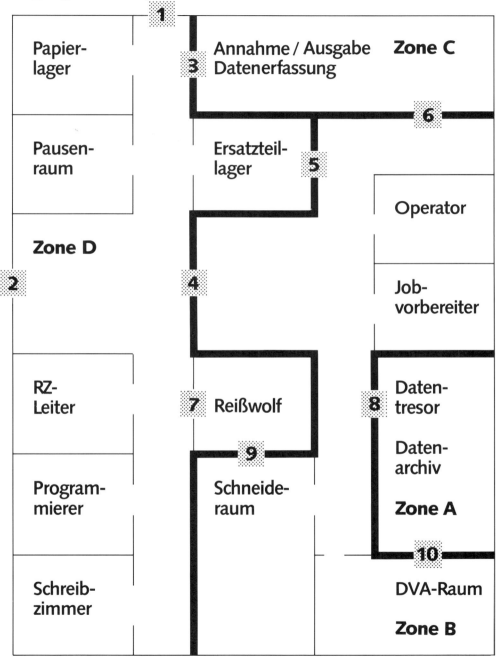

nach: Siemens

TBS 2208

Technologieberatungsstelle beim DGB Landesbezirk NRW   Computertechnik für Arbeitnehmervertreter

Telefonrechnung

```
TELEFONABRECHNUNG FÜR NST-NR.:   216
=================================================================

ABTEILUNG:        KR
KOSTENSTELLE:   1123

ZEITRAUM:  01. JUN. 07:30 - 30. JUN. 17:00

***********************************************************************
NR. * DATUM UHRZ. * ZIELORT    * ZIELNUMMER    * DAUER * BETRAG
***********************************************************************
   1 *01.06. 08:08 *AUSLAND    * 0043552531831* 10:05 *DM   11,50 X
   2 *01.06. 10:11 *AUSLAND    * 001403249632 * 03:14 *DM   23,00 X
   3 *05.06. 12:05 *HAMBURG    * 0402536872   * 16:08 *DM   18,40 Xo
   4 *07.06. 09:57 *SAARBRÜCKEN* 068144321    * 12:02 *DM   13,80 Xo
   5 *09.06. 08:02 *          * 068314212    * 16:11 *DM   18,40 Xp
   6 *10.06. 11:11 *AUSLAND    * 0055618912572* 04:34 *DM   46,00 Xo
   7 *18.06. 10:45 *          * 068314212    * 12:09 *DM   13,80 Xp
   8 *20.06. 11:10 *          * 080332401    * 08:11 *DM    7,13  p
   9 *23.06. 12:02 *HAMBURG    * 040132121    * 12:10 *DM   13,80 Xo
***********************************************************************
SUMME FERNGESPRÄCHE:                              DM 165,83
***********************************************************************
SUMME ORTSGESPRÄCHE:                              DM  23,00
***********************************************************************
GESAMTSUMME:                                      DM 188,83
***********************************************************************
***********************************************************************
SUMME PRIVATGESPRÄCHE                     * 36:31 *DM  39,33
***********************************************************************

X :GESPÄCHE ÜBER DM  10,00
o :GESPRÄCHE DER VORGEGEBENEN ZIELNUMMERNGRUPPE
p :PRIVATGESPRÄCHE
```

nach: Siemens o. J.

TBS 2209

Technologieberatungsstelle beim DGB Landesbezirk NRW   Computertechnik für Arbeitnehmervertreter

Telefonrechnung

```
TELEFONABRECHNUNG FÜR NST-NR.:   216
================================================================

ABTEILUNG:       KR
KOSTENSTELLE:   1123

ZEITRAUM:  01. JUN. - 30. JUN.

***************************************************************
  NR.  *   DATUM  *  GE  *    DM   * DIENSTLICH
***************************************************************
   1   *  01.06.     50    11,50  *     D
   2   *  01.06.    100    23,00  *     D
   3   *  05.06.     80    18,40  *     D
   4   *  07.06.     60    13,80  *     D
   5   *  09.06.     80    18,40  *
   6   *  10.06.    200    46,00  *     D
   7   *  18.06.     60    13,80  *
   8   *  20.06.     31     7,13  *
   9   *  23.06.     60    13,80  *     D
***************************************************************
SUMME DIENSTGESPRÄCHE     181,70  *
***************************************************************

***************************************************************
SUMME PRIVATGESPRÄCHE      39,33  *
***************************************************************
GESAMTSUMME               188,83  *
***************************************************************
```

nach: Siemens o. J.

TBS

2210

Technologieberatungsstelle beim DGB Landesbezirk NRW   Computertechnik für Arbeitnehmervertreter

Datenerfassung und Kontrolle durch elektronisch lesbare Werksausweise

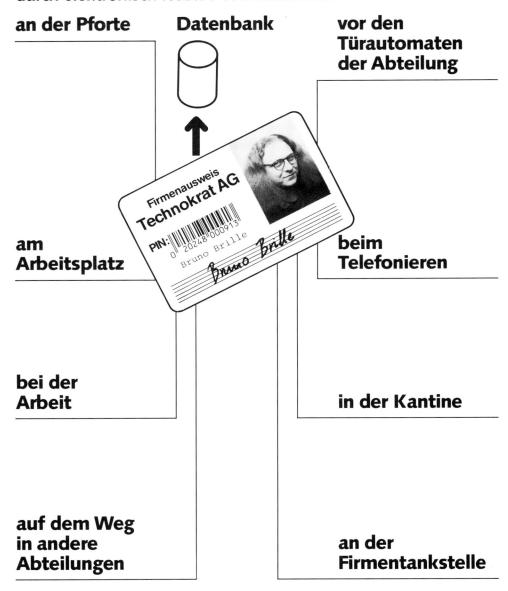

Nach: DGB 1985

TBS   2211

Technologieberatungsstelle beim DGB Landesbezirk NRW   Computertechnik für Arbeitnehmervertreter

Aufgaben der Betriebsdatenerfassung

Personaldaten

An- und Abwesenheitszeiten
Sonderzeiten
Mehrarbeit
Lohndaten
Personal-Disposition
.

Auftragsdaten

Fertigungsaufträge
verfolgen und steuern
Material- und Arbeitsscheine
ausgeben
Material-, Lohndaten und
Termine rückmelden

Materialdaten

Materialeingang
und Materialverbrauch
Lagerbestand
.
.
.

Maschinendaten

Stillstandszeiten
und Gründe
Fertigungsmengen
Analysen : Nutzungsgrad
Analysen : Störgründe
.
.

© TBS

BDE: Kopplung von Maschinen-, Auftrags- und Personaldaten

Arbeitsgänge
Rüstzeiten
Stückzahlen
Sollzeiten
Fertigmeldung

An-, Abwesenheit
Reparaturzeiten
Unterbrechungs-
gründe

Stillstandzeiten
Ausschuß
Laufzeiten
Materialfehler

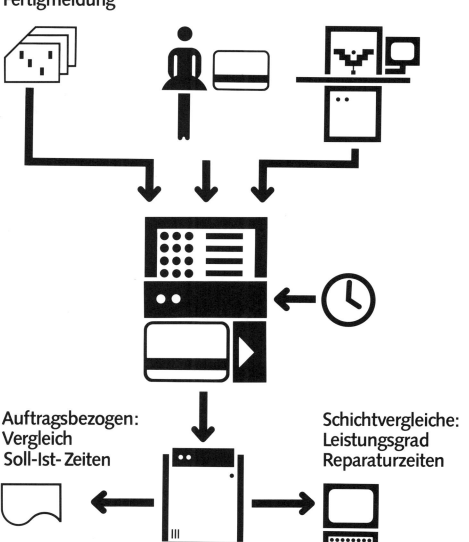

Auftragsbezogen:
Vergleich
Soll-Ist-Zeiten

Schichtvergleiche:
Leistungsgrad
Reparaturzeiten

© TBS

Datenlieferanten eines Personalinformationssystems

Quelle: Der Gewerkschafter 7/84

Arbeitsblätter

2201	Merkmalskatalog für die Personaldatenbank
2202	Merkmalskatalog für die Arbeitsplatzdatenbank
2203	Fluktuationsschlüssel: Kündigungs-/Austrittsgründe
2204	Funktionsumfang von Standard-Software für Personalplanung
2205	Betriebswirtschaftliche Methoden in Standardsoftware für Personalplanung
2206	Beurteilungsbogen
2207	Monotoniefestigkeit
2208	Monatsabschluß eines AZEV
2209	Datenerfassung und Kontrolle durch elektronisch lesbare Werksausweise
2210	Produktionsbeleg
2211	Arbeitnehmerforderungen zur Gestaltbarkeit von AZEV-Systemen

TBS Technologieberatungsstelle beim DGB Landesbezirk NRW

Arbeitsblatt 2201
Computertechnik für Arbeitnehmervertreter

Merkmalskatalog für die Personaldatenbank

Merkmalshauptgruppe	Merkmalsgruppe	Merkmal (Auswahl)
1 Allgemeine Merkmale	11 Identifizierende Merkmale	BRD-Personenkennzeichen, Personalnummer, Familienname, Vorname(n), Staatsangehörigkeit, Familien(stands)angaben, Geschlecht, Geburtsdatum/-ort, Anschrift, Unterstellung/Überstellung etc.
	12 Einstellung	Interviewergebnisse, Testergebnisse, Eintrittsdatum, Vertragsdaten etc.
	13 Sonstige allgemeine Merkmale	Auszeichnungen, Jubiläumstage, Ämter, Belehrungen, Tätigkeitseinschränkungen, Widerspruchsaussagen, Aktualisierungsvermerk, Rückmeldungsvermerk etc.
2 Kenntnis- und Einsatzmerkmale	21 Schul- und Berufsausbildung, Weiterbildung	Schulen, Prüfungen, Abschlüsse, Praktikantenzeiten, Lehre, Ausbildungskurse, Weiterbildungskurse etc.
	22 Berufserfahrung/Einsatz	Beschäftigungsabschnitte nach Zeit, Position, Tätigkeit, Beurteilungen, Grund für den Wechsel etc., bezogen auf frühere und jetzigen Arbeitgeber
	23 Spezialangaben	Führerscheine, Fremdsprachen, Patente, Auslandserfahrungen, sonstige Befähigungsnachweise
	24 Empfohlene und geplante Maßnahmen	Aus- und Weiterbildung, Versetzung, Beförderung, Job Rotation etc.
	25 Einsatzbereitschaft	Bereitschaft zur Versetzung, Beförderung, zur Beendigung des Einsatzes etc.
3 Physische Merkmale	31 Muskelbeanspruchung	Muskelbelastbarkeit etc.
	32 Körperhaltung	Zumutbare Körperhaltung etc.
	33 Sehen und Hören	Sehschärfe, Farbtüchtigkeit, Räumliches Sehen, Hörvermögen etc.
	34 Funktion der Gliedmaßen	Grad der Funktionstüchtigkeit etc.
	35 Sonstige physische Merkmale	Maskentauglichkeit, Schwindelfreiheit etc.
	36 Umgebungseinflüsse	Allergien, Reaktion auf Klima, Lärm, Dampf etc.
	37 Leistungsbereitschaft	bezogen auf die genannten relevanten Merkmale
4 Psychische Merkmale	41 Geistige Merkmale	Auffassungsgabe, Mündliche/Schriftliche Ausdrucksfähigkeit, Räumliches Vorstellungsvermögen etc.
	42 Arbeits- und Gemeinschaftsverhalten	Belastbarkeit und Ausdauer, Kooperationsfähigkeit, Selbständigkeit und Initiative etc.
	43 Sensomotorische Merkmale	Reaktionsvermögen, Handgeschicklichkeit etc.
	44 Sonstige psychische Merkmale	Konzentrationsfähigkeit, Monotoniefestigkeit etc.
	45 Leistungsbereitschaft	bezogen auf die genannten relevanten Merkmale
5 Abrechnungsmerkmale	51 Lohn/Gehalt	Lohn-/Gehaltsentwicklung, Lohn-/Gehaltsabrechnungsdaten incl. Prämien, Zulagen, Vorschüsse, Gutschriften, Bankverbindung etc.
	52 Versicherung/Versorgung	Angaben zur Krankenversicherung, Unfallversicherung, Sozialversicherung, Pensions-/Altersrente, Vermögensbildung, Darlehen, Beihilfen etc.
	53 Zeitangaben	Urlaub, Fehlzeiten, Zeitabrechnung etc.
	54 Sonstige Abrechnungsmerkmale	Erfolgsbeteiligungs-, Kapitalbeteiligungsdaten, Angaben zur Humankapitalrechnung, mögliche Entwicklungen in zeitlicher Struktur etc.

Quelle: Domsch 1980

TBS

Arbeitsblatt 2202

Technologieberatungsstelle beim DGB Landesbezirk NRW   Computertechnik für Arbeitnehmervertreter

Merkmalskatalog für die Arbeitsplatzdatenbank

Merkmalshauptgruppe	Merkmalsgruppe	Merkmal (Auswahl)
1 Allgemeine Merkmale	11 Identifizierende Merkmale	Arbeitsplatznummer, Arbeitsplatzbezeichnung, Arbeitsplatzstandort/Tätigkeitsbereich
	12 Einrichtung	Geräte-/Inventarliste, Arbeitsorganisation, Angaben zur Umrüstung, Arbeitsmittel
	13 Sonstige allgmeine Merkmale	Besetzungsmöglichkeiten/-pflichten für besondere Arbeitnehmergruppen (Ältere und Mindereinsatzfähige, Jugendliche etc.), Aktualisierungsvermerk
2 Kenntnis- und Einsatzmerkmale	21 Schul- und Berufsbildung	Anforderungen an Schulausbildung, Prüfungen, Abschlüsse, Praktika, Lehre, Aus- und Weiterbildung
	22 Berufserfahrung/Einsatz	Anforderungen an Beschäftigungen, Positionen, Berufserfahrungen
	23 Spezialangaben	Anforderungen an Führerschein, Fremdsprachen, Auslandserfahrungen, wissenschaftliche Qualifikationen
	24 Empfohlene und geplante Maßnahmen	Vorgesehene Veränderungen der Merkmalsanforderungen mit Angaben über Art, Umfang, Zeit; mögliche Veränderungen der Merkmalsanforderungen, z.B. bei Einsatz älterer und mindereinsatzfähiger Arbeitnehmer
3 Physische Merkmale	31 Muskelbeanspruchung	Anforderungen an Muskelbelastbarkeit etc.
	32 Körperhaltung	Anforderung an Körperhaltung etc.
	33 Sehen und Hören	Anforderungen an Sehschärfe, Farbtüchtigkeit, Räumliches Sehen, Hörvermögen etc.
	34 Funktion der Gliedmaßen	Anforderungen an Grad der Funktionstüchtigkeit etc.
	35 Sonstige physische Merkmale	Anforderungen an Maskentauglichkeit, Schwindelfreiheit etc.
	36 Umgebungseinflüsse	Beanspruchung durch Klima, Lärm, Dampf, Staub, Gas; Einwirkung mechanischer Schwingungen etc.
	37 Empfohlene und geplante Maßnahmen	Vorgesehene Veränderungen der Merkmalsanforderungen mit Angaben über Art, Umfang, Zeit; mögliche Veränderungen der Merkmalsanforderungen, z.B. bei Einsatz älterer und mindereinsatzfähiger Arbeitnehmer
4 Psychische Merkmale	41 Geistige Merkmale	Anforderungen an Auffassungsgabe, mündliche/schriftliche Ausdrucksfähigkeit, Räumliches Vorstellungsvermögen etc.
	42 Arbeits- und Gemeinschaftsverhalten	Anforderungen an Belastbarkeit und Ausdauer, Kooperationsfähigkeit, Selbständigkeit und Initiative etc.
	43 Sensomotorische Merkmale	Anforderungen an Reaktionsvermögen, Handgeschicklichkeit etc.
	44 Sonstige psychische Merkmale	Anforderungen an Konzentrationsfähigkeit, Monotoniefestigkeit etc.
	45 Empfohlene und geplante Maßnahmen	Vorgesehene Veränderungen der Merkmalsanforderungen mit Angaben über Art, Umfang, Zeit; mögliche Veränderungen der Merkmalsgruppen, z.B. bei Einsatz älterer und mindereinsatzfähiger Arbeitnehmer
5 Abrechnungsmerkmale	51 Kosten/Lohn/Gehalt	Lohngruppe, außertarifliche Leistungen, Kostenrechnungsdaten, mit dem Arbeitsplatz verbundene Prämien, Zulagen etc.
	52 Versicherung/Versorgung	mit dem Arbeitsplatz verbundene Versicherungen, Sozialleistungen etc.
	53 Zeitangaben	Angaben zur Arbeitszeit, zur Zeitabrechnung, arbeitsbedingte Zeitangaben etc.
	54 Sonstige Abrechnungsmerkmale	Angaben zu statistischen Zwecken, Schlüssel

Quelle: Domsch 1980

TBS

Technologieberatungsstelle beim DGB Landesbezirk NRW

Arbeitsblatt 2203

Computertechnik für Arbeitnehmervertreter

Fluktuationsschlüssel: Kündigungs- / Austrittsgründe

(Auszug aus einem Datenkatalog)

Kündigungs-/Austrittsgrund:

```
 1 =  Im gegenseitigen Einvernehmen auf Mitarbeiterwunsch
 2 =  Austritt während der Probezeit (freiwillig)
 3 =  Austritt nach Schwangerschaft
 4 =  Gesundheitliche Gründe
 5 =  Wohnung und Anfahrten
 6 =  Verlassen des Landes
 7 =  Weiterbildung
 8 =  Unzufrieden mit der Bezahlung/finanziellen Verbesse-
      rung
 9 =  Unzufrieden mit der Arbeit/mangelnde Aufstiegsmög-
      lichkeit
10 =  In den erlernten Beruf zurück
11 =  Aufgabe der Berufstätigkeit
12 =  Sonstige Gründe des Mitarbeiters
13 =  Versetzung in Niederlassung eines anderem Zählbereichs

20 =  Im gegenseitigen Einvernehmen auf Veranlassung der
      Firma
21 =  Beendigung eines befristeten Arbeitsverhältnisses
22 =  Erreichen der Altersgrenze
23 =  Invalidität
24 =  Kündigung aus verhaltensbedingten Gründen
25 =  Kündigung aus personenbedingten Gründen
26 =  Kündigung aus betriebsbedingten Gründen
27 =  A.o. Kündigung

40 =  Bundeswehr
41 =  Mutterschutz
42 =  Langerkrankung > 6 Monate
43 =  Unbezahlte Freistellung > 16 Tage
44 =  Türkischer Wehrdient
45 =  Verlassen der Beschäftigungskategorie

99 =  Verstorben
```

Quelle: Hexel 1986

Funktionsumfang der wichtigsten gegenwärtig verfügbaren Standard-Software-Pakete für die computergestützte Personalplanung

Merkmal	IPAS	PISK	PEPS	INTER-PERS	PAISY
1. Personalbedarfsplanung	X	X	X	X	X
2. Personalbeschaffungs-/ -freisetzungsplanung		X	X	X	X
- Auswertung von Arbeitsmarktdaten			(X)	X	(X)
- Auswertung von Personalwerbemaßnahmen	X		(X)	(X)	(X)
3. Personalentwicklungsplanung	X		X	X	X
- Seminarplanung und -auswahl	X		(X)	(X)	(X)
4. Personaleinsatzplanung	X		X	X	X
- Allgemeine Einsatzpläne	X	X	X	X	X
- Spezielle Einsatzpläne:					
* Mehrschichtpläne	X		X	(X)	(X)
* Urlaubspläne	X	X	X	(X)	(X)
* Vertretungspläne	X	(X)	X	(X)	(X)
* Bereitschaftspläne	(X)	(X)	(X)	(X)	(X)
* Ablösefolgepläne	X	(X)	X	(X)	(X)
* Teilzeitbeschäftigungseinsatzpläne	X	(X)	(X)	(X)	(X)
* Einsatzpläne für Job Rotation	X	X	(X)	(X)	(X)
5. Personalkostenplanung			X	X	X

Quelle: Schröder, Vatteroth 1986

Unterstützung betriebswirtschaftlicher Planungsmethoden durch Standard-Software für Personalplanung

Merkmal	IPAS	PISK	PEPS	INTER PERS	PAISY
1. Prognosenmethoden		X	(X)		
2. Profilvergleich	(X)	X	X	X	(X)
3. Erstellung von Statistiken					
- Personalbestand	(X)	X	X	(X)	(X)
- Altersstruktur	(X)	X	X	(X)	(X)
- Fluktuation	(X)	X	X	(X)	(X)
- Fehlzeiten	(X)		X	(X)	(X)
- Überstunden	(X)		X	(X)	(X)
4. Bereitstellung von Kennzahlen	(X)	(X)	(X)	(X)	(X)
5. Kostenrechnungsmethoden					
- Starre Plankostenrechnung	(X)			(X)	
- Flexible Plankostenrechnung mit Vollkosten	(X)			(X)	
- Grenzplankostenrechnung	(X)		X	(X)	
- Einzelkostenrechnung				(X)	
- Budgetkostenrechnung			X	(X)	
6. Kostensimulation			X	(X)	
7. Personalplanungsverfahren					
- Verfahren zur Ermittlung des Brutto-Personalbedarfs	X	X	(X)	X	(X)
- Verfahren zur Fortschreibung des Personalbestandes		X	(X)	X	(X)
- Verfahren zur Ermittlung des Netto-Personalbedarfs		X	(X)	X	(X)

Quelle: Wronka 1986 (verändert)

TBS

Technologieberatungsstelle beim DGB Landesbezirk NRW

Arbeitsblatt 2206   Seite 1

Computertechnik für Arbeitnehmervertreter

Beurteilungsbogen

Personalabteilung	Beurteilung

Beurteilen Sie Ihren Mitarbeiter erst dann, wenn Sie seine Leistungen gedanklich mit denen anderer Mitarbeiter auf Arbeitsplätzen mit entsprechenden Anforderungs-Niveau verglichen haben. Überprüfen Sie anhand der Angaben in der Kontrollspalte, ob von Ihnen alle für den betreffenden Arbeitsplatz wichtigen Anforderungskriterien berücksichtigt wurden.

Personal-Nr.   Name und Vorname   geb. am   Abt.Kurzzeichen

Stellenbezeichnung   Tarifgruppe

Grund der Beurteilung (nur bei außergewöhnlichen Beurteilungsanlässen auszufüllen, z.B. bei Versetzung)	Beurteiler (direkter Vorgesetzter)	Wie lange sind Sie Vorgesetzter des Beurteilten? Jahre

Kurzbeschreibung der Tätigkeit

	Kontrollspalte
1. Arbeitsgüte	a) Geschicklichkeit je nach Arbeitsplatz (z.B. Handfertigkeit, Verhandlungsgeschick, Organisationsgeschick, Geschick beim Umgang mit Kunden); Sicherheit im Urteil; geistige Wendigkeit; Einsetzbarkeit an verschiedenen Arbeitsplätzen. b) Zuverlässigkeit; Sorgfalt; Beachtung der Sicherheitsvorschriften, Anweisungen u.a.

TBS

Technologieberatungsstelle beim DGB Landesbezirk NRW

Arbeitsblatt 2206 Seite 2

Computertechnik für Arbeitnehmervertreter

	Kontrollspalte
2. Arbeitsmenge/ Arbeitstempo	Zeitbedarf für eine einwandfreie Leistung; Termineinhaltung; Stetigkeit der Arbeitsleistung u.a.
3. Anstrengungs- und Verantwortungsbereitschaft	Arbeitseifer; Energie und Initiative; Verhalten bei außergewöhnlicher Belastung; Zielstrebigkeit; Ausdauer; Entschlußfreudigkeit; Ausschöpfen der Kompetenzen; Bereitwilligkeit sich weiterzubilden; Bereitwilligkeit, auch unangenehme Aufgaben zu übernehmen; Monotoniefestigkeit u.a.

nach: Haufe Verlag

TBS — Arbeitsblatt 2207

Technologieberatungsstelle beim DGB Landesbezirk NRW Computertechnik für Arbeitnehmervertreter

Monotoniefestigkeit

Merkmals-Nr.	Merkmalsbezeichnung	Merkmalsgruppe	
461	Monotoniefestigkeit	E4	Sonstige psychische Merkmale

Definition und Erläuterungen

Grad der Festigkeit gegen die physisch-psychischen Folgen ständiger Wiederholung gleichbleibender einfacher bis mittelschwerer Arbeiten mit eingeschränktem Beobachtungsbereich.

Schlüssel-ziffer	Stufendefinition	Bemerkungen zur Arbeitsplatzseite	Bemerkungen zur Personalseite	Richtbeispiele
0	Die Tätigkeit bietet genügend Abwechslung, so daß keine Monotonie aufkommt.			(A) Oberschmelzer (Hochofen) (B) Zuschlagvorarbeiter (C) Vorarbeiter Adjustage
1 (gering)	Festigkeit gegen die Auswirkungen sich wiederholender, längerer, mittelschwerer Tätigkeiten.			(A) Möllerwieger (B) Gießer (Gießgrube-Blockguß) (C) Walzenschleifer (D) Steinschneider (Baubetriebe)
2 (mittel)	Festigkeit gegen die Auswirkungen ständiger Wiederholung einfacher bis mittelschwerer Tätigkeiten.			(A) Stellwerker (Möllerhalle) (B) Büchsenteerer (C) Endkontrolleur (Adjustage)
3 (hoch)	Festigkeit gegen die Auswirkungen kurzer, zeitlich dicht aufeinanderfolgender, einfacher Tätigkeiten über lange Zeit.			

Quelle: Forschungsinstitut f. Rationalisierung RWTH Aachen, 1979

Arbeitsblatt 2208

Technologieberatungsstelle beim DGB Landesbezirk NRW   Computertechnik für Arbeitnehmervertreter

Monatsabschluß eines AZEV

```
*****************************************************************
                  Z E I T K O N T O A U S Z U G
                       01.09. - 30.09.
  ---------------------------------------------------------------
NAME:
KOST.:      211283    PERSNR.:      10921    ZEITGRUPPE:      1
ABT.:       10202    AUSWEISNR.:     168    TÄTIGK.-SCHL.:   0
  ---------------------------------------------------------------
           KOMMEN      GEHEN                ZEITEN      MEHR-    SOLL-
   TAG  LESE ZEIT  LESE ZEIT  ZEITARTEN  ERFASST ANGER ARBEIT   ZEIT
  -----I---------I---------I------------I-------------I-------------
   01 MO                     DIENSTREISE       08:00              08:00
   02 DI                     DIENSTREISE       08:00              08:00
   03 MI                     DIENSTREISE       08:00              08:00
   04 DO                     DIENSTREISE       08:00              08:00
   05 FR                     DIENSTREISE       08:00              08:00
  -----I---------I---------I------------I-------------I-------------
   08 MO 104 07:46 104 17:52 NORMALZEIT   10:06 09:21              08:00
   09 DI 104 07:45 104 16:56 NORMALZEIT   09:11 08:26              08:00
   10 MI 104 07:50 104 18:09 NORMALZEIT   10:19 09:34              08:00
   11 DO 104 07:58 104 17:50 NORMALZEIT   09:52 09:07              08:00
   12 FR 104 07:47 108 08:45 NORMALZEIT   00:58 00:58              08:00
   12 FR                     KERNZEIT VERLETZT*W*
   12 FR 108 12:27 104 17:44 NORMALZEIT   05:17 04:59
   12 FR                     DIENSTL.ABW.(STDW.)
  -----I---------I---------I------------I-------------I-------------
   15 MO 104 08:07 104 17:28 NORMALZEIT   09:21 08:36              08:00
   16 DI 104 08:01 104 18:28 NORMALZEIT   10:27 09:42              08:00
   17 MI 104 07:38 104 17:42 NORMALZEIT   10:04 09:19              08:00
   18 DO 104 07:28 104 17:34 NORMALZEIT   10:06 09:21              08:00
   19 FR 104 07:32 104 14:07 NORMALZEIT   06:35 05:50              08:00
   19 FR                     KERNZEIT VERLETZT*W*
  -----I---------I---------I------------I-------------I-------------
   22 MO 104 07:43 104 16:49 NORMALZEIT   09:06 08:21              08:00
   23 DI 104 07:52 104 17:48 NORMALZEIT   09:56 09:11              08:00
   24 MI 104 07:59 104 18:02 NORMALZEIT   10:03 09:18              08:00
   25 DO 104 08:05 104 13:32 NORMALZEIT   05:27 04:42              08:00
   25 DO                     KERNZEIT VERLETZT*W*
   26 FR 104 07:46 104 19:16 NORMALZEIT   11:30 10:45              08:00
  -----I---------I---------I------------I-------------I-------------
   29 MO 104 07:37 104 18:28 NORMALZEIT   10:51 10:06              08:00
   30 DI 104 07:57 104 18:52 NORMALZEIT   10:55 10:10              08:00
  -----I---------I---------I------------I-------------I-------------
ZEITSUMMEN LAUFENDE ABRECHNUNGSPERIODE    160:04 191:01   0:00 176:00
KORREKTUREN SEIT LETZTER ABRECHNUNG              10:00  43:43
SALDO FÜR LAUFENDE ABRECHNUNGSPERIODE            25:01  43:43
SALDOÜBERTRAG AUS DER LETZTEN ABRECHNUNG          0:00   0:00
*W* MAXIMALER ÜBERTRAG   10:00 ÜBERSCHRITTEN UM 15:01
NEUER SALDO BIS EINSCHLIESSLICH 30.09.           10:00  43:43


*****************************************************************
```

Quelle: Niebur 1983

TBS

Technologieberatungsstelle beim DGB Landesbezirk NRW

Arbeitsblatt 2209

Computertechnik für Arbeitnehmervertreter

Datenerfassung und Kontrolle durch elektronisch lesbare Werksausweise

an der Pforte
Erfassung der Personalnummer Ort und Zeit des Zugangs

Datenbank

vor den Türautomaten der Abteilung
Prüfung der Zugangsberechtigung Zeitpunkt und Dauer der Anwesenheit

am Arbeitsplatz
Arbeitsbeginn nach Eingabe von Ausweis und Kostenstelle

beim Telefonieren
Eingabe des Ausweises, Erfassung von Anzahl, Dauer und Teilnehmern der Gespräche

bei der Arbeit
Speicherung der Arbeitsleistung projektbezogen / personenbezogen

in der Kantine
Abrechnung auf Ausweis, Erfassung aller Speisen und Getränke

auf dem Weg in andere Abteilungen
Prüfung der Zugangsberechtigung, Erfassung aller Wege

an der Firmentankstelle
Abrechnung auf Ausweis, Erfassung des Benzinverbrauchs

Nach: DGB 1985

TBS
Technologieberatungsstelle beim DGB Landesbezirk NRW

Arbeitsblatt 2210
Computertechnik für Arbeitnehmervertreter

Produktionsbeleg

Auf dem Produktionsbeleg ist der gesamte Arbeitsablauf in leicht verständlicher Form durch das Balkendiagramm dargestellt.

Produktionsstörungen können für Ihre Schwachstellenforschung zeitlich zugeordnet werden. In der Mengenspur erkennen Sie Unregelmäßigkeiten bei der Taktzeit. Die Zahlenwerte stehen Ihnen für Produktionsübersichten, Abrechnungen usw. zur Verfügung.
Mit dem Produktionsbeleg verfügen Sie über einen Urbeleg, auf den Sie zur objektiven Rekonstruktion jederzeit zurückgreifen können.

① Feld für Zuordnungsdaten
② Kopfzeile für Beginn der Belegungszeit, Auftrags-Nr., Sach-Nr. und Faktor
③ Aufzeichnungsfeld
④ Feld für Ausgabedaten
⑤ Uhrzeit-Markierungen
⑥ Produktionszeit
⑦ Produktionsmenge, untersetzt um den in der Kopfzeile ausgedruckten Faktor
⑧ Anzahl, Dauer und Art der 10 begründeten Unterbrechungen
⑨ Unbegründete Unterbrechungszeiten
⑩ Ende der Belegungszeit
⑪ Produktionsmenge 1
⑫ Produktionsmenge 2
⑬ Produktionsmenge während des Einrichtens oder Anlaufens
⑭ Gesamtzeit der unbegründeten Unterbrechung
⑮ Gesamtzeit der 10 begründeten Unterbrechungen
⑯ Gesamt-Belegungszeit
⑰ Gesamt-Produktionszeit
⑱ Nutzungsgrad nach einer der 4 wählbaren Formeln
⑲ Durchschnittliche Taktzeit

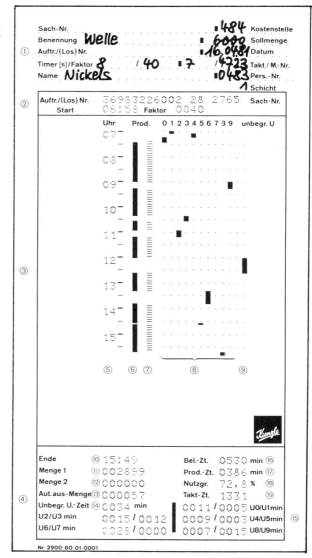

Quelle: Kienzle

TBS	Arbeitsblatt 2211
Technologieberatungsstelle beim DGB Landesbezirk NRW	Computertechnik für Arbeitnehmervertreter

Arbeitnehmerforderungen zur Gestaltbarkeit der Erfassung und Auswertung von AZEV-Systemen, die in ein Pflichtenheft übernommen werden können (Auszug)

.
.
.
.

2 Gestaltbarkeit der Erfassung und Auswertung

Grundsätzlich sollen nicht mehr Erfassungen und Auswertungen mit dem AZEV-System **möglich** sein, als nach Vereinbarung bzw. nach Tarifvertrag ausgehandelt und absolut **notwendig.**

2.1 Geschäftsleitung und Betriebsrat müssen sich einigen können, welche Daten
- erfaßt und ausgewertet,
- gespeichert bzw. ausgegeben sowie
- wann und auf welche Weise gelöscht
werden. Die Buchungssätze, d.h. Zeitpunkte, sollten nicht über die Tagesauswertung hinaus gespeichert werden. Das ist dann nicht erforderlich, wenn sie den AZEV-Betroffenen bereits beim Buchungsvorgang quittiert worden sind.

2.2 Geschäftsleitung und Betriebsrat müssen sich einigen können, welche Auswertungen
- jederzeit,
- nur in bestimmten Zyklen für ein eingeschränktes Daten-Volumen,
- nur in Sonderfällen in Anwesenheit des Betriebsrates
möglich sind. Andere als die vereinbarten Programme, Zugriffe, Zeitpunkte und Selektionen müssen technisch verhinderbar sein.

2.3 Geschäftsleitung und Betriebsrat müssen sich einigen können, welche Stammdaten pro Person geführt werden sollen.

2.4 Geschäftsleitung und Betriebsrat müssen sich einigen können, welche Zeitkonten (bzw. Geldkonten)

- für welche Personenkreise angelegt werden,
- wann nach welchen Regeln verarbeitet werden.

2.5 Form und Inhalt der Auswertungslisten müssen nach Anforderungen der AZEV-Betroffenen bzw. des Betriebsrates gestaltbar sein. Das gilt insbesondere für Kommentartexte und -symbole (insbesondere Markierung der Tastatur-Eingaben von Zeitbuchungen).

Interessen

Lehreinheit 3

»Interessen bei der Einführung der computergestützten Personaldatenverarbeitung«

3–2   *Interessen*

Inhalt

Lernziele und Lerninhalte 3–3

Kurzzugang 3–4

Langfassung

    AS 1 Die »Neue Qualität« von Personalinformationssystemen 3–5

    AS 2 Interessen des Managements an der Einführung von PIS 3–8

    AS 3 Die Aufgabe der gewerkschaftlichen und betrieblichen Interessenver-
           tretung 3–11

    AS 4 Anwendung und Vertiefung des Wissens 3–13

Literaturhinweise 3–14

Arbeitstransparente 2301 bis 2304 3–15

Arbeitsblätter 2301 bis 2306 3–20

Interessen

Lernziele und Lerninhalte

Lehreinheit 3 stellt die verschiedenen Interessen bei der Einführung der computerge-stützten Personaldatenverarbeitung im Betrieb dar. Dabei soll deutlich werden, daß Arbeitnehmergefährdungen einerseits zwar aus den neuen Möglichkeiten techni-scher Systeme herrühren, andererseits jedoch nur im Zusammenhang mit der Ver-wirklichung von Unternehmerinteressen zur Anwendung kommen. Die Kenntnis dieser Interessen und die Entwicklung eigener Gegenvorstellungen ist Voraussetzung zur Beeinflussung und Gestaltung der technischen Systeme.

Im einzelnen sollen die Teilnehmer/innen

- ausgehend von den technischen Grundlagen das »Qualitativ Neue« von PIS ge-genüber herkömmlichen Informationssammlungen herausarbeiten,
- die Interessen des Managements an der Einführung von PIS erkennen und
- am Beispiel begreifen, daß der Betriebsrat bei der Entwicklung einer Strategie zur Eingrenzung von PIS arbeitnehmerorientierte Ziele bei der Personalplanung ent-wickeln muß.

Kurzzugang

Lerninhalte	Didaktisch-methodische Hinweise
AS 1 Die »Neue Qualität« von Personal-informationssystemen – mehr und bessere Informationen – bessere Auswertungs- und Verknüpfungsmöglichkeiten – Aufhebung von Raumgrenzen – neue Planungsmethoden – schlechte Kontrollmöglichkeiten	**Variante 1** Planspielphase 1 in Arbeitsgruppen gem. Arbeitsblatt 2301 (Zeitbedarf: 45 Min.) Plenum mit Auswertung und Vervollständigung der Ergebnisse Folie 2301, Tafelbild **Variante 2** Einzelarbeit anhand des Video »PAISY weiß alles«, Arbeitsblatt 2302 (Zeitbedarf: 30 Min.), Plenum
AS 2 Interessen des Managements an der Einführung von PIS – angebliche Einführungsgründe – Rationalisierung im Personalwesen – Produktivitätsreserven aufdecken – Einspareffekte	**Variante 3** Lehrvortrag, Folien 2301, 2302, 2303, 2304, Arbeitsblatt 2303
AS 3 Aufgaben der Interessenvertretung Beschäftigung mit betrieblicher Personalplanung	Lehrvortrag **Zeitbedarf** (für AS 1 bis 3): ca. 100 Min.
AS 4 Anwendung und Vertiefung des Wissens	**Variante 1** Planspielphase 2 in Arbeitsgruppen gem. Arbeitsblätter 2304 und 2305 (Zeitbedarf: 60 Min.) Auswertung im Plenum **Variante 2** Arbeitsgruppen gem. Arbeitsblatt 2306 (Zeitbedarf: 60 Min.); dabei ist die Herstellerunterlage PAISY beizufügen. Auswertung von Frage 1 im Plenum. **Zeitbedarf:** ca. 80 Min.

Interessen   3–5

Langfassung

1. Die »Neue Qualität« von Personalinformationssystemen

Für die folgenden Abschnitte bieten sich drei Varianten an:

Variante 1
Wenn der Referent sich dafür entschieden hat, das ausgearbeitete Planspiel in seinen verschiedenen Phasen gleichsam wie einen roten Faden durch das ganze Seminar hindurch einzusetzen, kann jetzt mit der Phase 1 begonnen werden (**Arbeitsblatt 2301,** Zeitbedarf 45 Min. für Arbeitsgruppe; vgl. auch die Einführung zu diesem Baustein).
In der Auswertung der Planspielphase 1 sollte der Referent den Stoff im Tafelbild zusammenfassen.

Variante 2
Einen guten Einstieg in die Thematik bietet der Videofilm »PAISY weiß alles« (insgesamt 30 Min. Spieldauer), der mindestens in seinem mittleren Teil im Seminar gezeigt werden soll. Dieser Teil beginnt mit der Befragung der Geschäftsleitung zu den Gründen des Einsatzes von PAISY und endet mit dem Interview von Prof. Ortmann. Vor Beginn des Films wird das **Arbeitsblatt 2302** verteilt. Hierauf machen sich die Teilnehmer Notizen zur Beantwortung der Fragen. Nach dem Film werden die Ergebnisse im Plenum zusammengetragen. In diesem Fall dient dem Referenten der Stoff als Hintergrundmaterial, das er ggf. zur Ergänzung der Ergebnisse heranziehen kann.

Variante 3
Wenn der Film nicht gezeigt wird und kein Planspiel vorgesehen ist, sollte der Stoff als Vortrag vermittelt werden. Hierzu finden sich weitere Hinweise am Ende dieses Abschnittes.

Häufig sagen Unternehmen, mit der computergestützten Personaldatenverarbeitung werde nichts anderes gemacht als vorher, nur eben nicht von Hand, sondern mittels EDV. Auch Art und Menge der erfaßten Daten würden nicht oder kaum über die von herkömmlichen Systemen hinausgehen. Beschwichtigend wird in diesem Zusammenhang von einer »schnellen Personalakte« gesprochen.

Was unterscheidet nun das PIS vom »elektronifizierten Karteikasten«
(vgl. **Folie 2301**)?

Mehr und bessere Informationen
Richtig ist, daß Unternehmen schon immer möglichst viel über die bei ihnen beschäftigten Personen und deren Leistungsverhalten erfahren wollten. Dieses Wissen blieb jedoch lückenhaft und war nur schwer abrufbar. Denn die herkömmlichen

Informationssammlungen waren in der Regel über eine Vielzahl von Karteien, Ordnern und Registraturen verstreut.

Die **Folie 2302** zeigt einen Vergleich zwischen konventioneller, d.h. manueller Personaldatenverarbeitung und der Datenverarbeitung eines Personalinformationssystems. Die bei PIS **mögliche** Anzahl der Daten pro Beschäftigtem schwankt zwischen 100 und 100000. Die **wirklich** im betrieblichen Einsatz ausgenutzte Datenmenge hängt von der »Datensammelwut« des Personalmanagements und von der im Betrieb gültigen Betriebsvereinbarung ab. Daher zeigen die angegebenen Zahlen nur ungefähre Größenordnungsverhältnisse. Diese belegen jedoch plastisch, daß allein vom Aufwand her eine aktuelle Vergleichbarkeit aller Beschäftigtendaten erst mit der Einführung von PIS möglich geworden ist.

Bessere Auswertungs- und Verknüpfungsmöglichkeiten

Eine zusammenhängende, systematische Auswertung dieser traditionellen Datensammlungen konnte nur mit einem großen zeitlichen und personellen Aufwand durchgeführt werden. Gesamtauswertungen in Betrieben mit großen Beschäftigtenzahlen waren letztlich auch deshalb sinnlos, weil der Zeitraum zwischen Datenerfassung und Datenauswertung so groß war, daß die Ergebnisse der Realität immer hinterherhinkten. Der Einsatz computergestützter Systeme kann diese »Mängel« der herkömmlichen Informationsverarbeitung reduzieren.

Mit der Aufnahme in Datenbanken werden Personaldaten, die zu ganz verschiedenen Zwecken an ganz verschiedenen Orten aufgenommen werden und für sich alleine »harmlos« sind, in einen gemeinsamen Zusammenhang gebracht. Neue Auswertungsmethoden in der Methodenbank des PIS können die Daten beliebig verknüpfen und dadurch eine völlig neue Qualität der Leistungs- und Verhaltenskontrolle bewirken.

Hinzu kommt, daß die Personaldaten der Personalverwaltung mit Leistungsdaten am Arbeitsplatz verknüpft werden können. Auf dieser Datengrundlage können beispielsweise »auffällige« Arbeitnehmer ermittelt werden: Arbeitnehmer, die weniger disponibel, mobil und flexibel sind als andere.

Aufhebung von Raumgrenzen

Die mögliche Aufhebung von Raumgrenzen hat einen geographischen und einen hierarchisch-zentralistischen Aspekt. Solange verschiedene Vorgesetzte – Meister, Abteilungsleiter, Personalchef – und verschiedene Informationssysteme die Arbeitnehmer kontrollieren, sind Informationen und umfassendes Wissen über die Beschäftigten verteilt. Keiner weiß alles! Erst bei einem hierarchischen Verbund der Informationssysteme aus unterschiedlichen Anwendungen, einzelnen Abteilungen oder verschiedenen Betrieben, wie es z.B. bei Personalinformationssystemen der Fall ist, können alle Daten an zentraler Stelle in einer Hand verfügbar gemacht werden (vgl. Zitat von Huthoff in Arbeitsschritt 2). Über die von der Bundespost zur Verfü-

Interessen 3–7

gung gestellten Netze und Dienste bestehen darüber hinaus alle technischen Möglichkeiten zum Aufbau konzernweiter Datennetze und zum direkten Datenaustausch mit Krankenkassen, Arbeitsämtern, Behörden und Verbänden.

Neue Planungsmethoden

Ferner ermöglichen Personalinformationssysteme die Anwendung völlig neuer Methoden der Planung, Steuerung und Entscheidungsfindung. Dazu zählt z.B. der Profilabgleich, mit dessen Hilfe die Arbeitsqualifikation eines Arbeitnehmers »optimal« ausgenutzt werden soll. Als Beispiel kann auch eine präzisere Arbeitseinsatzplanung mit Hilfe von Rechnern angeführt werden, die zu einer Verminderung von »Wartezeiten« führt und damit »unproduktive« Zeiten im Arbeitsprozeß vermindert.

Schlechte Kontrollmöglichkeiten

Die Einführung von Personalinformationssystemen muß auch im Zeichen der Vernetzung mit anderen betrieblichen Informationssystemen, wie z.B. Ausweislesern, Betriebsdatenerfassung, digitalen Telefonanlagen etc. gesehen werden. Die zahlreichen elektronischen Datenquellen und ihre mögliche Verknüpfung eröffnen nahezu unbegrenzte Möglichkeiten des Datenmißbrauchs. Den Mißbrauch zu erkennen und zu verhindern ist eine außerordentlich schwierige, wenn nicht sogar unlösbare Aufgabe für den Betriebsrat.

Fazit

Ein Personalinformationssystem ist also mehr als nur ein technisches Hilfsmittel zur Bewältigung altbekannter Aufgaben, es führt zu einer neuen Qualität von Personalplanung und Kontrolle. Viele Entscheidungs- und Planungsprozesse des Personalbereichs können durch die Nutzung der EDV überhaupt erst in Angriff genommen werden. Auf diese Weise bewirkt die computergestützte Personaldatenverarbeitung eine Verschiebung im betrieblichen Machtgefüge zu Ungunsten der abhängig Beschäftigten und führt gleichzeitig zu einer völlig neuen Qualität der Auseinandersetzung zwischen Unternehmensleitungen und Beschäftigten.

Dieser Abschnitt faßt einerseits die technischen Grundlagen aus Lehreinheit 2 zusammen und bereitet andererseits die Beschäftigung mit den Interessen der Unternehmensleitung vor. Die Veränderungen durch computergestützte Personaldatenverarbeitung, d.h. das »qualitativ Neue« (vgl. Langtext), sollte auf jeden Fall gemeinsam herausgearbeitet und als Tafelbild/Wandzeitung zusammengetragen werden (**Folie 2301** gibt dazu einen Anstoß).

Dieses Tafelbild, das entweder (zweispaltig) die Qualitäten von herkömmlichen Informationssammlungen denen von PIS gegenüberstellt oder (einspaltig) direkt die neuen Qualitäten von PIS (analog des Textes) zusammenträgt, sollte für den weiteren Verlauf des Lehrgangs aufgehoben werden.

2. Interessen des Managements an der Einführung von PIS

Welche Gründe nennt das Management?

Die Geschäftsleitungen selbst bezeichnen Personalinformationssysteme als unerläßliches Instrument der Personalarbeit. Insbesondere begründen sie deren Einsatz mit Sachzwängen im administrativen Bereich.

Im einzelnen werden genannt:

— die gesetzlichen Erfordernisse des Statistik-, Melde-, Handels-, Steuer- und Sozialversicherungsrechts mit ihren Aufzeichnungs- und Dokumentationszwängen;
— die komplizierten Lohn- und Gehaltsabrechnungen, die wegen der immer komplexeren Tarifvereinbarungen ohne EDV- Einsatz nicht mehr ordnungsgemäß und termingerecht zu bewältigen seien;
— die wachsenden Informationsbedürfnisse von Arbeitnehmern, Anteilseignern und interessierter Öffentlichkeit.

Daraus leiten sie Zwänge zur Neuentwicklung und Neuprogrammierung, zum Einsatz von Standard-Software-Paketen oder zum Anschluß an einen kommerziellen Rechenzentrum-Service ab.

Was ist davon zu halten?

Wenn die Unternehmer die computergestützte Personaldatenverarbeitung deshalb einführen, um die Qualität der Lohnabrechnungen zu verbessern, dann wollen wir auch einmal endlich die besser lesbaren Abrechnungen sehen. Für die Arbeitnehmer geht es auch gar nicht darum, eine EDV-Unterstützung bei der Personalabrechnung zu verhindern, sondern sie auf sinnvolle Anwendungen zu begrenzen. Da hierzu keine Orientierungen durch Gewerkschaftsbeschlüsse vorhanden sind, muß sich der Betriebsrat in Kenntnis des betrieblichen Umfeldes, der Interessen der Geschäftsleitung und des Kräfteverhältnisses eigene Gedanken dazu machen, was unter »sinnvollen Anwendungen« zu verstehen ist.

Da auch schon bei der computergestützten Personalabrechnung sensible Personaldaten anfallen, muß der Betriebsrat bei ihrer Zustimmung auf Regelungen bestehen, die die Nutzung dieses Systems zu anderen Zwecken ausschließen.

Die Interviews im Film »PAISY weiß alles« und die Ergebnisse einer Unternehmerbefragung durch Kilian zeigen jedoch, daß die Zielsetzungen der Unternehmen an der Einführung von Personalinformationssystemen wesentlich weitergehendere sind. Alfred Huthoff, der ehemalige Arbeitsdirektor von VAW, macht im Film »PAISY weiß alles« stellvertretend die Erwartungen des Managements deutlich:

»Wir müssen, wenn wir dieses Unternehmen richtig steuern wollen, über möglichst viele Personaldaten möglichst schnell verfügen können. Wir haben 13 Standorte. An jedem Standort haben wir ein Personalbüro. An jedem Standort müssen Löhne, Gehälter gerechnet werden. Das muß zentralisiert werden, das muß zusammenlaufen. Ganz simpel: Der Personalvorstand muß auf einen Knopf drücken können. Dann muß er wissen: Wieviel 55jährige sind im Konzern beschäftigt? Er muß einen anderen Knopf drücken können, dann ganz simpel wieder ausgedrückt, und muß die Frage beantwortet bekommen: Wieviel Ausländer sind gegenwärtig im Konzern beschäftigt? Oder all diese Dinge, die bei uns teilweise ja noch mit Hand gemacht werden, mit langen Telefonaten. Das müssen wir verbessern (...) So konkret, daß ich sage: Knopf drücken – einem meiner Mannen – und dann möchte ich die Kranken-stände haben aus Stade, getrennt nach Arbeitern und Angestellten. Ich möchte die Krankenstände haben aus unserem südlichsten Werk, Pocking bei Passau und möchte die Krankenstände aus Hannover, Bonn. Das alles habe ich mir sonst mühse-lig zusammensuchen müssen. Das dauerte dann so einen ganzen Tag, bis ich ein abgerundetes Bild hatte. Da kann PAISY ganz sicher hilfreich sein, und das werden wir dann auch nutzen.«

Seitdem es kapitalistische Unternehmungen gibt, ist es Ziel, den »Faktor Arbeitskraft« zu beherrschen, d.h. so effektiv wie möglich einzusetzen und unter Kontrolle zu halten.

Spätestens seit F. W. Taylor wird dafür auch der Einsatz von wissenschaftlichen Methoden propagiert:

»Aufgrund eines wissenschaftlichen Studiums wählen sie die passendsten Leute aus, schulen sie, lehren sie und bilden sie weiter (...). Den Leitern fällt es z.B. zu, all die überlieferten Kenntnisse zusammenzutragen, die früher Alleinbesitz der einzelnen Arbeiter waren, sie zu klassifizieren und in Tabellen zu bringen, aus diesen Kenntnis-sen Regeln, Gesetze und Formeln zu bilden, zur Hilfe und zum Besten des Arbeiters bei seiner täglichen Arbeit.« (Taylor, 1917)

Damit fällt der wissenschaftlichen Betriebsführung nicht nur die »Kunst der Schweiß-auspressung« zu, sondern auch die Enteignung des einfachen Arbeiters von seinem Produktionswissen und der Zentralisierung des Wissens beim Management.

Nachdem inzwischen alle entscheidenden Produktions- und Betriebsmittel wie Geld, Energie, Rohstoffe sowie Materialfluß und die Auslastungsgrade der Maschinen weit-gehend erfaßt und planbar gemacht worden sind, geht es dem Unternehmen darum, als letzten »Unsicherheitsfaktor«, sozusagen als »Endrisiko«, den Menschen »in den Griff« zu bekommen, d.h. konkret: ihn EDV-mäßig zu erfassen und seine Lei-stungs- und Verhaltensdaten auszuwerten.

Ein US-amerikanischer Technik-Konstrukteur äußerte sich dazu kürzlich mit fast untypischer Deutlichkeit:

»Was wir brauchen, ist eine Inventur der Methoden, mit denen menschliche Verhal-tensweisen kontrolliert werden können, und die Beschreibung der Instrumente, die uns zur Erlangung dieser Kontrolle verhelfen. Wenn diese uns zu einer zufriedenstel-lenden Handhabung des Menschenmaterials verhelfen, wenn wir uns da Menschen-material in vergleichbarer Weise vorstellen können wie Metallteile, elektrische Ener-gie oder chemische Reaktionen, dann haben wir erfolgreich das Menschenmaterial auf dieselbe Grundlage gestellt wie die anderen Materialien und können fortfahren, unsere Probleme der Systemauslastung zu entwickeln. Dennoch gibt es eine Reihe von Nachteilen beim Einsatz von menschlichen Arbeitseinheiten. Sie sind ziemlich zerbrechlich, ermüden, altern, sind anfällig gegen Krankheiten und Tod, und häufig sind sie dumm, unzuverlässig und begrenzt in ihrer intellektuellen Speicherkapazität. Darüber hinaus suchen sie ihre eigene Logik zu entwickeln. Diese Eigenschaft des

Menschenmaterials ist nicht akzeptabel und jedes System, das es benutzt, muß über angemessene Sicherungen verfügen.«

Im Bemühen, auch den letzten »Unsicherheitsfaktor« auszuschließen, z.B. durch Systematisierung der Auswahl und Verwendung der Arbeitskräfte sowie leistungserhöhende Gestaltung der Arbeitsabläufe, sind entsprechende Datensammlungen und -auswertungen nötig. Bisher sind die Arbeitgeber hier auf technisch-organisatorische Grenzen gestoßen, da eine überwiegend manuelle Sammlung und Pflege von Daten nicht die nötige Effizienz brachte. Mit den neuen technisch-organisatorischen Systemen und Methoden der computergestützten Personaldatenverarbeitung erhoffen sich die Manager ein Hinausschieben dieser Grenzen.

Welche Zielvorstellungen Arbeitgeber mit der Einführung eines PIS verfolgen, läßt sich in folgenden Punkten zusammenfassen (vgl. **Folie 2303**):

— PIS bedeutet zunächst Rationalisierung in der Personalabteilung selbst.
— PIS heißt aber vor allem: Durch eine verbesserte Datenbasis und eine schnellere und umfassendere Verfügbarkeit von Informationen sollen Produktivitätsreserven aufgedeckt und so die Voraussetzung für eine tiefgreifende Rationalisierung aller betrieblichen Arbeitsprozesse geschaffen werden.
— Vorstellungen und Interessen von Arbeitnehmern, wie z.B. Humanisierungsaspekte, spielen keine oder nur eine untergeordnete Rolle.

Das zentrale Unternehmerinteresse an PIS besteht darin, Informationen aus dem gesamten Unternehmensbereich für die Durchführung von Rationalisierungsprozessen zu erhalten. Dadurch erzielt das Unternehmen Einsparungen bei den Personalkosten in der Personalabteilung selbst, vor allem aber in den von den computergestützten Personalmaßnahmen betroffenen Produktions- und Verwaltungsabteilungen.

Die Einspareffekte können nicht genau bilanziert werden, liegen aber wohl nach den Vorstellungen des Managements höher als die voraussichtlichen Kosten der Einführung eines Personalinformationssystems (vgl. **Folie 2304**). An dem **Arbeitsblatt 2303** kann darüber hinaus verdeutlicht werden:

1. Unter der auf dem Markt angebotenen Software für Personalwesen bilden zwar Programmsysteme zur Lohn- und Gehaltsabrechnung einen Schwerpunkt, reine Lohn- und Gehaltssysteme machen jedoch nur 30 % aus.
2. Die meisten der angebotenen Lohn- und Gehaltssysteme enthalten zusätzliche Komponenten zur Personalinformation und/oder für die DÜVO (Datenübermittlung an die Versicherungsträger).
3. Während die Kaufpreise von Software für das Personalwesen vor 5 Jahren noch um 50000 bis 150000 DM lagen, sind heute mehr als die Hälfte der angebotenen Programmsysteme bereits unter 20000 DM zu beziehen.

Im Plenum werden die entsprechenden Ergebnisse aus Planspiel (Variante 1) bzw. Arbeitgruppe (Variante 2) zusammengetragen und anschließend durch den Referenten systematisiert und ergänzt.

Dabei sind folgende Punkte wichtig:

Interessen 3–11

> 1. Es gibt keinen unmittelbaren Zwang für die Unternehmen zur Einführung der computergestützten PDV.
> 2. Für die Zwecke der Personalabrechnung alleine braucht ein Unternehmen kein PIS.
> 3. Die Interessenvertretung sollte auf Regelungen bestehen, die die Nutzung des Systems zu anderen Zwecken ausschließen.
>
> Eine Zusammenfassung der Zielvorstellung der Arbeitgeber kann abschließend anhand von **Folie 2303** erfolgen.

3. Die Aufgabe der gewerkschaftlichen und betrieblichen Interessenvertretung

Nicht nur die Unternehmensleitung sondern auch die Arbeitnehmer und ihre gewerkschaftliche und betriebliche Interessenvertretung haben ein Interesse an der betrieblichen Personalplanung. Nicht erst seit Verabschiedung des Betriebsverfassungsgesetzes (1972), welches den Arbeitgeber verpflichtet, den Betriebsrat über die Personalplanung anhand von Unterlagen rechtzeitig und umfassend zu unterrichten, gibt es auf breiter Front eine Auseinandersetzung zu diesem Thema. Im Unterschied zur Unternehmensleitung sind es jedoch nicht kapitalorientierte Gründe. Arbeitnehmer wollen vielmehr

a) verhindern, daß eine mangelnde Planung in bestimmten Bereichen (z.B. Qualifizierungsplanung) zum Niedergang des Unternehmens und damit zum Verlust von Arbeitsplätzen führt,
b) über die Unternehmensentscheidungen und damit über die Zukunft ihres Betriebes informiert sein und
c) eigene Kriterien zum Erhalt und Ausbau ihrer Arbeitsplätze in die betriebliche Planung einbringen.

So wird die Auseinandersetzung mit dem Thema betriebliche Personalplanung zwischen Geschäftsleitung und Interessenvertretung in der Zukunft noch an Bedeutung gewinnen. Die Aufgabe, die sich der betrieblichen Interessenvertretung im Zusammenhang mit dem Betrieb eines Personalinformationssystems stellt, ist also erst einmal eine vorgelagerte, nämlich eine personalpolitische.

In jedem Fall wäre es absurd, sich im Detail um technische Regelungen und Kontrollen zur Einschnürung der Personaldatenverarbeitung zu kümmern, die ja ein Werkzeug für Personalpolitik ist, wenn sich der Betriebsrat nicht gleichzeitig mit der betrieblichen Personalplanung beschäftigt.

So gibt es (in der Hauptsache Klein-)Unternehmen, die überhaupt keine systematische Personalplanung betreiben, bei anderen ist die Grundlage ihrer Personalpolitik dem Betriebsrat nicht bekannt, bei dritten wiederum hat der Betriebsrat eigene Vorstellungen und Kriterien, die er einbringen möchte.

Erste Fragen für den Betriebsrat sind also:

– Gibt es eine Personalplanung im Betrieb?
– Auf welcher Basis wird sie betrieben?
– Wurden dem Betriebsrat die Auswahlrichtlinien vorgelegt?

Zwar ist hier die Mitbestimmung nicht ausreichend und es geht langfristig darum, sie im Personalbereich zu verstärken. Meist fehlen jedoch auch eigene Konzepte der Personalpolitik auf betrieblicher und gewerkschaftlicher Ebene. Umfassende Ansätze von IGM und HBV aus den 70er Jahren wurden z.B. nicht weiterverfolgt bzw. werden gerade erst wieder aufgegriffen. Deshalb bleibt der Interessenvertretung die Aufgabe, im Betrieb eigene Vorstellungen zu entwickeln, die über Abwehrkämpfe bei Kündigungen und Abgruppierungen hinaus gehen.

Beispiele:

— **Personalentwicklung**
Welche Personalentwicklung ist vor dem Hintergrund der Branchenentwicklung sinnvoll?
Wie lassen sich Betroffenengruppen, z.B. Frauen, Un- und Angelernte, ... berücksichtigen?

— **Personalbedarfsermittlung**
Sind personelle Kapazitäten freigehalten, um betriebsübliche Fehlzeiten, z.B. im Zusammenhang mit Fortbildungsmaßnahmen auszugleichen?
Sind die Leistungsanforderungen für einzelne Beschäftigte nicht zu hoch bemessen?

— **Personalbeschaffung**
Können freiwerdende Stellen in Verbindung mit Weiterqualifizierungsmaßnahmen intern besetzt werden anstatt externe Kräfte zu beschaffen?

— **Personaleinsatz**
Wie läßt sich das Interesse nach geregelten Arbeitszeiten berücksichtigen?
Wie kommt es zu einer Berücksichtigung der Arbeitnehmerbelange bei Schichtplänen?

Dieser Arbeitsschritt wird dadurch behandelt, daß das Planspiel im Plenum aufgearbeitet wird. Es muß darauf verwiesen werden, daß die Frage nach der Vorgehensweise des Betriebsrates im Seminar zu einem späteren Zeitpunkt aufgearbeitet wird.

Interessen 3–13

4. Anwendung und Vertiefung des Wissens.

Variante 1

In diesem Arbeitsschritt soll sowohl anhand Planspielphase 2 das Technikwissen aus Lehreinheit 2 angewendet (Lernzielkontrolle) als auch in den Kontext der Argumentation von Geschäftsleitungen bei der PIS-Einführung gestellt werden. Die Planspielphase 2 beginnt mit der Verteilung der **Arbeitsblätter 2304** und **2305** und dauert 60 Minuten; anschließend Bericht im Plenum.

Variante 2

Wird das Planspiel nicht durchgeführt, können hier Arbeitsgruppen gemäß **Arbeitsblatt 2306** (Zeitbedarf: 60 Minuten) eingerichtet werden. Dabei ist die Herstellerunterlage PAISY beizufügen. Anschließend im Plenum: Auswertung von Frage 1.

Literaturhinweise

Kilian, W.:
Personalinformationssysteme in deutschen Großunternehmen. Ausbaustand und Rechtsprobleme; Berlin, Heidelberg, New York 1982

Hentschel, B.; Wronka, G.; Mülder, W. (Hg.):
Personaldatenverarbeitung in der Diskussion, Köln 1986

Taylor, F. W.:
The Principies of Scientific Management (Die Grundsätze wissenschaftlicher Betriebsführung), München/Berlin 1917

Interessen

Arbeitstransparente

2301   PIS: Ein elektronischer Karteikasten?
2302   Neue Qualität von PIS: Hohe Mengen- und Realzeitverarbeitung
2303   Warum Unternehmer Personalinformationssysteme einführen
2304   Kostenvergleich von Personalinformationssystemen

TBS

2301

Technologieberatungsstelle beim DGB Landesbezirk NRW Computertechnik für Arbeitnehmervertreter

PIS: Ein elektronischer Karteikasten?

nach: AK Rationalisierung

TBS

2302

Technologieberatungsstelle beim DGB Landesbezirk NRW   Computertechnik für Arbeitnehmervertreter

Neue Qualität von PIS:
Hohe Mengen- und Realzeitverarbeitung

	Bisher mit Karteien	**Heute** mit Paisy
Daten pro Beschäftigten	ca. 10	ca. 400
Daten insgesamt bei 2000 Beschäftigten	20.000	800.000
Zeit für Lesen eines Datums	1 sek	10 msek
Zeit für Lesen der früheren Karteidaten	5.5 h	3 min
Zeit für Lesen aller Paisy-Daten	28 Tage	2 h

© TBS

Warum Unternehmer Personalinformationssysteme einführen

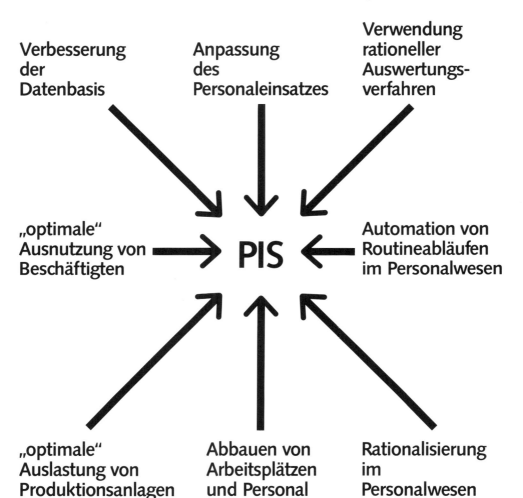

```
TBS                        2304
Technologieberatungsstelle beim DGB Landesbezirk NRW        Computertechnik für Arbeitnehmervertreter
```

Kostenvergleich von Personalinformationssystemen

**Software
Eigenentwicklung:** Gesamtkosten der
PIS-Entwicklung   1,5 Mio. DM

**Einsatz von
Standard-Software:** Software-Kaufpreis   0,1 Mio. DM

Software-Anpassung   0,2 Mio. DM

Kosten der
organisatorischen
Implementierung   0,3 Mio. DM

Gesamtkosten   0,6 Mio. DM

Quelle: Hentschel 1986

Arbeitsblätter

2301	Planspielphase 1
2302	Fragen zum Film »PAISY weiß alles«
2303	Software für das Personalwesen: Preis-/Leistungsmerkmale
2304	Planspielphase 2
2305	Herstellerinfo IPAS
2306	Analyse von Herstellerunterlagen

TBS	Arbeitsblatt 2301 Seite 1
Technologieberatungsstelle beim DGB Landesbezirk NRW	Computertechnik für Arbeitnehmervertreter

Planspielphase 1

Arbeitsaufgabe:

Stellt Euch vor, daß Ihr der Betriebsrat eines Unternehmens mit ca. 150 Beschäftigten seid, welches seit 1987 Tochter eines Konzern ist, der seine neuerworbenen Töchter nach Produktbereichen umstrukturiert.

Der Betrieb hat in den letzten Jahren umfassende (Rationalisierungs-)Investitionen vorgenommen.

Es hat im Laufe der letzten 3 Jahre daher erhebliche Auseinandersetzungen zwischen Geschäftsleitung und Betriebsrat gegeben.

Jetzt liegt dem Betriebsrat der Brief vom 15.1.1990 - vgl. nächste Seite - vor.

Diskutiert bitte den Brief und überlegt,

---

a) was das "Qualitativ Neue" an der computergestützten Personaldatenverarbeitung ist,

---

b) welche Interessen der Geschäftsleitung hinter der Einführung stehen und

---

c) warum der Betriebsrat sich mit diesem Fall beschäftigen sollte.

Setzt bitte ein Schreiben als Reaktion auf die Strategie der Geschäftsleitung auf.

TBS	Arbeitsblatt 2301 Seite 2
Technologieberatungsstelle beim DGB Landesbezirk NRW	Computertechnik für Arbeitnehmervertreter

Planspielphase 1 - Unterlage

Max Meier Werke   Kalkar, 15.01.1990
Geschäftsleitung

An den
Betriebsrat
Max Meier Werke
im Hause

Einführung eines Abrechnungssystems

Sehr geehrte Herren,

hiermit teilen wir Ihnen mit, daß wir per 01.01.1990 von der
Firma ADV/ORGA das Personalabrechnungssystem IPAS erworben
haben und es in unserem Hause einführen werden. Dieser
Schritt wurde notwendig durch die weiter steigenden Anforderungen der DEVO/DÜVO-Vorschriften und die gerade auch
von unseren Mitarbeitern gewünschte Einführung von über-
sichtlicheren Gehaltsabrechnungen.

Im IPAS-System werden im Prinzip die gleichen Daten verarbeitet, die heute schon in der Personalverwaltung und in
anderen Betriebsteilen in Karteien und Dateien geführt werden. Somit bewirkt die EDV-Einführung keine wesentlichen
Veränderungen.

Wir hoffen, hiermit unserer Informationspflicht nachgekommen
zu sein.

Hochachtungsvoll
Max Meier

(Geschäftsleitung)

TBS

Arbeitsblatt 2302

Technologieberatungsstelle beim DGB Landesbezirk NRW   Computertechnik für Arbeitnehmervertreter

Fragen

1. Was ist das "Qualitativ Neue" an der computergestützten Personaldatenverarbeitung?

2. Warum führen Unternehmensleitungen die computergestützte Personaldatenverarbeitung in Betrieb und Verwaltung ein?

   a) Welche Gründe geben sie an?

   b) Welche Gründe spielen nach Eurer Meinung die entscheidende Rolle?

3. Warum sollte sich die Interessenvertretung damit beschäftigen?

TBS — Arbeitsblatt 2303

Technologieberatungsstelle beim DGB Landesbezirk NRW · Computertechnik für Arbeitnehmervertreter

Software für das Personalwesen: Preis-/Leistungsmerkmale

	SUMME	OHNE PREIS-ANGABE	≤1.000	≤10.000	≤20.000	≤30.000	≤40.000	≤50.000	≤100.000	>100.000
A) PROGRAMME/SYSTEME MIT SCHWERPUNKT LOHN-/GEHALTSABRECHNUNG	149									
1) NUR LOHN-/GEHALTSABRECHNUNG	61	4	1	31	13	6	2	3	1	-
2) LOHN-/GEHALTSABRECHNUNG + DÜVO	56	1	-	19	18	7	9	-	2	-
3) LOHN-/GEHALTSABR. + PERSINFO	16	-	-	7	3	2	1	1	1	1
4) LOHN-/GEHALTSABR. + DÜVO+PERSINFO	16	-	-	1	1	4	1	2	4	3
C) ONLINE-DATENBANK-/AUSKUNFTSSYSTEME FÜR PERSONALINFORMATIONEN	3	1	-	-	-	2	-	-	-	-
D) SYSTEME F. ZEITERFASSUNG/ZUGANGSKONTR.	43	5	-	10	10	9	2	2	4	1
E) SONSTIGE	24	6	1	5	5	3	3	1	-	-
SUMME	219	17	2	73	50	33	18	9	12	5
	100 %	8 %	1 %	33 %	23 %	15 %	8 %	4 %	6 %	2 %

Quelle: ISIS 2/88

TBS — Arbeitsblatt 2304   Seite 1

Technologieberatungsstelle beim DGB Landesbezirk NRW   Computertechnik für Arbeitnehmervertreter

Planspielphase 2

Arbeitsaufgabe

Die Geschäftsleitung hat mit dem Schreiben vom 19.2.1990 auf Euren Brief reagiert, einen Firmenprospekt zur Verfügung gestellt (vgl. Arbeitsblatt 2305), und Euch zu einer Demonstrationsveranstaltung des Herstellers eingeladen.

1. Diskutiert bitte den Brief. Wie nehmt Ihr dazu Stellung?

2. Analysiert den Firmenprospekt!
   Welche Einsatzmöglichkeiten durch den IPAS-Einsatz werden deutlich?

   - Welche Komponenten und Teilsysteme enthält IPAS und welche Leistungen werden dort beschrieben? Was bedeuten sie für die Arbeitnehmer?

   - Inwieweit und in welcher Weise geht es über die Personalabrechnung hinaus?

   - Sind Schnittstellen zu anderen Systemen möglich?

   - Kann das System im Dialog betrieben werden?

3. Überlegt Euch Fragen für die Demonstrationsveranstaltung.

TBS

Technologieberatungsstelle beim DGB Landesbezirk NRW

Arbeitsblatt 2304   Seite 2

Computertechnik für Arbeitnehmervertreter

Planspielphase 2 - Unterlage

Max Meier Werke   Kalkar, 19.02.90
Geschäftsleitung

An den
Betriebsrat der
Max Meier Werke
im Hause

Ihre Anfrage vom 23.01.1990

Sehr geehrte Herren,

auf Ihre o.g. Anfrage betreffs der geplanten IPAS-Einführung
teilen wir Ihnen heute folgende Einzelheiten mit:

1. Bei dem System handelt es sich um ein Programm zur Verarbeitung von Personaldaten, mit dem im wesentlichen nur
   die Abrechnung von Löhnen, Gehältern und einiger kleiner
   Auswertungen durchgeführt werden soll.

2. Die Geschäftsleitung beabsichtigt nicht die Nutzung des
   Systems zu Leistungs- und Verhaltenskontrollen.

3. Im IPAS-System werden im Prinzip die gleichen Daten verarbeitet, die heute schon in der Personalverwaltung und
   in anderen Betriebsabteilungen in Karteien und Dateien
   geführt werden. Somit bewirkt die EDV-Einführung nichts
   wesentlich Neues, was zu negativen Auswirkungen auf die
   Arbeitnehmer führen könnte.

4. Die Einführung von IPAS ist notwendig wegen der schon in
   unserem ersten Informationsschreiben erwähnten Sachzwänge, die sich z.B. durch die DÜVO/DEVO-Vorschriften
   ergeben.

5. Aber auch betriebswirtschaftliche und Konkurrenzgründe
   spielen eine Rolle bei der Systementscheidung, welche
   auch den Beschäftigten zugute kommen: So ergibt sich
   durch die Nutzung von IPAS eine bessere Planungsgrundlage
   für objektivere und gerechtere, flexible Personalentscheidungen, welche angesichts der anstehenden Um-
   strukturierungen notwendig sind und insgesamt das Unternehmen und Arbeitsplätze sichern. Ferner ermöglicht das
   System in der Personalverwaltung Arbeitserleichterungen,
   ein effektiveres Arbeiten und insbesondere Entlastung bei
   Routinearbeiten. Schließlich werden alle Beschäftigten
   leichter verständliche Lohnabrechnungen erhalten.

TBS	Arbeitsblatt 2304 Seite 3
Technologieberatungsstelle beim DGB Landesbezirk NRW	Computertechnik für Arbeitnehmervertreter

6. Da somit nicht mit negativen Folgen für die Beschäftigten
   zu rechnen ist, sehen wir in der IPAS-Einführung auch
   keine mitbestimmungspflichtigen Tatbestände; unserer Verpflichtung zur rechtzeitigen Information tragen wir durch
   beigefügte Informationsbroschüre Rechnung.

7. Abschließend möchten wir noch einmal darauf hinweisen,
   daß es uns um eine vertrauensvolle Zusammenarbeit der
   Betriebspartner geht. Aus diesem Grunde sind wir auch mit
   dieser ausführlichen Information über unsere gesetzlichen
   Verpflichtungen nach BetrVG hinausgegangen. Wir erwarten
   in ähnlicher Weise vom Betriebsrat, daß er in partner-
   schaftlichem Sinne die Weiterentwicklung unseres Unternehmens nicht länger behindert.

Hochachtungsvoll
Max Meier

Geschäftsleitung

TBS

Technologieberatungsstelle beim DGB Landesbezirk NRW

Arbeitsblatt 2305 Seite 1

Computertechnik für Arbeitnehmervertreter

Personalwirtschaft

IPAS

Integrierte Personalwirtschaftliche Anwendungssysteme

Information ist Vorsprung.
ADV/ORGA ist Information.

Von der Personalverwaltung zur Personalpolitik

Historische Entwicklung — Der vergleichsweise unbefriedigende Organisations- und Automatisierungsgrad der personalwirtschaftlichen Aufgabenbereiche in Unternehmen und öffentlichen Verwaltungen läßt sich weitgehend durch die historische Entwicklung erklären.

Lohn- und Einstellbüro der früheren Jahre — Die Bewältigung der administrativen Aufgaben im „Lohn- und Einstellbüro" der früheren Jahre hatte dazu geführt, daß sich der DV-Einsatz bislang auf die Funktionen Personalabrechnung und -verwaltung beschränkt. Eine weitergehende wirksame DV-Unterstützung ist – wenn überhaupt – meist nur in Ansätzen oder als Insellösung zu finden. Integrierte Gesamtlösungsansätze fehlen bzw. kamen bisher nicht über die konzeptionelle Phase hinaus.

Strukturwandel — Erst in den letzten Jahren ist ein Strukturwandel erkennbar, der die Personalwirtschaft in ihrer funktionalen und politischen Bedeutung erheblich aufwertet.

Suche nach neuen Lösungswegen — Die ständig gestiegenen Anforderungen an die Umsetzung des personalwirtschaftlichen Zielsystems machen eine ganzheitliche Betrachtungsweise bei der Suche nach neuen Lösungswegen unumgänglich. Die administrativen Funktionen sind heute nur noch ein Teilbereich eines sehr komplex gewordenen Aufgabensystems mit qualitativ anspruchsvollen Planungs- und Gestaltungsaktivitäten.

Organisatorisches Instrumentarium — Dieses komplexe Aufgabenspektrum durch ein effizientes organisatorisches Instrumentarium zu unterstützen, ist eine Notwendigkeit für das Personal-Management. Auch die Anforderungen der Unternehmensleitung an ein erfolgreiches und wirtschaftliches Personal-Controlling stellen neue Herausforderungen für die Informationsverarbeitung in diesem Bereich dar.

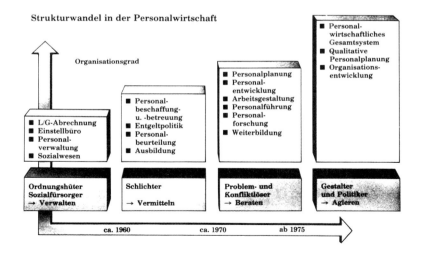

Strukturwandel in der Personalwirtschaft

Das personalwirtschaftliche Integrationsmodell als Gestaltungswerkzeug

Durchgängige Strukturierung der personalwirtschaftlichen Funktionen

Aus der funktionalen Gliederung der Personalwirtschaft und aus dem jeweiligen Organisationsgrad resultieren unterschiedliche Anforderungen an DV-gestützte Anwendungen. Um den vielfältigen Bedürfnissen der kundenspezifischen Ziel- und Aufgabensysteme gerecht werden zu können, ist aus der Sicht der Informationswirtschaft zunächst eine durchgängige Strukturierung der personalwirtschaftlichen Funktionen erforderlich.

Ganzheitliche Betrachtungsweise

Als Orientierungsrahmen für softwaretechnische Anwendungslösungen entwickelte ADV/ORGA das personalwirtschaftliche Integrationsmodell, das die Wirklichkeit mit ihren individuellen Anforderungen nahezu vollständig nachbildet. Kern dieser Lösungsstrategie ist eine ganzheitliche Betrachtungsweise, die die betriebswirtschaftlichen Funktionskreise und Aufgaben in einem integrierten Gesamtkonzept zusammenfaßt.

Darstellung der Informationsbeziehungen

Neben der Definition der Aufgabenfelder der Führungsebene und der operativen Ebene liegt der besondere Schwerpunkt des Integrationsmodells in der Darstellung der Informationsbeziehungen der personalwirtschaftlichen Aufgaben untereinander (Mikro-Integration) und zu anderen betrieblichen Funktionsbereichen (Makro-Integration).

Implementierung von Standardsoftware

Dieser ganzheitliche Ansatz der ADV/ORGA ermöglicht eine übergreifende Strategie, die eine Implementierung von Standardsoftware zur Unterstützung des gesamten Aufgabenbereiches ebenso erlaubt wie eine sukzessive individuelle DV-Unterstützung einzelner personalwirtschaftlicher Funktionen.

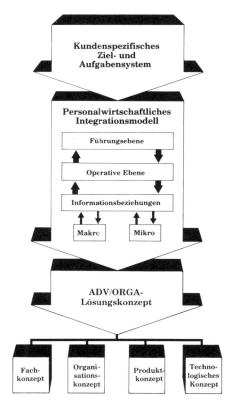

Individuelle Lösungen auf der Basis von Standard-Software

Umfassendes Produkt- und Leistungsspektrum
Auf der Basis des Integrationsmodells hat ADV/ORGA ein umfassendes Produkt- und Leistungsspektrum für die Personalwirtschaft entwickelt. Es beinhaltet den Gesamtrahmen der personalwirtschaftlichen Umfeldberatung im Zusammenhang mit der Planung und Realisierung DV-gestützter Anwendungen.

Aus der Synthese von kundenspezifischen Anforderungen und dem ADV/ORGA-Lösungskonzept resultieren.

Lösungsstrategien
- Lösungsstrategien für eine umfassende personalwirtschaftliche Rahmenplanung.

Fach- und DV-Konzepte
- Fach- und DV-Konzepte für Anwendungslösungen im einzelnen unter Einbindung des Softwaresystems IPAS als integriertes Produkt-Paket.

Dialogsystem mit hohem Benutzerkomfort
Das Integrierte Personalwirtschaftliche Anwendungssystem IPAS ist damit der wesentliche Kern des ADV/ORGA-Lösungskonzeptes für die Personalwirtschaft. Den Anforderungen aus der Praxis an ein Dialogsystem mit hohem Benutzerkomfort und ausgefeilten Bedienerhilfen wurde Rechnung getragen. Es setzt sich aus folgenden Komponenten zusammen:

IPAS-I Personalabrechnungs- und -verwaltungssystem

D-IPAS Definiertes Personalabrechnungssystem

IPAS-II Zeitermittlungs- und -verwaltungssystem

IPAS-III Planstellen- und Arbeitsplatzverwaltungssystem

Weitere IPAS-Teilsysteme und -Bausteine befinden sich in der Planung und Entwicklung:

- Personal-Berichtssystem
- Qualitative Personalplanung
- Personalbeschaffung

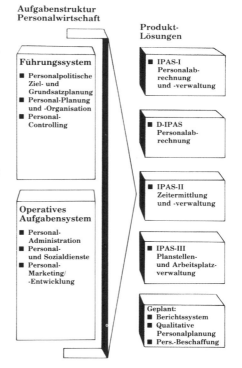

Betriebsübergreifender gemeinsamer Nenner

Die ADV/ORGA-Produktlösung wird von folgenden Überlegungen bestimmt:

Vorgefertigte Anwendungslösungen, d. h. generell einsetzbare Standard-Software, sind dann sinnvoll zu entwickeln und einzusetzen, wenn problembezogen in hohem Maße ein betriebsübergreifender gemeinsamer Nenner vorhanden ist. Dies ist z. B. der Fall bei den operativen Anwendungen der Personalabrechnung und -verwaltung. Für benutzerspezifische Anforderungen bleiben bei Einsatz von Standardlösungen dennoch ausreichend Freiräume erhalten.

Modular-Konzept

Die IPAS-Dialogsoftware ist unter der besonderen Zielsetzung der Integration nach dem Modular-Konzept aufgebaut. Dieses Konzept beinhaltet:

- IPAS-Basis-Module
- IPAS-Zusatz-Module
- Benutzerspezifische Module

Flexibles und offenes Anwendungssystem

Die IPAS-Produktlösung ist damit ein absolut flexibles und offenes Anwendungssystem. Das Wartungs- und Weiterentwicklungskonzept der ADV/ORGA stellt für IPAS sicher, daß die langfristigen Anforderungen an ein modernes personalwirtschaftliches Anwendungssystem einschließlich der sich wandelnden gesetzlichen Rahmenbedingungen berücksichtigt werden.

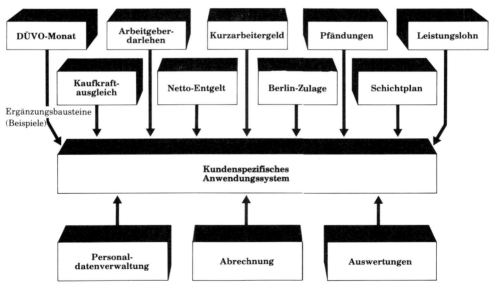

Basissysteme   IPAS-Produktstruktur

TBS

Arbeitsblatt 2305 Seite 6

Technologieberatungsstelle beim DGB Landesbezirk NRW

Computertechnik für Arbeitnehmervertreter

IPAS-I: Mit einem Minimum an Aufwand die gesetzlichen und arbeitsvertraglichen Auflagen umfassend erfüllen

Qualitative Anforderungen der Anwender Mit dem Personalabrechnungs- und -verwaltungssystem IPAS-I hat ADV/ORGA ein Software-system entwickelt, das den quali-tativen Anforderungen der Anwender mit hoher Aktualität gerecht wird.

Integration vielfältiger Ergänzungs-bausteine Als modulares Dialog- und/oder Batchsystem kann IPAS-I durch die Integration vielfältiger Ergän-zungsbausteine stufenlos bis zu ei-nem komplexen Großsystem aus-gebaut werden. Bestimmt durch seine individuellen Anforderun-gen stellt sich der Anwender ein seinem Nutzungsgrad entspre-chendes, maßgeschneidertes Ab-rechnungssystem zusammen. Für bestimmte Branchen, wie z. B. öffentlicher Dienst, Chemie, Druckgewerbe, Bergbau, Versi-cherungen, stehen außerdem eine Reihe spezieller Bausteine zur Verfügung.

IPAS-I gliedert sich in die drei Hauptkomponenten

Daten-verwaltung ■ Datenverwaltung zur Auf-nahme, Prüfung und Speiche-rung aller Eingabeinformatio-nen

Abrechnung ■ Bruttobewertung aller Bezüge, deren Verbeitragung und Ver-steuerung sowie die Bearbei-tung der persönlichen Abzüge

Auswertungen ■ Auswertungen wie z. B. Ver-dienstnachweis, Lohnkonto, Datenträgeraustausch, Kran-kenkassenlisten, Buchungsbe-lege, DÜVO- und DEVO-Angaben.

Minimum an Eingabe-aufwand Der Leistungsumfang von IPAS-I spiegelt sich in einem komfortab-len Bruttolohnteil, in einem voll ausgebauten Nettoteil sowie in ei-nem umfassenden Berichtswesen wieder. Anwenderfreundliche, leicht erlernbare Dialoge zeichnen die Benutzeroberfläche für den Fachbereich aus. Damit ist der Anwender in der Lage, mit einem Minimum an Eingabeaufwand die gesetzlichen und vertraglichen Auflagen umfassend zu erfüllen.

Arbeitsblatt 2305 Seite 7

D-IPAS: Komfortable Personalabrechnung –
kein Privileg für Großbetriebe

Schnelle Produkteinführung In das ADV/ORGA-Konzept der integrierten Gesamtlösungen ordnet sich D-IPAS, das definierte Personalabrechnungssystem, nahtlos ein. „Definiert" bedeutet in diesem Zusammenhang , daß eine Vielzahl der Aktivitäten, die für eine schnelle und erfolgreiche Produkteinführung unerläßlich sind, bereits von ADV/ORGA vorbereitet bzw. erledigt werden.

Komplettsystem D-IPAS ist ein Komplett-System und beinhaltet einen Großteil der in der Praxis bewährten Abrechnungsfunktionen des Systems IPAS-I. Diese Funktionen sind so gewählt, daß sie den bundesweiten Einsatz des Produktes gewährleisten.

Überschaubare Lohn- und Gehaltsstruktur D-IPAS ist ein Standardpaket für Firmen mit einer verhältnismäßig überschaubaren Lohn- und Gehaltsstruktur (max. 1000 Beschäftigte). Das System kann außerdem für eine Vielzahl von Anwendern als idealer Einstieg in die computergestützte Personalarbeit angesehen werden. Dabei wird eine bestimmte Systemumwelt (VSAM/CICS/DOS-VSE) vorausgesetzt.

Sofortige Verfügbarkeit Durch ein vorbereitetes Installationsverfahren sichert sich der Anwender eine schnelle Einführung und damit die sofortige Verfügbarkeit des Systems.

IPAS-II: Flexible Arbeitszeitgestaltung – Voraussetzung für die moderne Personalwirtschaft

Veränderte Anforderungen an Zeitwirtschaftssysteme

Die Tendenzen zur Flexibilisierung und Individualisierung der Arbeitszeit sind nicht mehr zu übersehen. Aus dieser flexibleren Grundstruktur der zukünftigen Arbeitswelt ergeben sich veränderte Anforderungen an moderne Zeitwirtschaftssysteme. Mit der Entwicklung des integrierten Zeitermittlungs- und -verwaltungssystems IPAS-II trägt ADV/ORGA diesem Trend Rechnung.

Entlastung von Routinearbeiten

Das System entlastet die Personalabteilung von zeitraubenden Routinearbeiten bei der durch Gesetz, Tarifvertrag, Betriebsvereinbarung und/oder Arbeitsvertrag festgelegten Zeit- und Zuschlagsermittlung. Durch die Negativerfassung (Abweichung von der geplanten Arbeitszeit) und die Positiverfassung (Übernahme der Zeiten aus einem Zeiterfassungssystem) zeichnet sich diese Realtime-Anwendung aus. Über die Vorgabe taggenauer Sollzeiten und das Erfassen taggenauer Istzeiten, zum Beispiel durch Übernahme aus einem Zeiterfassungssystem, ermöglicht IPAS-II die Ermittlung zeitraumgerechter Zuschläge.

Weitere Systemmerkmale

Darüber hinaus unterstützt das System die Abrechnung der Gleitzeit, die Planung von Dienst- und Schichtrhythmus sowie die Verwaltung der Zeitkonten und Personaldaten.

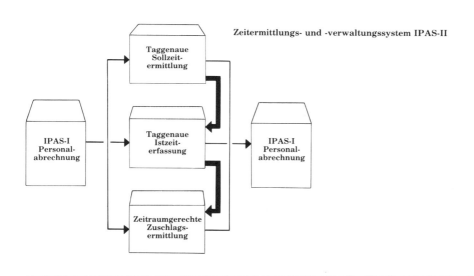

Zeitermittlungs- und -verwaltungssystem IPAS-II

IPAS-III: Mit System den betrieblichen Arbeitsbereich organisieren

Verwaltung und Auswertung von arbeitsbereichsbezogenen Daten
Der betriebliche Arbeitsbereich ist nach dem Mitarbeiter das zweitwichtigste Informationsobjekt der Personalwirtschaft. Die Verwaltung und Auswertung von arbeitsbereichsbezogenen Daten ist Gegenstand des Planstellen- und Arbeitsplatzverwaltungssystems IPAS-III. Es gliedert sich in die vier Hauptkomponenten:

Systemverwaltung
- Systemverwaltung zur Pflege der systemnotwendigen Steuerungs- und Schlüsseldaten

Datenverwaltung
- Datenverwaltung zur Aufnahme, Prüfung und Speicherung der arbeitsbereichsbezogenen Grund- und Funktionsdaten

Auskunft
- Anzeige aller zu einem Arbeitsbereich gespeicherten Informationen wie Stellen- und Arbeitsplatzmerkmale, Organisationsstruktur, Stellenbesetzung usw.

Auswertungen
Auswertungen wie Verzeichnisse, Organigramme, Stellenbesetzungspläne, Stellen-/Funktionsbeschreibungen, Qualifikationsprofile

Personalführung und -entwicklung
Mit seinem umfangreichen Leistungsrahmen unterstützt IPAS-III neben der Arbeitsbewertung nicht nur weitere Bereiche der Organisations- und Personalplanung, sondern darüber hinaus auch wichtige Funktionen der Personalführung und der -entwicklung.

Planstellen- und Arbeitsverwaltungssystem IPAS III

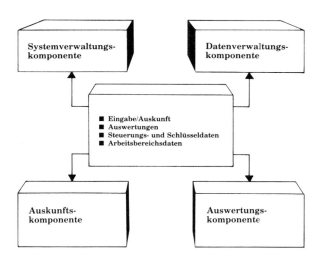

Technologieberatungsstelle beim DGB Landesbezirk NRW   Computertechnik für Arbeitnehmervertreter

Arbeitsblatt 2306

Analyse von Herstellerunterlagen

Dieses Arbeitsblatt hat das Ziel, den kritischen Umgang mit Herstellerunterlagen einzuüben.

Schaut Euch die Herstellerunterlagen von PAISY in der Anlage an und klärt folgende Fragen:

1. Wozu dient PAISY?

   a) Läßt PAISY Abfragen zu wie:
      "Alle Arbeitnehmer, die älter als 55 Jahre sind und 1989 mehr als 10 Krankheitstage hatten?"

   b) Ist es der Personalabteilung möglich, mit Hilfe von PAISY abzufragen, wie oft Du im letzten Jahr Montags zu spät gekommen bist? Wenn ja, wie?

   c) Kann ein Abgleich zwischen Persönlichkeitsdaten und Arbeitsplatzdaten durchgeführt werden?

   d) Kann man mit dem System im Dialog arbeiten?

2. Welche Auswirkungen hätten die genannten Anwendungen?

3. Welche Forderungen wären hier notwendig?

TBS
Technologieberatungsstelle beim DGB Landesbezirk NRW

Arbeitsblatt 2306 Anlage 1
Computertechnik für Arbeitnehmervertreter

PAISY
Auf einen Blick

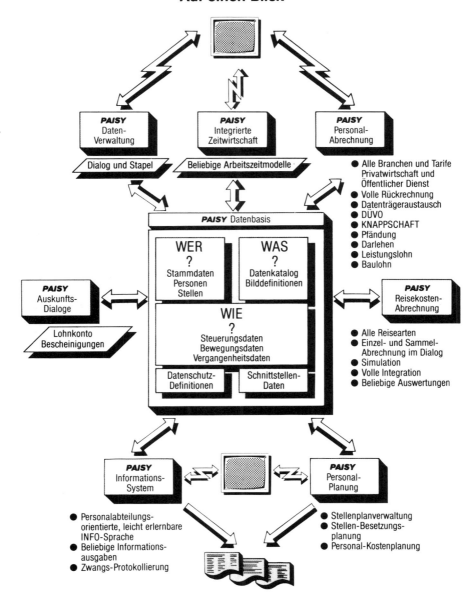

	Arbeitsblatt 2306 Anlage 2
TBS	
Technologieberatungsstelle beim DGB Landesbezirk NRW	Computertechnik für Arbeitnehmervertreter

Die wichtigsten Merkmale von PAISY sind ...

Flexibilität • Transparenz • Ausgereiftheit • Einfachheit

PAISY-Dialogsystem

Freie Gestaltung von Bildern und Dialog-Abläufen

- Stamm- und Methodendaten Bewegungsdaten
- Lohnkonten-Anzeige-Funktionen
- Bescheinigungs-Dialoge
- Zeitkonto-Dialog
- Informationssystem-Abfrage
- Dokumentations- und Sachbearbeitungs-Hilfen
- Umfassende Matchcodes

PAISY-Informationssystem

Definierbare Datenbasis

- Flexibel erweiterbar ohne Programmeingriffe
- Extrem differenzierbare Datenschutz- und Zugriffsberechtigungseinrichtungen
- Flexible Änderungsdienst- und Darstellungstechniken
- Automatische Protokollierung

PAISY-Zeitermittlungssystem

Flexible Arbeitszeiten Beliebige Arbeitszeit-Modelle

- Arbeitszeiten
- Überstunden
- Urlaubszeiten
- Lohnfortzahlung
- Schichtzulage
- Freizeitausgleich
- Nachtarbeit
- Gleitzeit ...

PAISY-Personal- Abrechnungs-System

Alle Branchen und Tarife in Privatwirtschaft und Öffentlichem Dienst

- Extreme Rückrechnungs- und Korrektur Möglichkeiten
- Außerordentliche Flexibilität bei der Anpassung an firmenspezifische Anforderungen
- Einfache und wirksame Parametersteuerung im Dialog direkt durch die Personalabteilung
- Gehälter, Löhne, Garantiezahlungen, Prämienlöhne, Leistungslöhne ...
- Gleichmäßiger Monatslohn (alle Tarife)
- Bundesentgelttarifvertrag (Chemie)
- Beamtenbesoldung, Angestelltenvergütung nach BAT, Arbeiterentlohnung im Öffentlichen Dienst, ...
- Krankenhaustarife, Versorgungsunternehmen, Verkehrsunternehmen,
- Kurzarbeit, Pfändungen, Vorschüsse, Sachbezüge, Pauschalversteuerung Vermögensbildung ...
- Schnittstellen für Finanzbuchhaltung, Kostenrechnung, Haushaltsabrechnung

TBS

Arbeitsblatt 2306 Anlage 3

Technologieberatungsstelle beim DGB Landesbezirk NRW

Computertechnik für Arbeitnehmervertreter

Funktionsbreite • Sicherheit • Zukunftssicherheit

PAISY-Informationssystem

Einfache, personalabteilungsorientierte Abfragesprache für regelmäßige sporadische Statistiken und beliebige Informationsdarstellungen

- Die PAISY-INFO-Sprache hilft dem Personalfachmann direkt, seine vielfältigen Informationsanforderungen zu erfüllen - ohne Inanspruchnahme des Programmierers

- Differenzierte Datenschutz-Techniken, Verknüpfungsschutz, Berechtigungs-Steuerung, Zwangs-Protokollierung

PAISY-Personalkostenplanung

PAISY-integriertes Verfahren, daher:

- Hohe Planungsgenauigkeit auf der Basis vorhandener Daten
- Parametergesteuerte Planungsvariation für Simulationen
- Ergebnisdarstellung über Dialog und/ oder Ausdruck
- Berücksichtigung unterschiedlichster Tarifverträge mit zeitgerechter Variation beliebiger Bedingungsparameter

PAISY-Reisekostenabrechnung

- Dialog-Abrechnung aller Reisearten und ähnlicher Maßnahmen: Inland, Ausland, Dienst- und Botengänge, Einsätze, Schulungsnahmen, Umzüge ...
- Simulationen, Planungen, Auswertungen
- Volle Integration in das Personalabrechnungs- und Informationswesen
- Schnittstellen/Verbindungen zum Rechnungswesen
- Bestimmbarer Abrechnungsumfang, wie: Einzelreise, mehrere Reisen, vorgegebener Zeitraum nach Monaten, nach Firmen, Reisearten, Reisestatus, Abrechnungsstatus ...

PAISY-Wartung, Einführung und Beratung

PAISY-Wartungsgarantie für gesetzliche Änderungen, tarifliche Entwicklungen... und vor allem die laufende Weiterentwicklung

- PAISY-Einführungstechnik Branchenorientierte Musterfirmen mit fertigen Definitionen, die übernommen und einfach modifiziert werden können
- PAISY-Anwendungsberatung durch qualifizierte, erfahrene Berater der LAMMERT-Unternehmensberatung Ges.m.b.H. und der PAISY-Anwendungsberatung GmbH

TBS — Technologieberatungsstelle beim DGB Landesbezirk NRW

Arbeitsblatt 2306 Anlage 4

Computertechnik für Arbeitnehmervertreter

Softmark

Das PAISY-Zeitermittlungssystem ermittelt aus An- und Abwesenheitsmeldungen und Schicht-/Dienstplänen Arbeitszeiten, Sollzeiten, Überstunden, Schichtzuschläge, Fehlzeiten (Urlaub, Krankheit...), DÜVO-Meldungen...

Das PAISY-Zeitermittlungs-System ist genauso flexibel wie alle anderen PAISY-Funktionen

Der Anwender legt über die **Zeitermittlungs-Steuerungsdaten** einmalig im Rahmen des **PAISY-Änderungsdienstes** im **Dialog** und/oder **Stammblattverfahren** die seinen betrieblichen Erfordernissen entsprechenden **Zeitverarbeitungsregeln** fest – das flexible PAISY-System gestattet ihm natürlich auch in diesem Bereich die jederzeitige Anpassung an geänderte Erfordernisse.

Die **Kalender-Definitionen** erlauben die Beschreibung von Tagen bzw. Zeiträumen eines oder mehrerer Jahre. Dabei können Tagesarten (einzelne Wochentage, Sonn- und Feiertage, Silvester etc.) unterschieden werden. Gebietsweise Besonderheiten (Firmen, Werke, Kostenstellen, Baustellen o.ä.) können abweichend definiert werden. Auch bestimmte Zeiträume eines Jahres (Betriebsferien, Weihnachtszeit...) können abweichend definiert werden.

Mit den **Schicht-/Dienstplan-Definitionen** können (wenn erforderlich) für sich wiederholende Zeiträume **Plan-Rhythmen** je Beschäftigungs- oder Dienstplan-Gruppe festgelegt werden. PAISY ermittelt daraus automatisch die Normal-Zuordnung der entsprechenden Mitarbeitergruppen zu den jeweiligen Zeitverarbeitungsregelungen, bezogen auf beliebige Zeiträume eines Jahres. Bei Abweichungen vom Plan-Rhythmus (Fehlzeiten, abweichende oder zusätzliche Schichten) überlagert die Eingabeinformation die Soll-Planung.

Die **Zeitarten-Definitionen** regeln die Zeitverarbeitung im speziellen Fall, d.h. z.B. die Einzelheiten der Normal- und Überstundenregelungen, Schichtzeiten, Pausenzeiten, Lohnfortzahlungszeiten, Urlaubszeiten etc. – angesteuert über die Steuerungsmerkmale aus den vorgelagerten Steuerungsinformationen (Kalender, Schicht-/Dienstpläne, Personalstammdaten). Hier wird auch entschieden, welche Einzelwerte dem PAISY-Abrechnungssystem zur Verfügung gestellt werden.

Die dem PAISY-Zeitermittlungssystem zufließenden **Zeitwerte (Eingaben)** können als „Positiv"- oder „Negativ"-Werte gemeldet werden – ggf. über automatische Zeit-Registrierungsgeräte. Bei „Negativ"-Erfassung (nur Abwesenheiten bzw. Fehlzeiten werden eingegeben) kann eine **automatische Zeitwertgenerierung** definiert werden.

Auch die **Korrektur von Zeiten** ist möglich – z.B., wenn später festgestellt wird, daß ein Mitarbeiter während seines Urlaubs erkrankt ist. Aufgrund der Eingabe „Krankheit ab..." storniert PAISY dann automatisch ganz oder teilweise den Urlaub und „schaltet" auf Krankheit um – mit allen Konsequenzen für die Abrechung und ggf. DÜVO – auch, wenn der jeweilige Abrechnungsmonat in der Vergangenheit liegt. **PAISY korrigiert automatisch alles rückwirkend.**

Die **PAISY-Zeitermittlungs-Protokollierung** ermöglicht Ausdrucke der gesamten Zeitermittlung pro Mitarbeiter innerhalb eines Zeitraumes (z.B. je Tag, Woche, Monat) mit entsprechenden Einzel- bzw. Verdichtungsinformationen.

TBS

Technologieberatungsstelle beim DGB Landesbezirk NRW

Arbeitsblatt 2306 Anlage 5

Computertechnik für Arbeitnehmervertreter

Das PAISY-Personal-Abrechnungs-System ermöglicht die Abrechnung für alle Mitarbeitergruppen aller Tarifbereiche in Privatwirtschaft und Öffentlichem Dienst

Das PAISY-Personal-Abrechnungs-System kann ohne Programmänderung eingesetzt werden

Das PAISY-Personal-Abrechnungs-System ist – wie das gesamte PAISY-System – modular (baukastenförmig) konzipiert und dementsprechend auf- und zu beliebigen Zeitpunkten ausbaufähig. Hierdurch wird ein optimales Preis-/Leistungsverhältnis ermöglicht und eine zukunftsorientierte Planung erleichtert.

Das PAISY-Personal-Abrechnungs-System ermöglicht die **Abrechnung** und **Rückrechnung (Korrektur beliebiger Vergangenheitsmonate)** aller gehalts- und lohnorientierten (Leistungs-, Monats-, Zeitlohn) Abrechnungsformen in fast allen Branchen und Bereichen der **Privatwirtschaft** und des **Öffentlichen Dienstes.**
Sowohl bezüglich der Brutto-Entgeltfindung als auch der steuerlichen und der sozialversicherungsmäßigen Behandlung sind alle Varianten denkbar. Dazu gehören auch **Netto-Hochrechnungen** sowie **Fiktiv-Rechnungen** (z. B. Regellohn/Kran-

kengeldzuschuß oder Kurzarbeit). Das flexible PAISY-Konzept erlaubt den Einsatz des Systems auch für **komplizierte Abrechnungsformen ohne Anpassungsprogrammierung.**
Die ganze Vielfalt der Abrechnungsmöglichkeiten kann im Rahmen einer einzigen PAISY-Installation nebeneinander bzw. gemischt vorkommen. **Beliebig viele verschiedene Abrechnungskreise** (Firmen, Institutionen, Tochterfirmen, Werke, Fremdfirmen o. ä.) können gemeinsam geführt und gemeinsam oder getrennt abgerechnet werden.

Hier ein Ausschnitt aus der Vielfalt der möglichen PAISY-Abrechnungsformen:

- **Gehalts- und Lohnabrechnung** für alle Branchen und Tarife der **Privatwirtschaft.**
- **Angestellten-, Arbeiter-, Beamten- und Versorgungsbezugs-Abrechnung für die hauptsächlichsten Tarife des Öffentlichen Dienstes** (Bund, Länder und Gemeinden).
- **Industrielohn-Abrechnung** mit einem sehr großen Spektrum an definierbaren Formen des **Leistungs-** und **Zeitlohns** – auch mit **Gruppenabrechnungen.**
- **Baulohn-Abrechnung** – als Leistungs- oder Zeitlohn – mit allen Formen des Industrielohnes.
- **Abrechnung von Versorgungsbezügen** jeder Art (Privatwirtschaft und Öffentlicher Dienst).

PAISY beinhaltet ein **äußerst komfortables Rückrechnungsverfahren,** das alle Möglichkeiten der rückwirkenden Korrektur beliebiger Art vergangener Zeiträume (auch Vorjahre!) zuläßt. **Ein Abrechnungsmonat kann praktisch beliebig oft korrigiert werden.**

Und all dies kann **gleichzeitig** mit einer laufenden Abrechnung geschehen! Dabei erscheint jede Rückrechnung separat im **Lohn-**

konto! Natürlich erhält der Mitarbeiter eine genau spezifizierte **Differenz-Abrechnung** der/des korrigierten Monate(s). Die sich aus Rückrechnungen eines oder mehrerer Monate ergebenden Nach- bzw. Überzahlungsbeträge können mit der laufenden Abrechnung verrechnet oder separat ausgezahlt werden.

PAISY kennt alle Besteuerungsverfahren, die der Gesetzgeber zuläßt (und wird auch alle künftigen kennen).

Es versteuert richtig und problemlos:

- **laufende Bezüge,**
- **sonstige (einmalige) Bezüge,**
- **Einkünfte aus mehreren Kalenderjahren,**
- **pauschal zu versteuernde Einkommensanteile** (auch in Verbindung mit **Direktversicherungen**),
- **Erfindervergütungen,**
- **Verbesserungsvorschlagsprämien,**
- **Versorgungsbezüge**

Es behandelt auch **Auslandsbezüge** richtig, indem es die Versteuerung ganz oder teilweise zeitweilig aussetzt.

Gefährdungsbereiche und Gegenmaßnahmen

Lehreinheit 4

»Zentrale Gefährdungsbereiche für Arbeitnehmer und gewerkschaftliche Gegenmaßnahmen«

Inhalt

Lernziele und Lerninhalte . . . . 4—3

Kurzzugang . . . . 4—4

Langfassung

   AS 1 Gefährdungsbereiche von PIS für alle Arbeitnehmer . . . . 4—6

   AS 2 Weitere Gefährdungsbereiche und gewerkschaftliche
       Gegenvorstellungen . . . . 4—13

Literaturhinweise . . . . 4—17

Arbeitstransparente 2401 bis 2404 . . . . 4—18

Arbeitsblätter 2401 bis 2406 . . . . 4—26

Gefährdungsbereiche und Gegenmaßnahmen

Lernziele und Lerninhalte

In Lehreinheit 4 werden die Auswirkungen der Einführung von Personalinformationssystemen auf die Arbeitnehmer zusammengefaßt. Dabei soll der betrieblichen Interessenvertretung deutlich werden, daß bei einer ausschließlich den Motiven und Interessen der Unternehmer folgenden (also »ungeregelten«) Personaldatenverarbeitung mit gravierenden zumeist negativen Auswirkungen auf die Arbeitnehmer zu rechnen ist. Auf diese Weise kann der Betriebsrat zum Ergreifen geeigneter Schritte motiviert werden.

Im einzelnen sollen die Teilnehmer/innen die Gefährdungsbereiche

– gezielte Personalplanung (Versetzung, Abgruppierung, Kündigung) im Unternehmerinteresse,
– Einsparung menschlicher Arbeit und Arbeitsverdichtung,
– direkte Leistungskontrolle und erhöhter Leistungsdruck,
– Überwachung des Verhaltens der Arbeitnehmer,
– Scheinobjektivierung von Unternehmerentscheidungen,
– wirklichkeitsfremder Datenschatten,
– Einschüchterung, Angst und Anpassung als Folge von Überwachung und Kontrolle,
– mißbräuchlicher Datenaustausch mit externen Stellen sowie
– Beeinträchtigung der freien Entfaltung der Persönlichkeit

einschätzen lernen.

Darüber hinaus ist es das Ziel, die Auswirkungen auf die betriebliche und gewerkschaftliche Interessenvertretung (insbesondere die Aushöhlung der Mitbestimmung und die Schwächung der gewerkschaftlichen Interessenvertretung als Folgen des sich vergrößernden Informationsvorsprungs der Geschäftsleitung in Personal-, Sach- und Strukturfragen) deutlich zu machen.

In dieser Lehreinheit sollen die Teilnehmer gleichzeitig in die Lage versetzt werden, einen eigenen Standpunkt bezüglich der PDV-Systeme in ihren Betrieben zu entwickkeln. In ihrer Meinungsbildung werden sie dadurch unterstützt, daß sie mit dem gewerkschaftlichen Diskussionsstand und der Beschlußlage zu personaldatenverarbeitenden Systemen vertraut gemacht werden. Die Entwicklung von eigenen und das Kennenlernen der gewerkschaftlichen Positionen soll die Seminarteilnehmer befähigen, Ziele und Maßnahmen abzuleiten, um Gefährdungen durch PDV-Systeme zu verhindern.

Kurzzugang

Lerninhalte	Didaktisch-methodische Hinweise
AS 1 Gefährdungsbereiche von PIS für alle Arbeitnehmer	**Variante 1**
	Planspielphase 3 in Arbeitsgruppen gemäß Arbeitsblatt 2401 (Zeitbedarf: 60 Min.)
	Plenum mit Zusammenfassung, Vervollständigung und Systematisierung der Arbeitsgruppenergebnisse (Teil: Gefährdungen) entlang des Textes der Langfassung von AS 1
	Zeitbedarf: 90 Min.
	Variante 2
	Plenum mit Zusammenfassung, Vervollständigung und Systematisierung der Arbeitsgruppenergebnisse (Frage 2 gem. Arbeitsblatt 2306) entlang des Textes der Langfassung von AS 1
	Zeitbedarf: 30 Min.
	Variante 3
	Lehrvortrag und Lehrgespräch
Einführung	Folie 2401 mit Overlay A und B
Gezielte Personalplanung im Unternehmerinteresse; Einsparung menschlicher Arbeit; direkte Leistungskontrolle und erhöhter Leistungsdruck; Überwachung des Verhaltens der Arbeitnehmer; Scheinobjektivierung von Unternehmerentscheidungen; wirklichkeitsfremder Datenschatten; Einschüchterung, Angst und Anpassung als Folge von möglicher oder vermeintlicher Überwachung; mißbräuchlicher Datenaustausch mit externen Stellen; Beeinträchtigung der freien Entfaltung der Persönlichkeit	Folie 2402 mit Overlay, Folie 2404, Folie 2403
	Zeitbedarf: 60 Min.

Gefährdungsbereiche und Gegenmaßnahmen   4–5

AS 2 Weitere Gefährdungsbereiche und gewerkschaftliche Gegenvorstellungen

2.1 Gefährdungen für die Interessenvertretung

Kurzes Statement des Referenten

2.2 Rationalisierung in der Personalabteilung

2.3 Gewerkschaftliche Gegenvorstellungen

Variante 1
Auswertung des 2. Teils der Planspielphase 3 (»Forderungen«) im Plenum

Variante 2
Auswertung der Arbeitsgruppenergebnisse (Arbeitsblatt 2306, letzte Frage) im Plenum;

jeweils anschließend:
Vortrag des entsprechenden Gewerkschaftsbeschlusses (vgl. Arbeitsblätter 2403 ff.) durch Referenten oder kundigen Teilnehmer.

Variante 3
Einzelarbeit, Vorbereitung eines 10minütigen Statements zum Thema »Forderungen meiner Gewerkschaft zu PIS« (Zeitbedarf: 30 Min.), anschließend Vortrag ausgewählter Statements

Nach Variante 1 bis 3: freie Diskussion über inhaltliche Forderungen.

Gesamter Zeitbedarf je nach Variante: 30–75 Min.

4–6 *Gefährdungsbereiche und Gegenmaßnahmen*

Langfassung

1. Gefährdungsbereiche von PIS für alle Arbeitnehmer

Einführung

Wir hatten bereits in der Lehreinheit 2 die grundsätzlich neuen Eigenschaften von Datenbanken und computergestützter Personaldatenverarbeitung kennengelernt. An vielen Stellen im Betrieb sind Informationsquellen vorhanden (vgl. **Folie 2401**). Die dort anfallenden Daten werden herkömmlich in Karteien aufgezeichnet und in der Regel manuell ausgewertet (vgl. **Overlay A**). Wenn die Informationsquellen der elektronischen Datenverarbeitung durch PIS zugänglich gemacht werden (vgl. **Overlay B**), ergeben sich wichtige Veränderungen, nämlich

- ein transparenteres (und damit effektiveres) Personalwesen,
- ein Zugriff von allen Abteilungen,
- alle Informationen in einer Hand,
- eine beliebige Verknüpfbarkeit der Daten,
- schnellere und komplexere Auswertungen,
- Aktualität durch zentrale Verwaltung und Pflege sowie
- eine praktisch unbegrenzte Speicherdauer.

> Auf dem **Overlay B** der **Folie 2401** ist auf der Höhe des Bildschirms Platz gelassen, um mögliche Auswertungsfragen handschriftlich einzutragen. Diese Fragen sollen Informationsverknüpfungen behandeln, zu möglichen Gefährdungen hinführen, verschiedenste Bereiche (Leistungskontrolle, Scheinobjektivierung, Verhaltensüberwachung) abdecken sowie Beispiele aus dem Seminar aufgreifen.
>
> Einige Möglichkeiten:
> Wer hat die höchste Fehlzeit und arbeitet noch keine 8 Jahre im Betrieb?
> Wer war mehr als einmal montags oder freitags krank?
> Wer hat aus den Tarifgruppen 1–6 im Monat mehr als 1 Stunde private Telefongespräche geführt?
> Wer hat aus der Schlosserei die höchsten Maschinenstillstandszeiten?

Die zentralen Gefährdungsbereiche für Arbeitnehmer resultieren im wesentlichen aus der optimalen Ausnutzung dieser Grundeigenschaften durch die Geschäftsleitung. Dies sind

- eine gezielte Personalplanung im Unternehmerinteresse,
- die Einsparung menschlicher Arbeit,
- eine direkte Leistungskontrolle und erhöhter Leistungsdruck,
- die Überwachung des Verhaltens der Arbeitnehmer,
- die Scheinobjektivierung von Unternehmerentscheidungen,
- eine wirklichkeitsfremder Datenschatten,
- Einschüchterung, Angst und Anpassung (statt Solidarisierung) als Folge wirklicher oder vermeintlicher Überwachung,

Gefährdungsbereiche und Gegenmaßnahmen 4–7

– ein mißbräuchlicher Datenaustausch mit externen Stellen sowie
– die Beeinträchtigung der freien Entfaltung der Persönlichkeit.

Gezielte Personalplanung im Unternehmerinteresse

Die zunehmende Verfügbarkeit über Arbeitsplatz- und Personaldaten ermöglicht es den Unternehmen, optimale Stellenbesetzungen nach quantitativen, qualitativen, regionalen und zeitlichen Kriterien vornehmen zu können. Durch den Vergleich der Fähigkeiten der Mitarbeiter mit den Anforderungen der Arbeitsplätze auf den verschiedensten Betriebsebenen (Konzern, Betrieb, Abteilung, Arbeitsplatz) können folgende Personaleinsatzprobleme gelöst werden:

– Ist der Arbeitnehmer für einen bestimmten Arbeitsplatz geeignet?
– Welches Eingruppierungsniveau hat eine bestimmte Abteilung im Vergleich zu anderen Abteilungen?
– Welche Arbeitnehmer stehen für geplante Umsetzungen zur Verfügung?
– Ist das Qualifikationsniveau der Abteilung ausreichend für eine vorgesehene technische Änderung?
– Ist die Personalstruktur des Unternehmens branchenüblich oder welche abweichenden Faktoren sind erkennbar?

Ein Personalinformationssystem hat jedoch nicht nur »ein gutes Gedächtnis«, sondern schaut auch weit voraus. Zur Steuerung und Prognose des Personalbedarfs können Daten über beabsichtigte Änderungen der Produktionstechnologie, der Arbeitsorganisation, der Marktnachfrage von Produktentwicklungen und von Standortentscheidungen herangezogen werden. Dadurch läßt sich das bereits elektronisch erfaßte Qualifikationspotential mit neu entstehenden zukünftigen Anforderungen vergleichen. Ein solches Verfahren erlaubt es dem Unternehmen, auf Jahre im voraus zu ermitteln, welche Arbeitnehmer bzw. Qualifikationen gebraucht oder nicht mehr gebraucht werden. Neue Möglichkeiten eines gezielten und geplanten Personalabbaus eröffnen sich, konzernweite Verschiebungen von Arbeitskräften aufgrund ihrer Qualifikationsprofile werden möglich.

Die Personaleinsatzplanung beginnt bereits bei der Bewerbung eines Schulabgängers um einen Ausbildungsplatz. So gibt es bereits maschinelle Auswertungsprogramme, die aus einem Bewerbungsgespräch Persönlichkeitsmerkmale herausfiltern und eine Berufsentscheidung treffen. Individuelle Vorstellungen werden hier ebenso ignoriert wie etwa der Wunsch nach einer beruflichen Umorientierung.

Insgesamt erlauben PIS das systematische Durchkämmen von Arbeitsplätzen nach »Fehlbesetzungen« und setzen das Unternehmen in die Lage, »optimale« Stellenbesetzungen vornehmen zu können. Der Profilabgleich ermöglicht es dem Management, »die richtige Person, zur richtigen Zeit, auf dem richtigen Platz« einzusetzen. Es kann z.B. in einem Fall daraus Kündigungen ableiten bzw. im anderen Fall bei Krankheit (oder Fehlzeiten) für flexiblen Personalaustausch sorgen. Dabei verschiebt sich die Entscheidungsmacht immer mehr zu Gunsten des Unternehmens, das praktisch allein entscheidet, was »richtig« bedeutet.

Einsparung menschlicher Arbeit

Nicht nur durch die Anpassung des Personals an die Unternehmensstruktur lassen sich Produktivitätsreserven mobilisieren und bezahlte menschliche Arbeit einsparen. Auch auf der Ebene des einzelnen Arbeitsplatzes ergeben sich durch Anwendung des Profilvergleichs und anderer Auswertungsmethoden Rationalisierungseffekte.

PIS sind in der Lage, im Verbund mit BDE-Systemen in kürzester Zeit die vorhandenen Arbeitskräfte mit aktuellen Arbeitsanforderungen (u.U. sogar stündlich) zu vergleichen. Der einzelne Beschäftigte weiß dann bei Arbeitsantritt noch nicht, an welchen Maschinen er arbeiten wird. »Unproduktive« Pausen und »unbewältigte« Arbeitsgänge werden minimiert. Feste Arbeitsplätze und langjährigen Gruppenzusammenhalt gibt es dann nicht mehr, Isolation und Kommunikationsverlust sind die Folge.

Ähnlich verhält es sich bei rechnergesteuerten flexiblen Arbeitszeiten, wie z. B. KAPOVAZ im Einzelhandel. Beschäftigte sind immer nur dann im Betrieb, wenn der Rechner ihre 100%ige Auslastung prognostiziert. Schleichend wird damit die Arbeitszeit ohne Lohnausgleich verkürzt und trotzdem die Produktion auf dem bisherigem Niveau gehalten.

Direkte Leistungskontrolle und erhöhter Leistungsdruck

PIS gestatten zusammen mit BDE-Systemen die Erfassung der Arbeitnehmerleistung. Sie können z.B. ermitteln,

— ob und wieviel Überstunden geleistet werden,
— inwieweit die einzelnen Arbeitnehmer ausgelastet sind,
— wie viele Fehler und Störungen auftreten,
— wie hoch die Leistungen eines Arbeitnehmers im Vergleich zu denen anderer Arbeitnehmer sind und
— wer bei Personalabbau wegen geringer Leistung gekündigt werden kann.

Durch den Abgleich des Fähigkeitsprofils eines Arbeitnehmers mit den Anforderungsprofilen der Arbeitsplätze ergeben sich weitere Möglichkeiten. Es können Arbeitnehmer ausgewählt werden,

— die besonders »belastbar« sind und bestimmte gesundheitliche Beanspruchungen am leichtesten ertragen können,
— die bestimmte Anforderungen am besten erfüllen und
— die ein ungeeignetes Qualifikationsprofil besitzen.

Mit diesen Auswertungen werden die Arbeitnehmerleistungen kontrolliert und die Beschäftigten unter einen erhöhten Leistungsdruck gesetzt. Ziel ist es dabei in der Regel nicht, die Arbeitsplätze und Arbeitsbedingungen an die Menschen, sondern umgekehrt die Menschen »optimal« an die nicht im Arbeitnehmerinteresse gestalteten Arbeitsplätze anzupassen. Von Systementwicklern wird selbst bestätigt, daß der einzelne Arbeitnehmer in dem so optimierten System »nicht notwendig den Arbeitsplatz bekommt, für den er am besten qualifiziert ist, sondern ihm wird ein Arbeitsplatz zugewiesen, auf dem er im Rahmen des Gesamtsystems den bestmög-

Gefährdungsbereiche und Gegenmaßnahmen   4–9

lichen Beitrag für ein optimales Arbeitsergebnis leistet« (Hildebrandt, zitiert nach Friedrich 1986).

Ein Praxisbeispiel mag dies verdeutlichen. Auf dem Bildschirm erscheint die Meldung:

> Personalnummer 2454 1678
> Name: Müller, Franz
> Werksärztlicher Dienst:
> Am Arbeitsplatz des Arbeitnehmers treten in besonderer Form Lärm- und Staubbelastungen auf. Nach meinen Berechnungen ist der Arbeitsplatz 2454 in den nächsten Monaten mit einem jüngeren Arbeiter zu besetzen. Der Arbeiter Müller, Franz ist dann an einen anderen Arbeitsplatz umzusetzen.

Bei auftretenden Belastungen werden also nicht etwa die Arbeitsplätze humanisiert, sondern so besetzt, daß die aufgetretenen Schädigungen kurz vor der Pensionierung nicht noch zu »unangenehmen« Berufsunfähigkeitsrenten führen.

Überwachung des Verhaltens der Arbeitnehmer

Personalinformationssysteme in Verbindung mit **BDE-Systemen** ermöglichen eine lückenlose Überwachung des Verhaltens aller Beschäftigten eines Betriebes mit entsprechenden Folgemaßnahmen der Unternehmer. An erster Stelle sind hier Daten über die Gesundheit und die damit verbundenen Fehlzeiten der Arbeitnehmer zu nennen. Mit gezielten Fragestellungen werden aus den Fehlzeitenstatistiken diejenigen Arbeitnehmer automatisch ausgewählt, die z.B.

– dreimal an einem Montag fehlten oder
– mehr als 10 Tage krank waren.

Durch Kopplung mit entsprechenden **Textverarbeitungssystemen** ist es möglich, automatisch Fehlzeitenbriefe an die betreffenden Beschäftigten zu schicken oder Disziplinarmaßnahmen anzudrohen. Bei Langzeiterfassung kann gar über Jahre in Kombination mit anderen Daten eine systematische Selektion der Arbeitnehmer vorgenommen werden. Versetzungen, Abgruppierungen oder Kündigungen sind dann die Folge.

In Verbindung mit **Zeiterfassungssystemen** und elektronischen Schlössern läßt sich erfassen,

– wer welche Werksteile wann und wie lange betritt,
– wer an einem bestimmten Tag fehlt,
– wer sich nicht an den vorgegebenen Zeitrahmen hält (Mittagspausen, Verspätungen, öftere Besuche bei Kollegen) und
– wie Überstunden, Sonderschichten und Urlaub verteilt sind.

Folge dieser automatischen Kontrolle ist eine Verringerung der Bewegungsspielräume und Kommunikationsmöglichkeiten.

Scheinobjektivierung von Unternehmerentscheidungen

Der Einsatz von Personaldatenverarbeitungssystemen erweitert die Handlungsspielräume der Unternehmensleitung ganz entscheidend. Dies erfolgt nicht nur dadurch, daß die Informationsbasis des Managements für gezielte Entscheidungen vergrößert wird und Entscheidungen teilweise sogar »automatisch« getroffen werden. Zusätzlich sind die Unternehmerentscheidungen und darauf basierende Maßnahmen leichter gegenüber der Belegschaft durchsetzbar. Da sie ja »vom Computer« getroffen worden sind, erhalten sie den Anschein von Objektivität und werden von den Beschäftigten leichter, oft sogar wie ein Sachzwang, akzeptiert.

In vielen Betrieben wurde z.B. die Einführung von automatischen Zeiterfassungssystemen trotz des zunehmenden Leistungsdrucks von den Beschäftigten akzeptiert, ja sogar herbeigewünscht, weil dadurch endlich »Gerechtigkeit« unter den einzelnen Arbeitnehmern hergestellt würde.

Während man sich mit Vorgesetzten auseinandersetzen kann, da sie Menschen sind und man oft weiß, auf welcher Grundlage sie ihre Entscheidung getroffen haben, ist es unmöglich, mit einem Computer einen Konflikt auszutragen. Bei der Berufswahl oder der Zuordnung eines Beschäftigten an einen Arbeitsplatz wird so die Akzeptanz der maschinellen Entscheidung erzwungen, obwohl sie individuelle Berufsvorstellungen oder berufliche Umorientierungswünsche oft ignoriert.

Datenschatten

Große Probleme ergeben sich auch daraus, daß der Mensch auf DV-technisch erfaßbare und formalisierbare Verhaltens- und Fähigkeitsdaten reduziert wird. Im traditionellen Personalwesen bestand zumindest der Anspruch, den Menschen im Hinblick auf die jeweilige Arbeitsaufgabe ganzheitlich zu beurteilen. Die Übertragung von Entscheidungen auf ein Personalinformationssystem segmentiert dagegen die Arbeitnehmerpersönlichkeit. Diese Segmentierung, die von den Herstellern sogar als optimal angesehen wird, da es ihnen ausschließlich »auf die Ermittlung der durch das Unternehmen nutzbaren individuellen Eignungen« (Klingelhöfer, zitiert nach Friedrich 1986) ankommt, produziert einen Datenschatten der die Realität einerseits interessenbezogen darstellt, andererseits wirklichkeitsfremd reduziert (zur Vertiefung vgl. Band 1, Lehreinheit 2). Er besitzt folgende Mängel (vgl. **Folie 2402**):

Mangelnde Abbildbarkeit

Es muß bezweifelt werden, ob ein Mensch überhaupt durch eine Summe von Einzelinformationen darzustellen ist. Dies gilt insbesondere für seine psychischen und physischen Eigenschaften.

Beispiel: Qualifikationsdaten sind eine Ansammlung von Eigenschaften und formalen Abschlüssen, die nie die Gesamtpersönlichkeit beschreiben können.

Kontextverlust der Daten

Personenbezogene Daten erhalten ihren Informationswert nur bei Kenntnis des Gesamtzusammenhangs, in dem sie erfaßt und gespeichert wurden (vgl. **Overlay zu Folie 2402**). Für die Interpretation oder Auswertung ist es wesentlich zu wissen, zu welchem Zweck, zu welchem Zeitpunkt, von wem und unter welchen Umständen sie gesammelt wurden. Dieser Hintergrund (»Kontextbezug«) wird jedoch nicht mitgespeichert und geht dadurch verloren.

Gefährdungsbereiche und Gegenmaßnahmen 4–11

Beispiel: Eine Aufnahme von Krankheitsdaten ist sehr problematisch, wenn sie nicht die Hintergründe und Ursachen der Krankheit wie Arbeitsunfall, Maschinenschaden, Störfall usw. berücksichtigt.

Unzureichende Dynamik

Die abgespeicherten Persönlichkeitsdaten geben zumeist nur ein statisches Bild des Arbeitnehmers wieder. Es wird nicht registriert, daß Menschen sich entwikkeln, lernen, Erfahrungen machen. Ein ständiges Aktualisieren des persönlichkeitsbezogenen Datenbestandes ist praktisch unmöglich.

Beispiel: Der Arbeitnehmer wird auf den Stand von einmal festgestellten Leistungs-, Qualifikations- oder Verhaltensdaten oft über Jahre festgeschrieben. Dadurch kommen auch seine eigenen Interessen an einer Weiterentwicklung zu kurz. Eine spätere erneute Bewerbung auf eine intern ausgeschriebene bessere Stelle wird so erschwert.

Mit diesem unvollständigen und zum Teil fehlerhaften Bild des Arbeitnehmers entsteht im PIS eine Scheinwelt, die dann aber als objektiver Sachverhalt ausgegeben wird (vgl. **Folie 2403**).

Einschüchterung, Angst und Anpassung als Folge von Überwachung und Kontrolle

Eine weitere Folge der zunehmenden Überwachung und Kontrolle der Arbeitnehmer durch Personaldaten verarbeitende Systeme betrifft den einzelnen Arbeitnehmer unmittelbar in seinem Bewußtsein. Allein die Möglichkeit, Vermutung oder Androhung, daß kleine persönliche Verfehlungen, Qualifikationsdefizite, Leistungsschwächen oder anormale Verhaltensweisen dem Arbeitgeber lückenlos bekannt werden könnten, führt bereits zu Einschüchterung, Angst und Anpassung. Statt wirkungsvoller Solidarisierung und kollektiver Gegenmacht macht sich Vereinzelung breit.

Mißbräuchlicher Datenaustausch mit externen Stellen

Durch den Ausbau der öffentlichen IuK-Netze und durch vernetzte Systeme wie z.B. PPS werden dem Unternehmen Mittel an die Hand gegeben, nationale oder zum Teil sogar weltweite Unternehmensnetze aufzubauen, über die ein reger Datenaustausch stattfindet. Dabei erhöht sich die Gefahr des Mißbrauchs von Arbeitnehmerdaten, wenn sie z.B. an externe Stellen (Arbeitsamt, andere Arbeitgeber, Behörden, Auskunfteien) oder an andere Unternehmensteile weitergegeben werden. Diese Weitergabe entzieht sich oft den Zuständigkeiten und Eingriffsmöglichkeiten des Betriebsrates und umgeht durch Übertragung ins Ausland die bundesdeutschen Datenschutzgesetze. Der betroffene Arbeitnehmer erfährt meistens nichts über die Datenweitergabe und kann so die ihm zustehenden Kontrollrechte nicht wirkungsvoll ausüben. Eine Auswirkung kann bei Bewerbung in einem anderen Betrieb die Ablehnung wegen ehemaliger Betriebsratstätigkeit sein.

Beeinträchtigung der freien Entfaltung der Persönlichkeit

Arbeitnehmer geben am Fabriktor oder beim Betreten des Büros einen Teil der »Verfügungsgewalt« über ihre Persönlichkeit ab. Dies tun sie wissentlich, weil sie unter den gegebenen Produktionsverhältnissen anders nicht ihren Lebensunterhalt bestreiten können. Trotzdem geht ihr Kampf seit Bestehen der Gewerkschaftsbewegung nicht nur um höhere Löhne, sondern auch um eine menschengerechte Entfaltung der Persönlichkeit im Betrieb.

Auch das Bundesverfassungsgericht leitet den Schutz des einzelnen gegen unbegrenzte Erhebung, Speicherung, Verwendung und Weitergabe seiner persönlichen Daten vom Grundrecht auf freie Persönlichkeitsentfaltung (Grundgesetz Artikel 2) und der Menschenwürde (Grundgesetz Artikel 1) ab. Beim Aufbau integrierter Informationssysteme kann ein weitgehend vollständiges Persönlichkeitsbild entstehen, dessen Richtigkeit und Verwendung sich der Kontrolle des Betroffenen entzieht.

Wer nicht mit hinreichender Sicherheit überschauen kann, welche ihn betreffende Informationen in bestimmten Bereichen seiner sozialen Umwelt bekannt sind, und wer das Wissen möglicher Kommunikationspartner nicht einigermaßen abzuschätzen vermag, kann in seiner Freiheit wesentlich gehemmt werden, aus eigener Selbstbestimmung zu planen oder zu entscheiden. Wer unsicher ist, ob abweichende Verhaltensweisen jederzeit notiert und als Information dauerhaft gespeichert, verwendet oder weitergegeben werden, wird versuchen, nicht durch solche Verhaltensweisen aufzufallen. Diese Problematik findet im »Recht auf informationelle Selbstbestimmung« ihren rechtlichen Niederschlag (vgl. Lehreinheit 6).

Zusammengefaßt können wir feststellen: Der unkontrollierte Einsatz von PIS macht den Arbeitnehmer zur Marionette (vgl. **Folie 2404**).

**

Für die Durchführung des Arbeitsschrittes 1 bieten sich (nach Einsatz von **Folie 2401**) drei Möglichkeiten:

Variante 1
Fortsetzung des Planspiels in Arbeitsgruppen mit der Planspielphase 3 (**Arbeitsblatt 2401**).

Bei dieser Variante dient der Text von Arbeitsschritt 1 als Hintergrundmaterial, das die Zusammenfassung, Vervollständigung und Systematisierung der Arbeitsgruppenergebnisse im Plenum ermöglicht.

Variante 2
Zusammenfassung der Arbeitsgruppenergebnisse zu Frage 2 gem. **Arbeitsblatt 2306** im Plenum. Auch hier dient der obige Text als Hintergrundmaterial.

Variante 3
Lehrvortrag und Lehrgespräch, falls nicht genügend Zeit für Arbeitsgruppen zur Verfügung steht.

Zur Veranschaulichung des Komplexes »wirklichkeitsfremder Datenschatten« kann der Referent die Seminaranmeldedaten der Teilnehmer mit ihrer umfassenden Arbeits- und Lebensrealität vergleichen lassen. Der Referent sollte berücksichtigen, daß in diesem Arbeitsschritt bei einer Überbetonung der Gefährdungspotentiale gegenüber den Handlungsspielräumen resignative Effekte eintreten können.

Gefährdungsbereiche und Gegenmaßnahmen 4–13

2. Weitere Gefährdungsbereiche und gewerkschaftliche Gegenvorstellungen

2.1 Gefährdungen für die Interessenvertretung

Aushöhlung der Mitbestimmung des Betriebsrats

Das noch im Betriebsverfassungsgesetz geforderte Informationsgleichgewicht zwischen Betriebsrat und Geschäftsleitung ist bei Einsatz von PIS nicht mehr gegeben. Durch die umfassendere Informationsversorgung der Geschäftsleitung vergrößert sich ihr bereits vorhandener Informationsvorsprung. Dadurch verschlechtert sich die Verhandlungsposition des Betriebsrats. So kann sich der Arbeitgeber beispielsweise verschiedene Varianten des Personalabbaus oder der Personalumsetzung durchrechnen lassen, die dem Betriebsrat erst nach und nach vorgelegt werden. Während die Unternehmensleitung auf diese Weise schon zu Beginn der Verhandlungen einen Überblick über verschiedene Vorgehensweisen und ihre Auswirkungen hat und so eine entsprechende Verhandlungsstrategie entwickeln kann, ist der Betriebsrat gezwungen, immer wieder für ihn neue Gesichtspunkte in seine Überlegungen einzubeziehen. Der Einsatz von PIS kann also dazu führen, daß der Betriebsrat in der Ausübung seiner Mitbestimmungsrechte, z.B. in personellen Angelegenheiten beschnitten wird.

Darüber hinaus werden mit dem Verweis auf die angebliche Objektivität der von PIS erzeugten Informationen schwer widerlegbare »Sachzwänge« konstruiert. Auch hierdurch kann es zu einer Verschiebung des Kräfteverhältnisses zu Ungunsten der Arbeitnehmerseite kommen.

Schwächung der gewerkschaftlichen Interessenvertretung

Durch den Einsatz von PIS und anderen EDV-Auswertungen vergrößert sich auch bei Tarifverhandlungen der Informationsvorsprung der Unternehmerseite gegenüber den Gewerkschaften. So können z.B. Arbeitgeberverbände ihren Mitgliedsunternehmen im Rahmen von Tarifverhandlungen binnen einer Nacht die Mehrbelastungen errechnen lassen, die bei der Umsetzung eines bestimmten Tarifabschlusses auf die Unternehmen zukommen.

Die betriebliche Nutzung von PIS kann langfristig auch nicht ohne Einfluß auf die Bereitschaft der Beschäftigten zum gewerkschaftlichen Engagement bleiben. Dies muß nicht bewußt geschehen. Das Gefühl, bei sämtlichen Tätigkeiten im Betrieb überwacht zu sein, kann schleichend zur Duckmäuserdevise »Nur nicht auffallen« und damit zum Unterlassen von gewerkschaftlichen Aktivitäten führen. Daß darunter die gewerkschaftliche Vertrauensleutearbeit genauso empfindlich leidet wie insgesamt die werbende und informierende Tätigkeit der Gewerkschaften im Betrieb, dürfte auf der Hand liegen.

Dies berührt einen wesentlichen Teil der Koalitionsfreiheit, die in Artikel 9 (3) des Grundgesetzes festgeschrieben ist. Sie wird auf diese Weise einseitig zu Lasten der Gewerkschaften und ihrer Mitglieder ausgehöhlt.

2.2 Rationalisierung in der Personalabteilung

Neben der Funktion als Informationslieferant für die Ökonomisierung des gesamten Personaleinsatzes zielt die Einführung von PIS auch auf die Rationalisierung der Sachbearbeitertätigkeiten in der Personalverwaltung selbst. Rationalisierungseffekte treten zum einen durch den Wegfall von Datenerfassungs- und Programmiertätigkeiten und als Folge der Integration von Sachbearbeiter- und Datenerfassungstätigkeiten auf. Dies führt aber nicht zu einer Höherqualifizierung der Sachbearbeiter. Denn auch dort fallen wesentliche qualifikatorische Anforderungen weg. So wird die eigenständige Aktenführung durch das System übernommen. Auch Aufgaben der Terminverfolgung und zeitabhängiger Fallbearbeitung werden automatisiert. Nicht zuletzt fallen sachliche Qualifikationsanforderungen durch die »Vergegenständlichung« des Sachbearbeiterwissens in der EDV weg. Damit sind mittelfristig auch Abqualifizierungen in diesem Bereich zu erwarten.

2.3 Gewerkschaftliche Gegenvorstellungen

Wie wir gesehen haben, betreffen die Gefährdungen aus dem Einsatz eines PIS nicht nur eine kleine Gruppe, sondern nahezu alle Arbeitnehmer. Ihr zentraler Zweck, nämlich Auslese und Kontrolle machte diese Systeme zu einem enorm effektiven Rationalisierungs- und Herrschaftsinstrument. PIS beginnen den uralten Arbeitgebertraum von totaler Transparenz der Personen und betrieblichen Abläufe zu erfüllen.

Angesichts der erkannten Gefährdungsbereiche ist die Sensibilität auf betrieblicher wie auf überbetrieblicher gewerkschaftlicher Ebene in den letzten Jahren erheblich gestiegen. Bereits in den 70er Jahren wurde in den Einzelgewerkschaften und im DGB die Diskussion um Datenschutz und Mißbrauchskontrolle bei PIS geführt. Spätestens seit Anfang der 80er Jahre haben sich fast alle Gewerkschaftstage mit computergestützten Personaldaten-Systemen befaßt und entsprechende Beschlüsse gefaßt (so zum Beispiel der 14. Ordentliche Gewerkschaftstag der IG Metall 1983, der 13. Ordentliche Bundeskongreß des DGB 1986, der 12. Ordentliche Gewerkschaftstag der IG Chemie 1984 u.a.).

Konsequenterweise fordern viele Einzelgewerkschaften und der DGB das gesetzliche Verbot von PIS. Für Betriebsräte stellt sich neben ihrem gesellschaftspolitischen und gewerkschaftlichen Engagement zur Unterstützung gesetzlicher Regelungen die Aufgabe, auf betrieblicher Ebene Auswüchse und extreme Vorstellungen der Arbeitgeberseite zurückzuschneiden, PIS auf den eigentlichen Bereich der Abrechnung sowie auf gesetzlich eindeutig vorgegebene Aufgaben zu reduzieren und die Mitbestimmungsrechte extensiv zu nutzen.

Einige Beschlüsse bzw. Arbeitsprogramme von Gewerkschaften sind in den **Arbeitsblättern 2403ff.** dokumentiert. Hierin wird in der Regel ein gesetzliches Verbot der Verarbeitung von Personaldaten zu Leistungs- und Verhaltenskontrollen und ein Schutz des informationellen Selbstbestimmungs- und Persönlichkeitsrechts gefordert. Die Bestellung des betrieblichen Datenschutzbeauftragten – so eine weitere Forderung – darf nicht gegen den Willen des Betriebsrats erfolgen. Die Individualrechte der Betroffenen sollen verbessert und die Kompetenzen der Datenschutzbe-

Gefährdungsbereiche und Gegenmaßnahmen 4–15

hörden sollen erweitert werden. Darüber hinaus formulieren die Gewerkschaften detaillierte Anforderungen an eine Novellierung der Datenschutzgesetzgebung (vgl. Lehreinheit 6).

Versuche, die Auseinandersetzungen um Arbeitnehmerdatenschutz rein juristisch oder nur technisch anzugehen, greifen zu kurz. Hier sind Arbeitgeber immer in der Offensive, da sie erst einmal die Systeme einführen, und Arbeitnehmer in der Defensive, da sie zum reaktiven Handeln gezwungen sind, d.h. erst einmal Gesetze suchen müssen, die ihnen Unterstützung bieten. Zudem hinken die Gesetze selbst den technischen Entwicklungen (z.B. Video-Überwachung, PC-Einsatz) hinterher.

Bei einer rein technischen Vorgehensweise zum Arbeitnehmerdatenschutz wird ein im Kern politisches Problem auf die Kompetenz einiger weniger Datenschutzspezialisten verlagert.

Statt dessen aber erfordert das Problem politische Antworten von Mehrheiten, die sowohl auf der gesellschaftlichen Ebene durch verstärkte Meinungsbildung als auch auf der betrieblichen Ebene durch Sensibilisierung der Belegschaft über die Arbeit des Betriebsrats herzustellen sind. Hierzu ist eine verzahnte Vorgehensweise auf politischem, juristischem und technischem Niveau notwendig. Weder die kritiklose Zustimmung der Gewerkschaften, wie sie bis zu den 70er Jahren erfolgte, noch die komplette Ablehnung (zum Teil mit einschüchternden Horrorvisionen begründet) stellen einen gangbaren Weg zur Bildung betrieblicher Mehrheiten dar. Vielmehr kann sich erst in der gemeinsamen betrieblichen konkreten Auseinandersetzung um EDV-Anwendungszwecke, um die Art der erhobenen Daten, die erlaubten Zugriffsrechte etc. betriebliches Gestaltungspotential massenhaft entfalten. So wird es auch möglich, den Schritt vom »arbeitsplatzgerechten Menschen« wie es der Einsatz eines PIS beabsichtigt, zum »menschengerechten Arbeitsplatz« zu vollziehen.

Arbeitsschritt 2 sollte in zwei Teilen durchgeführt werden.

1. Teil
Kurzes Statement des Referenten zu den Themen der Abschnitte 2.1 und 2.2.

2. Teil
Je nach Zeit und Erforderlichkeit Behandlung der gewerkschaftlichen Gegenvorstellungen anhand des jeweils geltenden Beschlusses einer Einzelgewerkschaft oder des DGB.

Dies kann in drei verschiedenen Varianten geschehen:

Variante 1
Auswertung des zweiten Teils der Planspielphase 3 (»Forderungen«) im Plenum, anschließend Vortrag des entsprechenden Gewerkschaftsbeschlusses (vgl. **Arbeitsblätter 2403 ff.**) durch Referenten oder kundigen Teilnehmer.

Variante 2
Auswertung der Arbeitsergebnisse aus der PAISY-Arbeitsgruppe (letzte Frage von

Arbeitsblatt 2306) im Plenum, anschließend Vortrag des entsprechenden Gewerkschaftsbeschlusses (vgl. **Arbeitsblätter 2403ff.**) durch Referenten oder kundigen Teilnehmer.

Variante 3

Die Teilnehmer werden aufgefordert, in Kleingruppen- bzw. Einzelarbeit ein 10minütiges Statement zum Thema »eigene Forderungen« oder »Forderungen meiner Gewerkschaft bei Einführung von PIS« zu entwerfen (Zeitbedarf: 30 Min.). Anschließend werden 2 bis 3 Statements zum Vortrag im Plenum ausgewählt.

Im Anschluß daran sollte eine freie Diskussion über inhaltliche Forderungen bezüglich Personalinformationssysteme eingeplant werden. Folgende Fragen könnten im Mittelpunkt stehen:

— Welche Möglichkeiten und Chancen gibt es für den Betriebsrat?
— Welche Informationen sind für ihn wichtig, wie kann er sie nutzen?
— Welche Daten und Auswertungen sollten unter dem Gesichtspunkt des Datenschutzes vom Betriebsrat zugelassen werden (vgl. auch **Arbeitsblatt 2402**)?

Literaturhinweise

Friedrich, J.:
Soziale Auswirkungen von Personalinformationssystemen, in: AK Rationalisierung (Hg.), Verdatet, verdrahtet, verkauft. Beiträge zu Informatik und Gesellschaft, 2. Auflage, Stuttgart (edition cordeliers/cadre) 1986, S. 64–86

Gewerkschaft Handel, Banken und Versicherungen:
Zur Zukunft der Arbeit im privaten Dienstleistungsbereich. Technologie- und rationalisierungspolitisches Arbeitsprogramm der Gewerkschaft HBV, 60 S., Düsseldorf 1989

Arbeitstransparente

2401   Informationsquellen
2401 OA Informationsquellen (Karteikästen)
2401 OB Vernetzung der betrieblichen (Dateien)
2402   Datenschatten eines Arbeitnehmers im PIS
2402 O   Datenschatten eines Arbeitnehmers im PIS
2403   Verdatungsprozeß im Personalinformationssystem
2404   Wie man durch PIS zur Marionette wird

	2401
TBS	
Technologieberatungsstelle beim DGB Landesbezirk NRW	Computertechnik für Arbeitnehmervertreter

Informationsquellen

Löhne/
Gehälter

Arbeits-   Dienst-
zeit   pläne

Personal-   Urlaub   Kranken-
stamm   stand

Dienst-   Tankstelle   Produk-   Telefon
wagen   tion

© TBS

2401 Overlay A

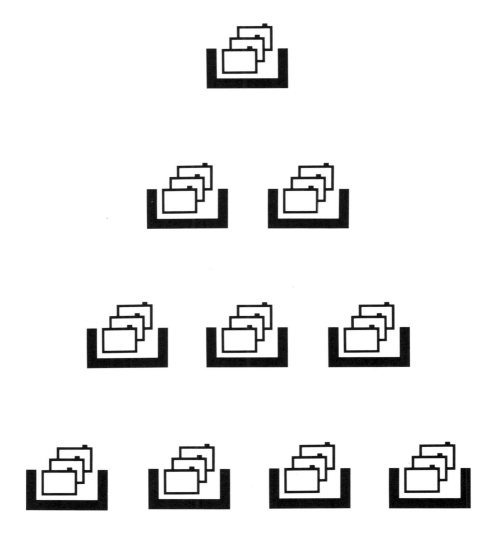

Vernetzung der betrieblichen

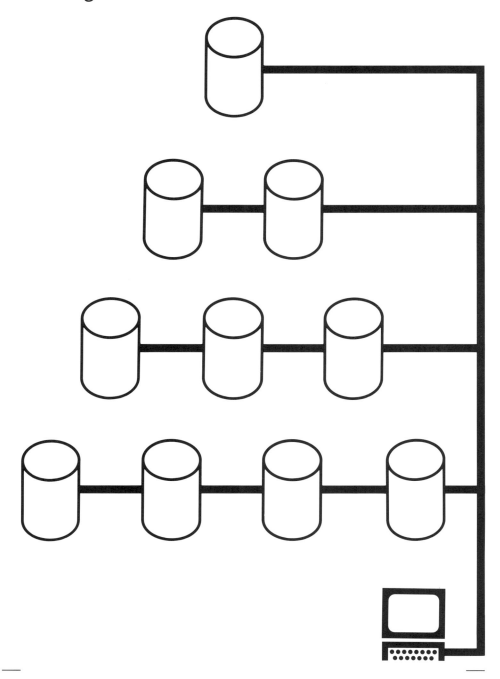

TBS 2402
Technologieberatungsstelle beim DGB Landesbezirk NRW   Computertechnik für Arbeitnehmervertreter

Datenschatten eines Arbeitnehmers im PIS

Name, Vorname,
Abteilung,
Personalnummer
:
Vorgesetzter
:
Sozialdemokrat,
Türke
:
kontaktfähig
:
Unterarm 42 cm
lang, 2 Bier
getrunken
:
Linkshänder
:
steifes Knie
:
17 Fehltage,
3 Verspätungen
:
4 Tage
Bildungsurlaub
:
Leistungskurve:
.
.
.

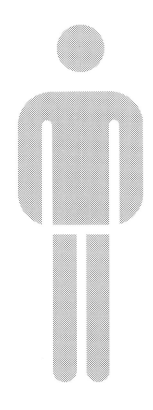

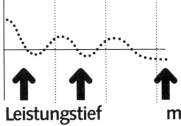

Leistungstief   muß ausgewechselt
                   werden

© TBS

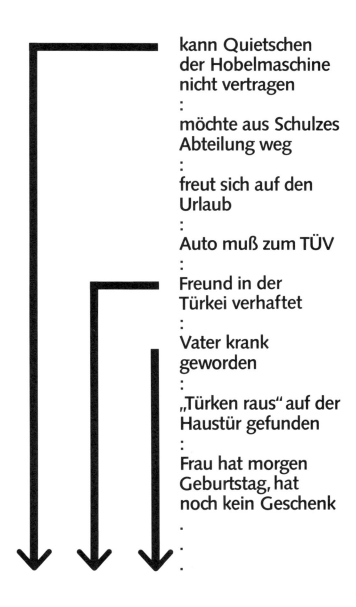

kann Quietschen der Hobelmaschine nicht vertragen
:
möchte aus Schulzes Abteilung weg
:
freut sich auf den Urlaub
:
Auto muß zum TÜV
:
Freund in der Türkei verhaftet
:
Vater krank geworden
:
„Türken raus" auf der Haustür gefunden
:
Frau hat morgen Geburtstag, hat noch kein Geschenk
:
:

2403

Technologieberatungsstelle beim DGB Landesbezirk NRW   Computertechnik für Arbeitnehmervertreter

Verdatungsprozeß im Personalinformationssystem

nach: W. Busch

TBS   2404

Technologieberatungsstelle beim DGB Landesbezirk NRW   Computertechnik für Arbeitnehmervertreter

Wie man durch PIS zur Marionette wird:

Arbeitsplatz-bestimmung:

Hitzebeständige
in die Lackiererei!
Wer giftige Arbeits-
stoffe durchhält,
in den Rohbau

Motzige Leute:

Sekundenschnell
gibt PIS bekannt:
Leistungspunkte
vom Meister,
Fehlzeiten,
Verwarnungen /
Verweise

Profilabgleich

Leistungskontrolle

Fehlzeitenstatistik

Verhaltensüberwachung

Personaleinsatzplanung

Krankheits- und Fehlzeiten:

Liste der Kollegen
mit den höchsten
Fehlzeiten

Zeitermittlung:

Jede Minute,
jeder Gang
zur Toilette
kann registriert
werden

© TBS; nach einer Idee von Opel-Kollegen

Gefährdungsbereiche und Gegenmaßnahmen 4—26

Arbeitsblätter

2401   Planspielphase 3
2402   Datenkatalog
2403   DGB-Beschluß zu Personaldatenverarbeitung und Datenschutz
2404   IG Chemie-Beschluß zu Personaldatenverarbeitung und Datenschutz
2405   IG Metall-Beschluß zu Personaldatenverarbeitung und Datenschutz
2406   Zukunft der Arbeit im privaten Dienstleistungsbereich
        Arbeitsprogramm der HBV

Arbeitsblatt 2401

Technologieberatungsstelle beim DGB Landesbezirk NRW   Computertechnik für Arbeitnehmervertreter

Planspielphase 3

Arbeitsaufgabe

Der Betriebsrat muß nun für sein weiteres Vorgehen die Folgen des IPAS-Einsatzes abzuschätzen versuchen.

Bitte diskutiert auf der Basis der IPAS-Herstellerunterlage, der Andeutungen der Geschäftsleitung über Einsatzzwecke und -bereiche und des Euch jetzt begkannt gewordenen Datenkatalogs, den Ihr informell von einem Mitarbeiter des Rechenzentrums erhalten habt (Arbeitsblatt 2402), die Gefährdungen, die durch den Einsatz des Personalinformationssystems hervorgerufen werden.

Bereitet Stichworte für ein Flugblatt an die Belegschaft vor, in welchem auf einer Seite dargestellt wird, mit welchen Gefährdungen für die Beschäftigten zu rechnen ist und welche Forderungen die Interessenvertretung aufstellt.

Als Material stehen Gewerkschaftsbeschlüsse zur Verfügung.

TBS

Technologieberatungsstelle beim DGB Landesbezirk NRW

Arbeitsblatt 2402 Seite 1

Computertechnik für Arbeitnehmervertreter

Datenkatalog

Personalnummer

Name
    Familienname
    Geburtsname
    Vorname
    Vorsatzwort
    Namenszusätze
    Titel

Adresse
    Postleitzahl
    Ort
    Postzustellungsort
    Auslandskennzeichen
    Anschriftergänzung
    Straße, Hausnummer
    Ländername

Geburtsort
    Kreis - Land

Geburtsdatum

Geschlecht
    M = männlich
    W = weiblich

Familienstand
    N = nicht verheiratet
    V = verheiratet

Tag der Eheschließung

Tag der Scheidung

Ehefrau
    Name
    Vorname
    Geburtsdatum

Kinder
    Anzahl
    Name
    Vorname
    Geburtsdatum

**Datum erstmalige Ankunft
in der BRD**

Staatsangehörigkeit
(DEVO/DÜVO Schlüssel des
statistischen Bundesamtes)

Anzahl Unterhaltsberechtigte

Schwerbehindert (SB)
    Grad %
    Anrechnung 1 = einfach
              2 = doppelt
              3 = dreifach
    Zusatzurlaub

Gleichgestellt (GL)

**Inhaber Bergmannsversorgungs-
schein (BV)**

**Opfer Nationalsozialismus/
Politisch Verfolgte (ON)**

Rentenantragsteller/Rentner
    0 = Kein Rentner / Antrag-
        steller
    Bezieher von Rente wegen
    2 = Berufsunfähigkeit
    3 = Erwerbsunfähigkeit
    4 = Altersruhegeld
    5 = Witwen- und Witwerrente
    6 = Waisenrente
    7 = Altershilfe für Landwirte
    8 = Antragsteller zu einer der
        gen. Rentenarten
    9 = Erziehungsrente

Bankverbindungen
    Bankbezeichnung
    Kontoinhaber
    Kontonummer
    Bankleitzahl
    Verwendungszweck

Arbeitserlaubnis von... bis ...

Aufenthaltserlaubnis von ... bis ..

Einstellungsdatum

Eintrittsart
    1 = Neueinstellung
    2 = Versetzung aus Nieder-
        lassung eines anderen
        Zählbereichs
    3 = Rückkehr Bundeswehr
    4 = Rückkehr Mutterschutz
    5 = Rückkehr Langzeiterkrankung
    6 = Rückkehr unbezahlte
        Freistellung > 16 Tage
    7 = Rückkehr türkischer
        Wehrdienst
    8 = Übernahme aus Ausbildung

```
TBS                                          Arbeitsblatt 2402   Seite 2
Technologieberatungsstelle beim DGB Landesbezirk NRW   Computertechnik für Arbeitnehmervertreter
```

9 = Zugang durch Versetzung
    innerhalb eines Zählbe-
    reichs
10 = Zugang aus einer anderen
     Beschäftigungskategorie

Pension-History

Pensionsart (intern)
1 = Alterspension (normal)
2 = Alterspension (vorge-
    zogen)
3 = Invalidenpension
4 = Witwen-/Waisenpension
5 = Unverfallbare Anwart-
    schaft

Austrittsdatum

Kündigungs-/Austrittsgrund
1 = Im gegenseitigen Ein-
    vernehmen auf Mitar-
    beiterwunsch
2 = Austritt während der
    Probezeit (freiwillig)
3 = Austritt nach Schwan-
    gerschaft
4 = Gesundheitliche Gründe
5 = Wohnung und Anfahrten
6 = Verlassen des Landes
7 = Weiterbildung
8 = Unzufrieden mit der Be-
    zahlung/finanziellen
    Verbesserung
9 = Unzufrieden mit der Ar-
    beit/mangelnde Aufstiegs-
    möglichkeit
10 = In den erlernten Beruf
     zurück
11 = Aufgabe der Berufstätig-
     keit
12 = Sonstige Gründe des Mit-
     arbeiters
13 = Versetzung in Nieder-
     lassung eines anderem
     Zählbereichs

20 = Im gegenseitigen Einver-
     nehmen auf Veranlassung
     der Firma
21 = Beendigung eines befriste-
     ten Arbeitsverhältnisses
22 = Erreichen der Altersgrenze
23 = Invalidität

24 = Kündigung aus verhaltens-
     bedingten Gründen
25 = Kündigung aus personenbe-
     dingten Gründen
26 = Kündigung aus betriebsbe-
     dingten Gründen
27 = A.o. Kündigung

40 = Bundeswehr
41 = Mutterschutz
42 = Langerkrankung > 6 Monate
43 = Unbezahlte Freistellung
     > 16 Tage
44 = Türkischer Wehrdienst
45 = Verlassen der Beschäf-
     tigungskategorie

99 = Verstorben

**Ausscheide-/Abmeldedatum
(DEVO/DÜVO)**
(vorgegebener Katalog)
  3 Stellen Tätigkeit
  1 Stelle Stellung im Beruf
  1 Stelle Ausbildung

**Beschäftigungsart Klartext
(DEVO/DÜVO)**

Mehrfachbeschäftigter
(DEVO/DÜVO)
  1 = Mehrfach-Beschäftigter

Sozialversicherungsschlüssel
(vorgegeben)
  1. Stelle: Berechnungsart
  2. Stelle: Beitragsanteile
             AG/AN
  3. Stelle: Rentenversiche-
             rungsträger
  4. Stelle: Krankenversiche-
             rungsart

**Krankenkassenschlüssel>
Krankenkassenverzeichnis**
  Lohnarten
  Wert
  Musterung/vorauss. Einzugs-
  termin

**Wehrdienst/Zivildienst Dauer:
Eintrittsdatum/Austrittsdatum**
  BW = Bundeswehr
  ZD = Zivildienst

Wehrübungen/Dauer

TBS

Technologieberatungsstelle beim DGB Landesbezirk NRW

Arbeitsblatt 2402 Seite 3

Computertechnik für Arbeitnehmervertreter

Schichtcode:
Frankfurt/Neu-Isenburg Lohn
  10 = Normale Arbeitszeit
  20 = Versetzte Arbeitszeit
  3E = 3-Schicht-Produktion/
       Data Procession
  F = 3-Schicht-Produktion/
       Data Procession
  G = 3-Schicht-Produktion/
       Data Procession
  4A = 4-Schicht-Produktion
  B = 4-Schicht-Produktion
  C = 4-Schicht-Produktion
  D = 4-Schicht-Produktion
  5A = 4-Schicht-Energie
  B = 4-Schicht-Energie
  C = 4-Schicht-Energie
  D = 4-Schicht-Energie
  E = 4-Schicht-Energie
  6A = 4-Schicht-Wachleute
  B = 4-Schicht-Wachleute
  C = 4-Schicht-Wachleute
  D = 4-Schicht-Wachleute
  7 = 3-Schicht-Wartung

Gehalt
  A = 4-Schicht
  B
  C
  D
  E = 3-Schicht
  F
  G

Höhe/Datum letzte Gehalts-
erhöhung

Gemeinde lt. Steuerkarte

Finanzamt lt. Steuerkarte

Steuerklasse

Kirchensteuerschlüssel:
  0 = VD
  1 = Evangelisch
  2 = Röm. katholisch
  3 = Sonstige
  4 = Alt-katholisch
  5 = Jüdische Gemeinden

Länderschlüssel

Freibetrag jährlich

Freibetrag monatlich

Tarifgruppe

Lohn-/Gehaltsgruppe

Level

Anstellungsstatus

Art des Arbeitsverhältnisses
  - befristet   = B
  - unbefristet = U
  - ruhend   = R
  - verliehen   = V

Abweichende Arbeitszeit
  Teilzeit
  Grad

Stammkostenstelle

Abteilung (Schlüssel)

Hauptabteilung/Produktionsbe-
reich (Schlüssel)

Geschäftsbereich (Schlüssel)

Niederlassung
  BE = Berlin
  BN = Bad Nauheim
  DI = Ditzenbach
  DR = Dreieichenhain
  DU = Düsseldorf
  ER = Erbach
  FR = Frankfurt
  HH = Hamburg
  MU = München
  NI = Neu-Isenburg
  SP = Sprendlingen
  UE = Uentrop

Urlaubsanspruch
  Vorjahr
  laufendes Jahr

Altersfreizeit

Zeiterfassung Urlaub/
Urlaub im Vorjahr

Berechtigung Bildungsurlaub
  0 = Keine
  B = Berechtigt

Unbez. Heimreiseurlaub
  Berechtigung
  Dauer max.

Positionstitel (Klartext nach Organisationsplan/Stellenbeset- zungsplan)	**Schulausbildung/Weiterbildung Schulen:** (3.2.4.2)

Positionstitel (Klartext nach Organisationsplan/Stellenbeset-zungsplan)
   Telefon-Nr.   privat
   Telefon-Nr.   Firma
   Kfz.-Nr.

Unfälle mit Folgeschäden
   0 = Keine
   1 = liegt vor

Krankheiten mit Folgeschäden
   0 = Keine
   1 = liegt vor

Körperliche Behinderungen
   0 = keine
   L = Leicht
   S = Schwer

Mutterschutz
   von .... bis ....

Mutterschutzurlaub
   von .... bis ....

Öffentliche Ämter/Wahlämter
   1 = Stadt/Gemeinderat
   2 = Funktionen am Gericht

Wettbewerbs-/Erfinderklausel/ Art der Einschränkung
   0 = Keine
   W = Wettbewerbsklausel
   E = Erfinderklausel

Vorstrafen
(wenn für Tätigkeit von Bedeutung)
   0 = Keine
   1 = Liegt vor

Schulausbildung/Weiterbildung Schulen: (3.2.4.2)
   HA = Handelsschule
   HH = Höhere Handelsschule
   GS = Oberschule/Gym/Lyz
   MS = Mittel/Realschule
   WI = Wirtschaftsfachschule
   BA = Berufsaufbauschule
   TE = Technikerschule
   GW = Gewerbeschule
   IN = Ingenieurschule
   M = Meisterschule
   von .... bis ....
   Art/Datum der Abschluß-prüfung
   Spezialfächer

Hochschulen: (3.2.4.2)
T = TU/TH U = Uni (Erste Stelle)
   AA = Aachen
   B0 = Berlin
   CL = Clausthal
   DA = Darmstadt
   HD = Heidelberg
   F0 = Frankfurt/M.
   BR = Braunschweig
   H0 = Hannover
   MZ = Mainz
   K0 = Köln
   MG = Marburg
   M0 = München
   N0 = Nürnberg/Erlangen
   SB = Saarbrücken
   MU = Münster
   FB = Freiburg
   S0 = Stuttgart
   ZZ = Sonstige
   EX = Ausland

TBS

Arbeitsblatt 2403

Technologieberatungsstelle beim DGB Landesbezirk NRW — Computertechnik für Arbeitnehmervertreter

DGB-Beschluß zu Personaldatenverarbeitung und Datenschutz

Beschluß des DGB-Bundeskongresses 1986

Betr.: **Personaldatenverarbeitung und Datenschutz**

Der 13. Ordentliche DGB-Bundeskongreß 1986 beschließt:

Die Beschlüsse des 12. Ordentlichen Bundeskongresses zum Datenschutz (Antrag 46, Initiativantrag 7) werden bekräftigt und vor dem Hintergrund der seitdem erfolgten Entwicklung in technischer und gesellschaftlicher Hinsicht konkretisiert. Der Gesetzgeber wird aufgefordert, umgehend die Konsequenzen aus dem Urteil des Bundesverfassungsgerichts zur Volkszählung im Bereich des Arbeitnehmerdatenschutzes zu ziehen. Keinesfalls kann es hingenommen werden, wenn der Gesetzgeber das Bundesdatenschutzgesetz novelliert, ohne die gebotenen Regelungen im Bereich des Arbeitnehmerdatenschutzes zu erlassen. Dabei werden insbesondere – in Zusammenfassung der vom 12. Ordentlichen Bundeskongreß angenommenen Anträge zu Personalinformationssystemen und Personaldatenschutz – folgende Gesichtspunkte zu beachten sein:

1. Die Verarbeitung von Personaldaten ist zu verbieten,

   – soweit damit durch Betriebs- und Personalräte nicht kontrollierte Leistungs- und Verhaltenskontrollen der Beschäftigten ermöglicht werden oder

   – sonst nach Art und Umfang der Speicherung und/oder Verarbeitung das nach Verfassung und Gesetz geschützte informationelle Selbstbestimmungs- und Persönlichkeitsrecht (Art. 1 Abs. 1 und 2 Abs. 1 GG, §§ 75 BetrVG, 67 BPersVG und die entsprechenden Regelungen in den Landespersonalvertretungsgesetzen) beeinträchtigt wird.

2. Soweit ein Verbot der Verarbeitung von Personaldaten nicht durchgesetzt werden kann oder wegen der Besonderheiten des angewandten Verfahrens nicht greifen würde, ist ein wirksamer Schutz von Arbeitnehmerdaten in erster Linie durch eine Stärkung der Mitbestimmungsrechte von Betriebs- und Personalräten zu verwirklichen. Allein eine Stärkung der Individualrechte wäre unzureichend.

   Hierfür gelten folgende Grundsätze:

   – Ausdrückliche Regelung der Mitbestimmung des Betriebsrats bzw. Personalrats bei der Planung und Durchführung der Sammlung, Verarbeitung und Verwendung von Arbeitnehmerdaten mittels automatisierter Verfahren unter Einschluß solcher Datensammlungen, die sich nur mittelbar auf Arbeitnehmer beziehen lassen.

   – Mitbestimmung bei der Bestellung, Abberufung und jeder Aufgabenveränderung des betrieblichen Datenschutzbeauftragten, für den darüber hinaus ein besonderer Kündigungsschutz zu schaffen ist.

Zusätzlich sind angesichts der veränderten gesellschaftlichen und technischen Rahmenbedingungen folgende Maßnahmen zu ergreifen, um die Unabhängigkeit und Funktionsfähigkeit von Betriebs- und Personalräten herzustellen:

   – Verbot der Überwachung von Betriebs- und Personalräten sowie Vertrauensleuten im Zusammenhang mit ihrer Tätigkeit; es muß ausgeschlossen sein, daß deren Kandidatur bzw. Tätigkeit zum Anlaß oder Vorwand für eine Kontrolle und Überwachung genommen wird. Dies gilt für Aktivitäten aller interessierten Institutionen, namentlich aber für die Behörden des Verfassungsschutzes.

   – Ausschluß einer Kontrolle der beim Betriebsrat vorgenommenen Nutzung personenbezogener Daten durch den betrieblichen Datenschutzbeauftragten, solange dieser dem Arbeitgeber unterstellt und damit von diesem abhängig ist.

3. Auch die Rechte der Betroffenen sind wie folgt zu ergänzen und zu verbessern:

   – Die Personaldatenerfassung und -verarbeitung ist auf das für die Eingehung, Durchführung und Abwicklung des Arbeitsverhältnisses unbedingt erforderliche Ausmaß zu beschränken.

   – Besonders sensible Persönlichkeitsdaten wie z. B. über die religiöse oder politische Gesinnung dürfen nicht verarbeitet werden; Daten über die Zugehörigkeit zu Religionsgemeinschaften, Parteien oder politischen Vereinigungen dürfen nur verarbeitet werden, soweit dies durch eine Rechtsvorschrift ausdrücklich angeordnet wird.

   – Die Verarbeitung von Personaldaten im Ausland, eine Übermittlung von Arbeitnehmerdaten durch ehemalige Arbeitgeber und die Speicherung, Verarbeitung und Übermittlung durch sogenannte Branchenauskunftsdienste ist zu verbieten.

   – Die Erstellung von Persönlichkeitsprofilen ist zu verbieten.

4. Die Aufsichtsbehörden für den Datenschutz sind durch Verbesserung ihrer sachlichen und personellen Ausstattung sowie durch Erweiterung ihrer Eingriffs- und Kontrollkompetenzen unter Einschluß der Pflicht, von Amts wegen bei möglichen Verstößen tätig zu werden, zu verstärken.

5. Das Medienprivileg, das Presse, Rundfunk und Film von der Anwendung des Datenschutzrechts ausnimmt, ist zu streichen.

Im übrigen entspricht die derzeit für den Arbeitnehmerdatenschutz geltende Regelung auch nicht ansatzweise den zwingenden Anforderungen, die das Bundesverfassungsgericht im Volkszählungsurteil festgelegt hat. Ein weiteres Zuwarten des Gesetzgebers wäre daher nicht nur politisch unverantwortbar, sondern auch verfassungsrechtlich mehr als bedenklich.

Ibs

Arbeitsblatt 2404 - Seite 1 -

Technologieberatungsstelle beim DGB Landesbezirk NRW   Computertechnik für Arbeitnehmervertreter

IG Chemie-Beschluß zu Personaldatenverarbeitung und Datenschutz

Der 12. Ordentliche Gewerkschaftstag (1984) der IG Chemie-Papier-Keramik hat beschlossen:

Stärker als bisher müssen sich Betriebsräte mit Problemen der elektronischen Datenverarbeitung beschäftigen. Unter den vielfältigen DV-Programmen, die als Rationalisierungsmittel in allen Unternehmensbereichen eingesetzt werden, kommt der Verarbeitung personenbezogener und personenbeziehbarer Daten im Betrieb besondere Bedeutung zu.

Vom Werksausweis zur elektronisch gesicherten Tür, vom computergesteuerten Telefon bis zum Dialogbildschirm, von der Gleitzeituhr bis zur Maschinenlaufzeit - immer mehr Datenerfassungsterminals werden installiert und vernetzt. Damit steigt die objektive Möglichkeit einer allumfassenden Kontrolle des Menschen im Betrieb. Sie ist in einigen Bereichen leider keine Vision mehr. Um das Gebot des § 75 Abs. 2 BetrVG auszufüllen, ist es notwendig, daß alle Betriebsräte ihr bestehendes Mitbestimmungsrecht gemäß § 87 BetrVG bei elektronischen Datenerfassungssystemen konsequent anwenden.

Die elektronischen Programme können den Einfluß der Betriebsräte bei Personalplanung, personellen Einzelmaßnahmen und anderen Bereichen der Organisation im Unternehmen nahezu ausschalten. Dieser Gefahr muß vorgebeugt werden. Die Betriebsräte werden deshalb aufgefordert, alle Versuche energisch abzuwehren, die Arbeits- und Betriebsorganisation einseitig zugunsten der Unternehmer und ihrer Herrschaft über Menschen zu zementieren. Software-Programme, die darauf abzielen, Menschen wie Nummern oder Ersatzteile zu behandeln und sie so einem perfekten Planungsprozeß zu unterwerfen, stehen der Würde des Menschen entgegen. Sie sind abzulehnen.

Bei den Betriebsvereinbarungen über die Einführung und den Betrieb von personalverarbeitenden Software-Programmen sind folgende Grundsätze zu beachten:

1. Eine perfektionistische Erfassung aller möglichen Daten darf es nicht geben. Die Möglichkeit von Handkarteien (z.B. für Minderheiten, wie Schwerbehinderte, Mutterschutz, Bildungsurlaub für Betriebsräte etc.) ist offenzuhalten.

	Arbeitsblatt 2404 - Seite 2 -
TBS	
Technologieberatungsstelle beim DGB Landesbezirk NRW	Computertechnik für Arbeitnehmervertreter

2. Die Auswertungen, die Personaldaten enthalten, dürfen nur erstellt werden, wenn ein Einvernehmen mit dem Betriebsrat besteht. Alle Auswertungsprogramme sind vorher festzulegen.

3. Freie Abfragesprachen im on-line-Betrieb sind zu verbieten.

4. Automatisierte Kontrollen und Entscheidungen, die durch ein Computerprogramm vorgenommen werden, sind auszuschließen. Der Mensch darf inhaltlich - auch mit seinen Irrtümern - nicht verdrängt werden. Personalführung muß eine menschliche Aufgabe bleiben.

5. Das Recht auf externe Sachverständige gem. § 80 Abs. 3 BetrVG ist zu stärken.

6. Der betriebliche Datenschutzbeauftragte darf nicht gegen den Willen des Betriebsrates bestellt werden.

Um diese berechtigten Forderungen glaubhaft vertreten zu können, ist es notwendig, den Vernebelungskampagnen der Unternehmer entgegenzutreten.

Es darf deshalb nicht länger hingenommen werden, daß behauptet wird, Gewerkschaften und gemeinwirtschaftliche Unternehmen würden mit Personalinformationssystemen ähnlich verfahren wie die Unternehmer. Richtig ist, daß lediglich zu Abrechnungszwecken bei Gewerkschaften und bei gemeinwirtschaftlichen Unternehmen entsprechende Systeme eingesetzt sind. Deshalb beschließen die Delegierten des Gewerkschaftstages, daß der Hauptvorstand der IG Chemie-Papier-Keramik auf allen Ebenen seinen Einfluß geltend macht, daß hier mustergültige Betriebsvereinbarungen abgeschlossen werden, in denen die in diesem Antrag festgelegten Grundsätze exemplarisch geregelt werden. Die Delegierten sind überzeugt, daß dieser erste Schritt einer der leichtesten ist, denn es handelt sich um unseren gewerkschaftlichen Bereich. Nach diesem positiven Beispiel wird der Kampf gegen die Personalinformationssysteme leichterfallen.

Parallel zu Schutznormen der Betriebsvereinbarungen müssen die Grundsätze des Bundesverfassungsgerichtes zum Volkszählungsurteil auch Eingang in die betriebliche Realität und in das zu novellierende Bundesdatenschutzgesetz finden.

TBS

Technologieberatungsstelle beim DGB Landesbezirk NRW

Arbeitsblatt 2405 - Seite 1 -

Computertechnik für Arbeitnehmervertreter

IG Metall-Beschluß zu Personaldatenverarbeitung und Datenschutz

14. Ordentlicher Gewerkschaftstag der IG Metall - 1983

Antrag 721 - Verbot von Personalinformationssystemen

Der 14. ordentliche Gewerkschaftstag der IG Metall stellt fest, daß die Anwendung von Personalinformationssystemen (PIS) in den Unternehmen schon sehr weit fortgeschritten ist und ständig weiter zunimmt. Immer mehr Beschäftigte sind durch solche Systeme bedroht und werden, wenn kein Einhalt geboten wird, zum "gläsernen Menschen". Die Möglichkeit der sekundenschnellen Verknüpfung und Auswertung aller gespeicherten Daten sowie die Vernetzung mit anderen EDV-Systemen ermöglichen einen erneuten entscheidenden Machtzuwachs und sind somit ein weiteres Herrschaftsinstrument der Unternehmer. Deshalb müssen Personalinformationssysteme durch den Gesetzgeber verboten werden.

Sollte der Gesetzgeber das Verbot von Personalinformationssystemen verzögern, beauftragt der 14. ordentliche Gewerkschaftstag den Vorstand der IG Metall, darauf einzuwirken, daß vorab folgende Mindestbedingungen tarifvertraglich geregelt werden. Bis zum Abschluß entsprechender Tarifverträge hat die IG Metall alle Betriebsräte zu unterstützen, daß diese Mindestbedingungen in Betriebsvereinbarungen geregelt werden und unter die volle Mitbestimmung des Betriebsrats fallen.

1. Die Einführung sowie die Anwendung eines Personalinformationssystems.
2. Der gesamte Datenkatalog und alle Datenfelder/Datensätze.
3. Jede Erweiterung und Veränderung des Personalinformationssystems und des Datenkatalogs.
4. Jeder Datenlauf mit personenbezogenen Daten ist mitbestimmungspflichtig. Auch gleiche, sich wiederholende Läufe sind erneut mitbestimmungspflichtig.
5. Es sind Löschungsfristen zu vereinbaren.
6. Hardware (Maschinen und Anlagen) darf nur eingesetzt werden, wenn diese technisch in der Lage sind, alle Datenläufe lückenlos aufzuzeichnen.
7. Gleiches gilt sinngemäß für alle Software (Programme).
8. Die Punkte 6 und 7 sind die Voraussetzung für lückenlose und lesbare Protokolle und somit Kontrolle durch den Betriebsrat.
9. Bildschirmabfragen sind nur bei dem Einzeldatenstammsatz - Bearbeitung - zulässig.
10. Die Zugriffsberechtigten sowie deren Zugriffsberechtigung sind zu vereinbaren.
11. Die am Personalinformationssystem Beschäftigten sind dem Betriebsrat gegenüber zur Auskunft berechtigt und verpflichtet.
12. Der betriebliche Datenschutzbeauftragte darf nicht gegen den Willen des Betriebsrates bestellt werden.

TBS	Arbeitsblatt 2405 - Seite 2 -
Technologieberatungsstelle beim DGB Landesbezirk NRW	Computertechnik für Arbeitnehmervertreter

13. Werden dem Betriebsrat Verstöße bei Personalinformationssystemen gegen Vorschriften aus einem Tarifvertrag oder einer Betriebsvereinbarung bekannt, kann er außerordentlich die Betriebsvereinbarung kündigen. Eine Betriebsvereinbarung wirkt in diesem Fall nicht nach. Die fristlose Kündigung führt zum Verbot der Anwendung des Systems, zumindest in dem Teilbereich, in dem der oder die Verstöße Anlaß zur fristlosen Kündigung gaben.

14. Weitergabe von Daten an Dritte ist unzulässig, es sei denn, ein Gesetz, eine Verordnung oder ein Tarifvertrag schreibt dies vor.

15. Alle Beschäftigten erhalten im Klartext jährlich einen Ausdruck der über sie gespeicherten Daten sowie deren Verwendung.

Unzulässig sind:

1. Die Verarbeitung von personenbezogenen Daten in anderen Systemen.

2. Es dürfen keine Persönlichkeitsprofile hergestellt werden.

3. Ebenfalls dürfen keine Arbeitsplatzprofile hergestellt werden.

4. Leistungskontrollen durch Personalinformationssysteme sind verboten.

5. Krankheitszeiten dürfen nicht für Selektionsläufe benutzt werden.

Die genannten Punkte beinhalten Mindestforderungen, die noch vor einem gesetzlichen Verbot von Personalinformationssystemen durchgesetzt werden müssen. Um diese berechtigten Forderungen glaubhaft vertreten zu können, ist es notwendig, den Vernebelungskampagnen der Unternehmer entgegenzutreten. Es darf deshalb nicht länger hingenommen werden, daß behauptet wird, Gewerkschaften und gemeinwirtschaftliche Unternehmen würden mit Personalinformationssystemen ähnlich verfahren, wie die Unternehmer. Richtig ist, daß lediglich zu Abrechnungszwecken bei Gewerkschaften und bei gemeinwirtschaftlichen Unternehmen entsprechende Systeme eingesetzt sind. Deshalb beschließt der 14. ordentliche Gewerkschaftstag, daß der Vorstand der IG Metall auf allen Ebenen seinen Einfluß geltend macht, daß hier mustergültige Betriebsvereinbarungen abgeschlossen werden, in denen die in diesem Antrag festgelegten Grundsätze exemplarisch geregelt werden...

Der 14. ordentliche Gewerkschaftstag ist überzeugt, daß dieser erste Schritt einer der leichtesten ist, denn es handelt sich um unseren gewerkschaftlichen Bereich. Nach diesem positiven Beispiel wird der Kampf gegen die Personalinformationssysteme leichterfallen.

Zukunft der Arbeit im privaten Dienstleistungsbereich
Arbeitsprogramm der Gewerkschaft HBV

7 Gewerkschaftliche Ziele und Forderungen

Die Forderung nach selbstbestimmten Sabattzeiten (Beurlaubung unter Wahrung der bisher erworbenen Rechte und Ansprüche für mindestens drei, maximal 24 Monate) einmal in sieben Jahren, sollte in die Überlegungen einbezogen werden.

Elektronische Datenverarbeitung und Telekommunikation eröffnen neue Dimensionen von Herrschaft und Kontrolle -

Für das Recht auf informationelle Selbstbestimmung

"Datenspur"

Bei der Arbeit an datentechnischen Systemen fallen personenbezogene Daten an. Der Mensch hinterläßt eine "Datenspur". Dadurch ist die Möglichkeit vorhanden, nicht mehr nur das Arbeitsergebnis, sondern auch den Arbeitsvollzug lückenlos zu kontrollieren, denn während der Arbeit wird aus technischer Notwendigkeit jede Aktion am Bildschirmgerät protokolliert. Diese können zu "Bedienerstatistiken" ausgewertet werden. Die in vielen einzelnen elektronischen Geräten anfallenden Personaldaten können in Betriebsdatenerfassungs- und Personalinformationssystemen miteinander verbunden werden. Personalkontrollsysteme machen den Menschen zum Objekt unternehmerischer Kosten- und Ausleseplanungen.

Die Informationstechnik ermöglicht den Unternehmen eine neue Dimension von Herrschaftsausübung - zur Verfügungsmacht kommt die Informationsmacht hinzu.

Recht auf informationelle Selbstbestimmung

Personalentwicklung

Das "informationelle Selbstbestimmungsrecht", das den BürgerInnen vom Bundesverfassungsgericht eingeräumt wurde, hat auch für das Arbeitsverhältnis Geltung. Den "gläsernen Menschen" und die "gläserne Arbeit" darf es nicht geben.

Außer der Begrenzung der EDV im Bereich der Personaldatenverarbeitung ist die Vereinbarung von Normen im Umgang mit der EDV als Kontrolltechnik dringend notwendig. Neben Regelungen, die auf den Datenschutz zielen, sollte verstärkt Einfluß genommen werden auf die qualitative Personalplanung (Personalentwicklung, Auswahlrichtlinien, Qualifizierung, Arbeitsgestaltung durch neue Aufgabenzuschnitte).

"Personenbezogene Daten"

Für den **Umgang mit personenbezogenen Daten in Computersystemen** sollen die folgenden Mindestnormen gelten:

✗ In Tätigkeitsanalysen bzw. Ist-Analysen werden Daten anonym erhoben. Auf Erhebungsformularen verwandte Codierungen dürfen nicht deanonymisiert werden.

Keine Überwachung des Arbeitsvollzugs

✗ Die Einhaltung von Mengen- und Zeitvorgaben wird nicht durch technische Überwachung des Arbeitsvollzugs kontrolliert. Die Führungsverantwortung der Vorgesetzten bleibt gewahrt. Bei der elektronischen Erfassung von Leistungsergebnissen muß die Zweckbestimmung der Datenerhebung und -verwendung festgelegt werden.

✗ Die von dem/der BenutzerIn verlangten Eingaben und die vom System erzeugten Daten sollen ausschließlich zum Zweck der Erfüllung der Arbeitsaufgabe verwandt werden (= Zweckbestimmung der Datenverarbeitung).

Revisionspflichtigkeit

✗ Müssen Aufgaben, die mit der EDV abgewickelt werden, revisionsfähig sein, so sind Verfahrensvorschriften zur Durchführung der Revision entsprechend der Anlage zu Paragraph 6 Bundesdatenschutzgesetz (BDSG) zu gewährleisten. Diese Verfahrensregeln beinhalten z.B. einen Zugriffsschutz für personenbezogene Daten, Rechnerprotokollierung und die Übermittlungskontrolle bei der Weitergabe personenbezogener Daten. Die Verfahrensregeln sind zwischen Arbeitgeber und betrieblicher Interessenvertretung zu vereinbaren. Der Benutzer/ die Benutzerin ist über das vereinbarte Verfahren zu informieren.

Quelle: HBV 1989

7 Gewerkschaftliche Ziele und Forderungen

✗ Nur der Benutzer/die Benutzerin kann auf Datenbestände, die Auskunft über von ihm/ihr getätigte Arbeitsschritte oder -methoden geben, zurückgreifen. Diese Daten dürfen nur mit seiner/ihrer Zustimmung an Dritte weitergegeben werden.

Betriebsdaten

✗ Bei **Betriebsdatenerfassung** ist der Zeitpunkt der Eingabe von Arbeitsergebnisdaten festzulegen, d.h.: keine fortlaufende Datenerfassung, sondern Festlegung von Zeiten für die Eingabe von Arbeitsergebnissen (wie beim Ausfüllen von "Tageszetteln" oder "Wochenberichten").

✗ Keine "Bedienerstatistiken"/Leistungsquervergleiche.

✗ Keine Zielnummernerfassung in Telefoncomputern, keine Warenwirtschaftsdaten in Kantinen- und Tankabrechnungssystemen.

✗ Löschung aller nicht mehr benötigten Daten.

Führungsverantwortung

✗ Die Verantwortung von Führungskräften, die meistens in Führungsgrundsätzen beschrieben ist, muß geltend gemacht werden. Die Funktion von Führungskräften darf nicht durch zentralisierte Computer-Kontrolle (Management-Informationssysteme) abgelöst werden.

Auf eine ausführliche Wiedergabe der **Forderungen zur Personaldatenverarbeitung** wird an dieser Stelle verzichtet. Zu diesem Thema liegen bereits zahlreiche abgeschlossene Regelungen vor; deshalb werden nur die wichtigsten Ziele genannt:

Forderungen zur Personaldatenverarbeitung

✗ Definition der "technischen Einrichtung" (= Geräte, Standorte, Software festlegen).

✗ Festlegung des Personaldatenbestandes, (= Datenkatalog/Inhaltsverzeichnis der Dateien).

✗ Listen, Statistiken, Auswertungen mit ihrem Dateninhalt und ihrer Zweckbestimmung festlegen; d.h. ein Positiv-Auswertungsverzeichnis mit Dateninhalt vereinbaren.

✗ Keine "Spontanabfragen", d.h. Datenbank-Abfragesprachen zur Personaldatenverarbeitung nicht der/den Fachabteilung(en) (Personal/Orga) zur Verfügung stellen.

✗ Kein "Profilvergleich", d.h. keine Verbindung von Betriebs- und Personaldaten zu Persönlichkeits- und Arbeitsplatzprofilen.

✗ Keine Personaldatenverarbeitung auf nicht protokollierbaren Rechnern.

Menschenwürde achten

Abgelehnt werden alle reinen Überwachungs- und Herrschaftstechniken, die gegen die Menschenwürde verstoßen (z.B. die Genomanalyse = Analyse der menschlichen Erbinformationen bei Einstellungsuntersuchungen oder ergonometrische Erkennungsverfahren, d.h. Personenidentifizierung zur Zugangskontrolle über individuelle Körpermerkmale wie Handdaten oder das Aderngeflecht im Augenhintergrund).

Überbetriebliche Maßnahmen

Auch auf überbetrieblicher Ebene sind Maßnahmen notwendig, die das Recht auf informationelle Selbstbestimmung für ArbeitnehmerInnen sicherstellen:

✗ Das BDSG muß in einer Novellierung um bereichsspezifische Regelungen (Arbeitnehmerdatenschutz, Kundendatenschutz) erweitert werden.

✗ Es muß Druck auf die Hersteller ausgeübt werden, Software ohne personenbezogene Kontrollelemente zu entwickeln.

7 Gewerkschaftliche Ziele und Forderungen

"Datenschutz"

Anforderungen an Postdienste

✗ Das Volkszählungsurteil ist als Maßstab für die Beurteilung von Standard-Software und neuen Post-Diensten heranzuziehen. Die Genehmigung ist von den Aufsichtsbehörden zu erteilen. Dabei ist der Kunden- und Arbeitnehmer-Datenschutz zu gewährleisten.

✗ Es sollten Forschungen für eine Computertechnik in Gang gesetzt werden, die - im Gegensatz zu den derzeit eingesetzten Rechnern - ohne das Anfallen (und damit die Nutzungsmöglichkeit) von Kontrolldaten auskommt.

Für die Planungen der Deutschen Bundespost gilt:
Die Computerisierung des Fernsprech-Netzes kann das Telefon zu einem Kontrollinstrument werden lassen. Sobald in den Ortsvermittlungsstellen der Bundespost Rechner stehen, in denen Gesprächsdaten gespeichert werden, die dann für beliebige Auswertungen zur Verfügung stehen, wird das Fernmeldwesen zu einer Informationsquelle über die BürgerInnen. Technisch ist diese Lösung keineswegs zwingend, denn die Rechner brauchten die Gesprächsdaten nicht zu speichern.
Unter Datenschutzaspekten erschwerend kommt noch hinzu, daß in einem computerisierten Telefon-Netz Sprache wie Daten in digitalisierter Form "verarbeitet" (also auch gespeichert und ausgewertet) werden kann. *Sprach- und Sprechererkennung* durch den Computer ist möglich.

Weitere Datenquellen liegen in den Postdiensten z.B. *"Telebanking"*, *"Teleshopping"* und *"Temex"* (=Fernwirken, automatisches Ablesen z.B. von Energieverbrauch). Diese Dienste müssen nach den Anforderungen des Datenschutzes gesetzlich geregelt werden (vgl. Kapitel 8).

Lehreinheit 5

»Einführungsstrategie der Unternehmen und Vorgehensweise der betrieblichen Interessenvertretung«

Inhalt

Lernziele und Lerninhalte 5–3

Kurzzugang 5–4

Langfassung

    AS 1 Einführungsstrategien der Unternehmer 5–5
    AS 2 Vorgehensweise der Interessenvertretung 5–7

Literaturhinweise 5–13

Arbeitstransparente 2501 bis 2503 5–14

Arbeitsblätter 2501 bis 2502 5–19

Einführungsstrategien 5–3

Lernziele und Lerninhalte

Der Betriebsrat soll in dieser Lehreinheit Handlungshilfen zur Entwicklung und Umsetzung arbeitnehmerorientierter Forderungen zu Personalinformationssystemen erhalten.

Daher stehen zunächst die wichtigsten Einführungsstrategien der Unternehmer zur Akzeptanzsicherung im Vordergrund, die die Teilnehmer/innen kennenlernen sollen, nämlich

— Sachzwangargumentation,
— Verharmlosung,
— Informationszurückhaltung und Informationsüberhäufung sowie
— »Scheibchenweise« Einführung.

Im Anschluß daran werden Handlungsfelder, die für den Betriebsrat von zentraler Bedeutung sind, erarbeitet und zwar

— Informationsbeschaffung,
— Beratung,
— Mobilisierung der Beschäftigten,
— Entwicklung eines Gestaltungskonzeptes,
— Verhandlung und Abschluß einer Betriebsvereinbarung und
— laufende Kontrolle.

Diese Handlungsfelder sollen die Betriebsräte als Orientierung für ihr konkretes betriebliches Handeln kennenlernen.

Kurzzugang

Lerninhalte	Didaktisch-methodische Hinweise
AS 1 Einführungsstrategien der Unternehmer	
Sachzwangargumentation und Verharmlosung, Informationszurückhaltung und Informationsüberhäufung, »Scheibchenweise« Einführung	Lehrgespräch
	Zeitbedarf: 15 Min.
AS 2 Vorgehensweise der Interessenvertretung	
Handlungsfelder: Informationsbeschaffung, Beratung, Mobilisierung der Beschäftigten, Entwicklung eines Gestaltungskonzeptes, Verhandlung und Abschluß einer Betriebsvereinbarung, laufende Kontrolle	Lehrgespräch Arbeitsblatt 2501 und 2502, Folie 2502 Wandzeitung orientiert an Folie 2501 Folie 2503 schrittweise gemäß Overlay vervollständigen
	Aufarbeitung von Planspiel und Bestandsaufnahme
	Zeitbedarf: 60 Min.

Einführungsstrategien 5—5

Langfassung

1. Einführungsstrategien der Unternehmer

Die Arbeitgeber haben erkannt, daß die Belegschaften und ihre Betriebsräte eine zunehmend kritischere Haltung gegenüber PIS einnehmen. Daher haben sie eine Reihe von Strategien entwickelt, um den zu erwartenden Widerstand gegen die Einführung eines solchen Systems möglichst gering zu halten. Die wichtigsten Strategien zur Akzeptanzsicherung sind:

Sachzwangargumentation und Verharmlosung

Selbst nach mehreren Jahren betrieblicher und gewerkschaftlicher Auseinandersetzungen um Personalinformationssysteme bleiben Arbeitgeber bei ihrem Standardargument, mit dem neuen System werde nichts anderes getan, als die bisherigen Abrechnungen zu automatisieren. Mit dieser Argumentation, die oft in die Form einer Absichtserklärung gebracht wird, setzen die Arbeitgeber nur auf die Sachunkundigkeit des Betriebsrates. Der Betriebsrat sollte an derartige Absichtserklärungen des Arbeitgebers anknüpfen und auf die Anschaffung eines reinen Abrechnungssystems bestehen. Dabei ist es unverzichtbar, dies in einer Betriebsvereinbarung (BV) festzuschreiben. Der Arbeitgeber muß dann begründen, warum er ein System installieren will, das Anwendungen zuläßt bzw. ermöglicht, die weit über die angegebenen Einsatzmöglichkeiten hinausgehen.

Allerdings ist selbst ein reines Abrechnungssystem nicht unproblematisch. Zur Errechnung von Löhnen und Gehältern und ihrer rechtzeitigen Überweisung werden sicherlich ca. 60 Daten benötigt, wenn die Übermittlung der Daten gemäß Datenübermittlungs-Verordnung (**DÜVO**) vorgesehen ist. Eine Argumentation mit dem »Sachzwang« der DÜVO ist allerdings ohne rechtliche Grundlage. Betriebsräte können auf die Datenerfassungsverordnung (**DEVO**) hinweisen, nach der die Arbeitgeber zwar einige wenige Daten an die Träger der Sozialversicherungen weiterzuleiten haben, jedoch keine Verpflichtung besteht, diese Daten mit Hilfe eines Computers zu erfassen, zu speichern und zu übermitteln. Nur nach einer Einigung zwischen Betriebsrat und Arbeitgeber über die Verarbeitung von Personaldaten sollte man der elektronischen Übermittlung der Daten laut DÜVO zustimmen.

Informationszurückhaltung und Informationsüberhäufung

Die unternehmerische Informationspolitik läßt sich in den meisten Fällen wie folgt kennzeichnen:

- Belegschaft und Betriebsrat werden möglichst lange über die geplante Maßnahme im unklaren gelassen.
- Bei Nachfragen lautet die Antwort, daß es keine konkreten Planungen gebe.
- Werden Informationen gegeben, so sind sie unvollständig und von dem Versuch geprägt, die wahren Dimensionen des Systems zu vertuschen.
- Der Betriebsrat erhält durch weitere Nachfragen die allgemeinen Systemunterla-

gen der Herstellerfirma, ohne daß auf konkrete Anwendungen im Unternehmen eingegangen wird.

– Fragt der Betriebsrat nach konkreten Anwendungen, so heißt es verharmlosend, daß es nur um die Vereinfachung von Abrechnungsverfahren, um beschleunigte Abwicklung von Vorgängen, um Erneuerung veralteter EDV-Anlagen etc. gehe.

– Zuweilen wird der Betriebsrat auch mit Informationen überschüttet, damit es ihm unmöglich wird, Wichtiges von Unwichtigem zu unterscheiden.

– Sind die wichtigen Informationen an den Betriebsrat ergangen, so hat es die Geschäftsleitung oft sehr eilig. Sie argumentiert mit einzuhaltenden Terminen und setzt den Betriebsrat unter Zeitdruck.

Daraus folgt für den Betriebsrat, daß er wissen muß, welche Informationen und Unterlagen er benötigt und auf welche er verzichten kann (Näheres dazu in Arbeitsschritt 2). Nur über den Weg des konsequenten Nachforschens und Nachfragens sowie ggf. durch Ausnutzen aller juristischen Mittel läßt sich nach und nach ein umfassendes Bild der geplanten Maßnahmen und ihrer Folgen entwickeln.

»Scheibchenweise« Einführung

Bereits im Grundseminar wurde gezeigt, daß jeder EDV-Einführungsprozeß und daher auch die Einführung von automatisierten Personaldatenverarbeitungssystemen in verschiedenen Entwicklungs- und Ausbaustufen verläuft. Dies gibt dem Unternehmen die Möglichkeit, die Gesamtinvestitionen über mehrere Jahre zu verteilen, das Risiko eines Fehlschlages zu minimieren und die Entwicklungsgeschwindigkeit und -richtung flexibel am Nutzungsbedarf zu orientieren. Außerdem läßt sich die damit verbundene scheibchenweise Einführung von Teilsystemen, von zusätzlichen Modulen und Auswertungsprogrammen zu einer geschickten Akzeptanzsicherungs- und Informationspolitik nutzen. Den Betriebsrat nur über einzelne Teile oder Aspekte, jedoch nicht über die Gesamtplanung zu informieren, ist für die Geschäftsleitung viel wirkungsvoller als eine gesetzlich ohnehin kaum durchhaltbare wirkliche Informationsverweigerung. Denn dem Betriebsrat oder der Belegschaft wird so Informationsverweigerung als Informationsbereitschaft demonstriert. Vorgenommene Veränderungen erscheinen auf diese Weise als Einzelmaßnahmen, obwohl die einzelnen Teilsysteme so angelegt sind, daß sie sich in ein Gesamtkonzept einfügen.

Erkennt der Betriebsrat diese Strategie, so muß er davon ausgehen, daß die Einbeziehung von immer mehr Daten und Aufgaben in die computergestützte Personaldatenverarbeitung und die ständige Erweiterung des Personalinformationssystems Unternehmensziel ist. Wesentliche Schritte sind hier

– Aufbau und Erweiterung der Datenbasis für die computergestützte Personaldatenverarbeitung,

– Übergang vom allein Personaldaten verwaltenden und sich auf Abrechnungsaufgaben beschränkenden System zu einem PIS, das auch für Planungsaufgaben eingesetzt werden kann,

– Einführung von automatischen Datenerfassungssystemen an verschiedenen Stellen im Betrieb und deren Verknüpfung mit dem PIS sowie

– Integration des PIS in ein globales Management-Informations-System (MIS).

Einführungsstrategien

Diese Ausbaustufen sind nicht im Sinne einer geradlinigen Abfolge zu verstehen, sondern skizzieren Entwicklungsstufen, die in unterschiedlicher Reihenfolge auftreten können. Für den Betriebsrat darf nicht nur der Ist-Zustand der Planung bzw. Realisierung von Interesse sein, sondern es müssen möglichst frühzeitig Erweiterungstendenzen erkannt werden.

2. Vorgehensweise der Interessenvertretung

Die Ausgangsbedingungen für Schritte der betrieblichen Gegenwehr können sehr unterschiedlich sein. Manche Systeme wachsen über Jahre, andere werden mit einem Schlag installiert. Die Lohn- und Gehaltsabrechnung kann im eigenen oder fremden Rechenzentrum stattfinden, die Personaldatenverarbeitung kann durch die Zusammenlegung bestehender Dateien in eine Datenbank, den Kauf eines Software-Paketes oder die personenbezogene Auswertung von Betriebsdaten erweitert werden.

Trotz all dieser Unterschiedlichkeiten läßt sich ein allgemeiner Handlungsrahmen abstecken. Den Ausgangspunkt bildet die Erfahrung, daß die Einführung oder Erweiterung von EDV-Systemen üblicherweise nach einem systematischen und in Phasen aufgeteilten Unternehmenskonzept geschieht, welches eine möglichst reibungslose und effektive Einführung gewährleisten soll (vgl. **Folie 2503**).

Die einzelnen Phasen sind im Band 1 »Grundwissen zur Technikgestaltung« genauer behandelt worden. Dort wurde die **Planungsphase** zusätzlich noch unterteilt in Projektanstoß, Vorstudie und Grobkonzeption. Die **Entscheidung** und **Vorbereitung** beinhaltet bei Standardsoftware die Auswahl und Anpassung und bei Eigenentwicklungen die Detailkonzeption und Realisierung. Der Phase »Einführung und Einsatz« im Grundseminar entspricht die hier **Integration und Nutzung** genannte Stufe.

Die Kenntnis der einzelnen Einführungsschritte (für eine detailliertere Darstellung vgl. Band 1) erleichtert dem Betriebsrat die konsequente Wahrnehmung seiner Informations-, Beratungs- und Mitbestimmungsrechte. Den schrittweisen und zielgerichteten Strategien der Geschäftsleitung muß eine ebensolche systematische Vorgehensweise der Betriebsräte entgegengesetzt werden. In jeder Phase der Einführung oder Erweiterung des Systems hat der Betriebsrat eine Reihe von Eingriffsmöglichkeiten. Weil die Strategien des Managements und die Handlungsvoraussetzungen der Interessenvertretung unterschiedlich sind, kann der Betriebsrat jedoch nicht schematisch vorgehen. Die im folgenden dargestellten Handlungsziele der Interessenvertretung (vgl. **Folie 2501**) lassen sich somit auch nicht eindeutig einer einzelnen Phase zuordnen, sondern betreffen zugleich mehrere Phasen (vgl. **Folie 2503** mit **Overlay**).

Handlungsziel 1: Informationsbeschaffung

Die Aufgabe des Betriebsrates ist es, Rationalisierungsüberlegungen im Bereich des Personalwesens **möglichst frühzeitig zu erkennen**. Die Einführung oder Erweiterung der computergestützten Personaldatenverarbeitung erfordert meist einen erheblichen zeitlichen und personellen Vorbereitungsaufwand. Auf Initiative von verschiedenen Abteilungen (EDV-Abteilung, Personal- und Organisationsabteilung, Geschäftsleitung) werden in Voruntersuchungen »Mängel« und »Schwächen« und deren Ursachen beschrieben, Zielvorstellungen entwickelt und Lösungsansätze grob aufgezeigt.

Der Betriebsrat kann aber auch noch nach der Einführung eines Systems aktiv werden. Anknüpfungspunkt ist das **Initiativrecht des Betriebsrats** in mitbestimmungspflichtigen Angelegenheiten (vgl. **Arbeitsblatt 2501**). In den meisten Betrieben mit computergestützter Personaldatenverarbeitung ist diese noch nicht durch eine Betriebsvereinbarung geregelt. Die Betriebsräte haben dem Einsatz solcher Systeme weder zugestimmt, noch haben sie ihn abgelehnt. Hier kann der Betriebsrat auch nachträglich ohne konkreten betrieblichen Anlaß seine **Mitbestimmungsrechte geltend machen** und den Abschluß einer Betriebsvereinbarung fordern. Er kann sich dabei auch auf die verbesserte Rechtsprechung, nämlich auf das »Volkszählungsurteil« und das darin genannte »Recht auf informationelle Selbstbestimmung« (BAG-Entscheidung vom 14.09.1984) berufen. Auch eine Systemänderung bzw. -erweiterung ist ein Anlaß, über das gesamte System zu verhandeln.

Ohne gezielte und konsequente **Informationsbeschaffung** wird der Betriebsrat nicht zu einem erfolgreichen Abschluß einer Betriebsvereinbarung kommen. Dabei empfiehlt sich generell folgende Vorgehensweise:

— Alle Fragen an die Geschäftsleitung schriftlich einreichen!
— Für die Beantwortung der Fragen eine Frist setzen!
— Prüf- und Checklisten als Hilfsmittel benutzen (z.B. Hexel 1986, S. 76)!

Das Informationsbegehren muß insbesondere folgende Bereiche umfassen:

— Mit welchem Rechner und mit welchen Terminals arbeitet das System?
— Welche Daten werden aufgrund welcher Rechtsgrundlage gespeichert?
— Aus welchen Quellen stammen die Daten?
— Welche Auswertungen mit welchen Daten werden zu welchem Zeitpunkt durchgeführt?
— Wer hat wann und wie Zugriff auf welche Daten?
— Welche Daten werden wann auf welcher Grundlage weitergegeben?

Weitere Fragen lassen sich dem **Arbeitsblatt 2502** entnehmen. Eine Übersicht der benötigten und vom Arbeitgeber anzufordernden Unterlagen gibt **Folie 2502**. Die Zuordnung der anzufordernden Unterlagen zu den jeweiligen Phasen des Projektes ergibt sich aus dem im Grundseminar Gesagten (vgl. Band 1). Werden von der Geschäftsleitung Arbeitsgruppen, Projektteams etc. gebildet, die den PDV-Einsatz vorbereiten sollen, so muß der Betriebsrat sicherstellen, daß er alle in diesen Gremien erstellten Unterlagen erhält. Die Unterlagen sind ihm gegebenenfalls zu erläutern und die Konsequenzen mit ihm zu beraten. Unter Umständen sollte ein Vertreter des Betriebsrats diesem Team angehören.

Unter allen Umständen muß der Betriebsrat auf Aushändigung des Pflichtenheftes und des Ausschreibungstextes bestehen, denn aus diesen Unterlagen lassen sich wichtige Informationen, z.B. über Verknüpfungsmöglichkeiten und Einsatzbereiche ablesen.

Einführungsstrategien 5–9

Angebotsvergleiche und Kaufvertrag (manchmal handelt es sich auch wie bei PAISY um einen Nutzungsvertrag) sind wichtige Informationsquellen, aus denen die tatsächlichen Absichten der Geschäftsleitung deutlich werden. Der Betriebsrat sollte daher im Rahmen seiner Informationsrechte die Überlassung dieser Dokumente geltend machen. In der Einführungs- und Erprobungsphase wird die gekaufte Standardsoftware an die bereits im Unternehmen vorhandene Hard- und Software angepaßt. Fehlermöglichkeiten werden überprüft und der zukünftige Einsatz getestet. Die Benutzer werden ausgewählt, eingewiesen und geschult. Bei der Installierung verwendet die EDV-Abteilung Unterlagen, um Daten zu erfassen und zu speichern (Erhebungsformulare) und um Ausgaben und Listen zu erstellen (Bildschirmmasken). Anhand dieser Unterlagen lassen sich gut der Datenbestand sowie die Ausgaben und Auswertungen dokumentieren und festlegen. Daher sollte der Betriebsrat eine Kopie aller Erfassungsbelege und Bildschirmmasken anfordern. Weitere wichtige Unterlagen sind das Schlüsselverzeichnis und der Datenflußplan. Als Hilfsmittel für die Arbeit in den Personalabteilungen stellen die Hersteller Benutzerhandbücher und Systembeschreibungen zur Verfügung. Darin ist eine Beschreibung aller Tätigkeiten enthalten, die im Zusammenhang mit der Anwendung des Systems stehen. Die Bücher erläutern die Datenerfassung, die Dateneingabe und -fortschreibung, die Verwendung der Schlüsselverzeichnisse sowie die Abfrage- und Auswertungsmöglichkeiten.

Handlungsziel 2: Beratung

Unabhängig von den Unterlagen der Geschäftsleitung sollte der Betriebsrat auch andere Informationsquellen nutzen: Gerade bei komplexen Computersystemen wird er ohne das betriebliche Fachwissen und die qualifizierte Zuarbeit von Technikern, Ingenieuren und Betroffenen nicht auskommen.

Die Beratung beginnt mit einer **umfassenden Bestandsaufnahme.** Diese umfaßt den Umfang des Systemeinsatzes, mögliche Entwicklungslinien sowie die daraus resultierenden Gefährdungsbereiche. Unbedingt sollte der Betriebsrat einen **Rationalisierungsausschuß** bilden, der Informationen auswertet und die Sitzungen vorbereitet. Auch die Hinzuziehung eines **Sachverständigen oder Gewerkschaftsbeauftragten** ist zu empfehlen. Hierzu sei auf Band 1, S. 5–24ff. verwiesen. Die örtliche Vertretung der zuständigen Einzelgewerkschaft kann den Betriebsrat beraten, Kontakte herstellen, mit zusätzlichen Informationen versorgen und Rechtsauskünfte erteilen.

Die Beratung soll die Beeinflussung des PIS-Projektes im Arbeitnehmerinteresse erleichtern. Sie ermöglicht es dem Betriebsrat, negative Auswirkungen zu begrenzen oder sogar auszuschalten, Einfluß auf die Auswahlkriterien zu nehmen, alternative Lösungen und Systemauslegungen vorzuschlagen und Änderungen zu fordern.

Handlungsziel 3: Mobilisierung der Beschäftigten

Zur Stärkung seiner Verhandlungsposition sollte der Betriebsrat

– die Belegschaft informieren und mobilisieren,
– Öffentlichkeit herstellen und
– die Betroffenen in die Entwicklung von Gegenforderungen miteinbeziehen.

Es ist wichtig, für die unmittelbar Betroffenen und die Gesamtbelegschaft Informationsveranstaltungen mit Gewerkschaftsvertretern und Experten vorzubereiten und durchzuführen. Beauftragte der Gewerkschaft können nach § 46 BetrVG an Abteilungs- und Belegschaftsversammlungen teilnehmen und über Probleme und Gefahren aufklären. Je mehr Betroffenheit und Sensibilität bei den Kollegen und Kolleginnen erzielt wird, desto durchsetzungsfähiger ist der Betriebsrat bei der Einbringung seiner Forderungen. Solidarität kann dann erreicht werden, wenn möglichst vielen klar wird, daß sie von den Auswirkungen automatisierter Personaldatenverarbeitung betroffen sind. Das Bewußtsein für Datenschutzprobleme muß im betrieblichen Alltag vorhanden sein. Es wäre denkbar, ein **Netz von Datenschutzvertrauensleuten** aufzubauen, das den Betriebsrat bei seinen Aktivitäten unterstützt. Bei allen Konfliktfällen, insbesondere bei der Verweigerung von Informations-, Beratungs- und Mitbestimmungsrechten, kann die **Herstellung betrieblicher Öffentlichkeit,** z.B. durch Flugblätter, Diskussionen in Gang setzen und die Durchsetzungschancen für Forderungen und Betriebsvereinbarungen verbessern. Im Extremfall verschafft eine gezielte außerbetriebliche Öffentlichkeitsarbeit, z.B. in Form von Presseinformationen den notwendigen Druck. Der Unternehmensleitung muß deutlich werden, daß während der gesamten Auseinandersetzung Betriebsrat, Gewerkschaft und Belegschaft zusammenstehen.

Ergebnis einer **Belegschaftsversammlung** könnte z.B. die kollektive Nutzung des Beschwerderechts durch Arbeitnehmer (§§ 84f. BetrVG) oder ihre Forderung sein, personenbezogene und -beziehbare Daten EDV-mäßig erst dann verarbeiten zu lassen, wenn sie durch eine entsprechende Betriebsvereinbarung geschützt werden. So hatten 9 000 Arbeitnehmer der Daimler-Benz AG in einer Unterschriftenaktion »die Speicherung und Verwendung ihrer persönlichen Daten im Rahmen von ISA solange untersagt, bis in einer Vereinbarung zwischen Firmenleitung und Betriebsrat ihre schutzwürdigen Belange gewahrt (...)« waren. Der Betriebsrat sollte die Forderung nach Abschluß einer Betriebsvereinbarung auch öffentlich gegenüber dem Arbeitgeber bekunden und deutlich machen, daß er ohne Einigung eine Einführung oder Erweiterung der computergestützten Personaldatenverarbeitung juristisch verhindern wird.

Handlungsziel 4: Entwicklung eines Gestaltungskonzeptes

Für das Vorgehen des Betriebsrats ist es von entscheidender Bedeutung, sich schon möglichst früh über seine eigenen Ziele Klarheit zu verschaffen. Ansonsten kann er weder sinnvolle Forderungen aufstellen noch wirkungsvolle Regelungen abschließen. Auf mögliche Ziele bei der Einführung oder Erweiterung der computergestützten Personaldatenverarbeitung wurde bereits in Lehreinheit 4 eingegangen. In einem Diskussionsprozeß mit Vertrauensleuten und Experten und unter Heranziehung von gewerkschaftlichen Handlungshilfen sollte ein Schutzkonzept entwickelt werden, das nicht nur Kriterien enthält, die als Richtschnur für die Verhandlungen mit der Geschäftsleitung dienen, sondern auch für die breite Mobilisierung der Beschäftigten herangezogen werden kann. Zum Schutzkonzept gehört auch die Aufstellung von

Einführungsstrategien   5–11

Forderungen, die in einem Betriebsvereinbarungsentwurf ihren Niederschlag finden.
Insbesondere die Regelungsbereiche bei Eingabe, Verarbeitung und Ausgabe von
Daten müssen breit diskutiert werden.

Handlungsziel 5: Verhandlung und Abschluß einer Betriebsvereinbarung

Die Belegschaft muß über Ziele und Inhalte der Betriebsvereinbarung informiert sein
und nachvollziehen können, was der Betriebsrat erreichen will. Daher sind Informationen durch Betriebsversammlungen, Betriebsbegehungen, Schwarzes Brett, Rund-
schreiben und Flugblätter in dieser Phase besonders wichtig. Jede Einführung eines
EDV-Systems ist ein zeitlicher Prozeß, für den der Unternehmer Ruhe und Ordnung
braucht. Hier kann die Belegschaft bei Bedarf heilsame Unruhe und Druck erzeugen.
Wird das Mitbestimmungsrecht des Betriebsrats vom Arbeitgeber bestritten und
zeigt er keine Bereitschaft zum Abschluß einer Betriebsvereinbarung, so wird die
Inanspruchnahme rechtlicher Mittel unabweislich. Hierzu sei an das im Band 1
»Grundwissen zur Technikgestaltung« Gesagte erinnert. Ohne Betriebsvereinbarung
sollte der Betriebsrat auch Probeläufen mit Echtdaten nicht zustimmen. Da jede
zeitliche Verzögerung bei der Einführung mit Kosten verbunden ist, erhöht sich so
die »Bereitschaft« der Geschäftsleitung, eine Betriebsvereinbarung abzuschließen.
Führt der Arbeitgeber trotz des Widerspruchs des Betriebsrats Probeläufe durch, sind
auch hier Rechtsmittel anzuwenden.

Handlungsziel 6: Laufende Kontrolle ausüben

Mit dem Abschluß einer Betriebsvereinbarung ist das Problem für den Betriebsrat
keineswegs gelöst. Er muß gegebenenfalls mit Hilfe eines Sachverständigen **regelmäßig von** seinen **Kontrollrechten Gebrauch machen** und auf die strikte Einhaltung der
Betriebsvereinbarung achten. Häufig versuchen Arbeitgeber nämlich, Zugeständ-
nisse, die sie in der Einführungsphase gemacht haben, Zug um Zug zurückzuneh-
men. Fast alle Unternehmen, bei denen die computergestützte Personaldatenverarbeitung eingeführt wurde, planen deren Erweiterung. Ziel ist die Einbeziehung von
immer mehr Dateien und Aufgaben. Der Betriebsrat sollte hierzu kontinuierlich
Informationen einholen, auf Warnzeichen (vgl. Band 1 »Grundwissen zur Technikgestaltung«) achten und bei jeder organisatorischen Veränderung nachfragen. Wenn es
gelungen ist, in der Betriebsvereinbarung auch Datenvertrauensleute mit Kontrollbe-
fugnis zu verankern, ist es wichtig, daß der Betriebsrat eng mit ihnen und dem
Datenschutzbeauftragten zusammenarbeitet, um eine wirksame Kontrolle auszu-
üben. Gegebenenfalls muß der Betriebsrat sich in dieser Phase noch einmal zusätzlich **für** seine **Kontrollaufgaben qualifizieren.** Solange sich ein generelles Verbot von
Personalinformationssystemen nicht durchsetzen läßt, kann der Betriebsrat beim
Kampf für die Wahrung von Beschäftigteninteressen auf das Instrument der Betriebsvereinbarung nicht verzichten. Daher ist die Betriebsvereinbarung ständig daraufhin
zu überprüfen, ob sie der aktuellen Entwicklung angepaßt werden muß oder ob eine
neue Betriebsvereinbarung abzuschließen ist.

Zur Vermittlung dieser Lehrinhalte sind 2 Vorgehensweisen möglich:

Variante 1

Ist das Planspiel in den vergangenen Lehreinheiten durchgeführt worden, so können im Plenum die verschiedenen bisherigen Planspielphasen hinsichtlich der Einführungsstrategien und Vorgehensweisen ausgewertet werden. Leitfragen für den Arbeitsschritt 1 könnten sein:

Wie ist die Geschäftsleitung vorgegangen?

Welche Informationen hat sie gegeben, welche Unterlagen zur Verfügung gestellt? Wo hat sie verharmlost?

Welche Informationen wurden auch nur auf Nachfrage, welche überhaupt nicht gegeben?

Für den Arbeitsschritt 2 sollten insbesondere die Ergebnisse auf Frage B, **Arbeitsblatt 2301** sowie auf die Frage nach den Forderungen des Betriebsrates und der gesamte Verlauf des Planspiels zu Rate gezogen werden. Die Leitfragen wären hier:

Wie ist der Betriebsrat vorgegangen?

Welche Methode hat er angewendet?

Der Referent faßt entweder (bei guten Ergebnissen) zusammen oder zeigt die Probleme und Defizite auf.

Variante 2

Die Inhalte dieser Lehreinheit können auch im Lehrgespräch erarbeitet werden. Dabei ist es wichtig, an die Erfahrungen der Teilnehmer anzuknüpfen.

Bei beiden Varianten kann zusätzlich die IPAS-Unterlage (**Arbeitsblatt 2305**) hinzugezogen werden, um herauszuarbeiten, welche Informationen der Betriebsrat zur Bewertung der EDV-Einführung benötigt.

In Arbeitsschritt 2 können die einzelnen Handlungsziele auf einer Wandzeitung festgehalten und stichwortartig erläutert werden. **Folie 2501** gibt ein Beispiel für die so entstandene Wandzeitung. Gleichzeitig kann die Zuordnung der Handlungsziele zu den Einführungsphasen schrittweise in **Folie 2503** eingetragen werden. Das **Overlay** zu dieser Folie zeigt wiederum das auf diese Weise entstandene Endprodukt.

Bei der Durchführung dieser Lehreinheit sollte auch an die Bestandsaufnahme zu Beginn des Seminars, insbesondere Frage 7, angeknüpft werden.

Einführungsstrategien 5–13

Literaturhinweise

Gewerkschaft Leder:
  Personalinformationssysteme, Broschüre, Stuttgart 1987
Hexel, D.:
  Personaldaten und EDV. Sonderdruck der Zeitschrift »Der Betriebsrat«; Hg. IG
  Chemie-Papier-Keramik, Hannover 1986. Auch als Buch veröffentlicht unter dem
  Titel »Mensch im Computer – Personaldaten und EDV«, Hamburg 1986 (VSA)

Arbeitstransparente

2501	Handlungsziele der Interessenvertretung bei bestehenden PIS
2502	Notwendige Informationsunterlagen
2503	Vorgehensweise bei Einführung von PIS (Unternehmensleitung)
2503 O	Vorgehensweise bei Einführung von PIS (Interessenvertretung)

```
TBS                                                    2501
Technologieberatungsstelle beim DGB Landesbezirk NRW    Computertechnik für Arbeitnehmervertreter
```

Handlungsziele der Interessenvertretung bei bestehenden PIS

Information	schriftlich anfragen Prüf- und Checklisten benutzen Fristen setzen Unterlagen anfordern
Beratung	Sachverständigen bestellen Gewerkschaft aufsuchen Unterlagen prüfen Bestandsanalyse
Belegschaft mobilisieren	Betriebsversammlung Vertrauensleuteversammlung Flugblätter / Presseinformationen
Gestaltungskonzept entwerfen	Ziele festlegen Forderungen aufstellen BV formulieren
BV verhandeln	Belegschaft einbeziehen rechtliche Mittel nutzen
Laufende Kontrolle ausüben	Einhaltung der BV kontrollieren Erweiterungen erkennen BV anpassen

nach: Gewerkschaft Leder 1987

TBS   2502

Technologieberatungsstelle beim DGB Landesbezirk NRW   Computertechnik für Arbeitnehmervertreter

Notwendige Informationsunterlagen

1   Pflichtenheft

2   Nutzungs-, Kauf- oder Mietvertrag

3   Systembeschreibung

4   Datenkatalog einschließlich Schlüsselverzeichnis

5   Listen und Ausgaben

6   Kopien der Bildschirmmasken und Erhebungsformulare

7   Datenflußpläne

8   Unterlagen über Datenbankkonzept und Abfrage- bzw. Infosprachen

© TBS

Vorgehensweise bei Einführung von PIS

**Unternehmens-
leitung**

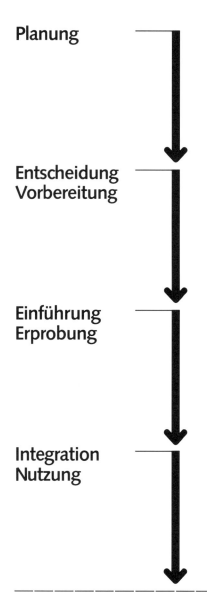

Planung

Entscheidung
Vorbereitung

Einführung
Erprobung

Integration
Nutzung

nach: Gewerkschaft Leder 1987

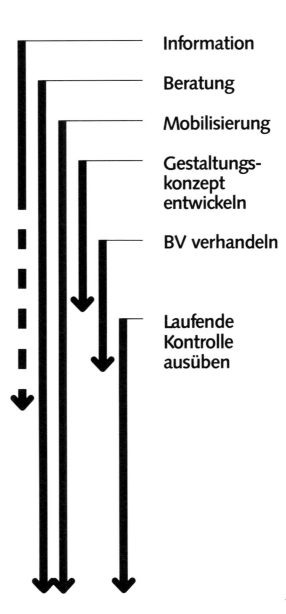

Einführungsstrategien

Arbeitsblätter

2501   Wann hat der Betriebsrat ein Initiativrecht?

2502   Frageliste zu PIS

Technologieberatungsstelle beim DGB Landesbezirk NRW | Arbeitsblatt 2501 | Computertechnik für Arbeitnehmervertreter

Wann hat der Betriebsrat ein Initiativrecht?

Fall 1

Der Betriebsrat wurde in der Vergangenheit weder über das Software-Produkt informiert, noch hat er der Inbetriebnahme zugestimmt.

Fall 2

Der Betriebsrat wurde in der Vergangenheit informiert, er hat jedoch kein Mitbestimmungsrecht geltend gemacht und auch nicht dem System zugestimmt.

Fall 3

Der Betriebsrat wurde in der Vergangenheit informiert, er hat Mitbestimmung verlangt, der Unternehmer hat dies abgelehnt. Daraufhin hat der Betriebsrat nichts mehr unternommen.

Fall 4

Der Betriebsrat wurde in der Vergangenheit informiert, er hat dem System ausdrücklich zugestimmt (schriftlich oder mündlich). Es gibt jedoch keine Betriebsvereinbarung, sondern eine "Regelabsprache". Eine solche Regelabsprache kann durch einseitigen Akt ohne jede Nachwirkung sofort vom Betriebsrat durch Mehrheitsbeschluß widerrufen werden.

Fall 5

Der Betriebsrat hat über die Inbetriebnahme des Systems verhandelt und auch eine Betriebsvereinbarung abgeschlossen. In diesem Fall ist die Betriebsvereinbarung zu kündigen, die jedoch so lange nachwirkt, bis Einigung über eine neue erreicht wurde.

Quelle: Hexel 1984

TBS

Technologieberatungsstelle beim DGB Landesbezirk NRW

Arbeitsblatt 2502   Seite 1

Computertechnik für Arbeitnehmervertreter

Frageliste zu Personalinformationssystemen

1. Welches sind die **Gründe** für die Einführung des Personalinformationssystems? Erläutern Sie Ihre Wirtschaftlichkeitsberechnungen!

2. **Welches Personalinformationssystem** soll im Unternehmen angewandt werden? Wird es von einem Software-Hersteller gekauft? Legen Sie den Kauf- oder Nutzungsvertrag, das Systemhandbuch und das Pflichtenheft vor.

3. Welcher **Zeitplan** ist für die Einführung vorgesehen? Sind **Probeläufe** vorgesehen?

4. **Welche Daten** des Arbeitnehmers sollen **erfaßt, gespeichert, verarbeitet** werden?

5. **Woher** stammen die Daten?

6. Zu welchem **Zweck** werden welche einzelnen Daten benötigt?

7. Welche Daten sollen an **wen** und **wohin weitergegeben** werden?

8. Was ist die **Rechtsgrundlage** für die Speicherung bzw. Weitergabe der Daten?

9. Welche Personen sollen **Zugriff** auf die Daten haben? (Wer darf Daten lesen, löschen, verändern?)

10. Gibt es **Löschungsfristen** für die einzelnen Daten? (z.B. für Disziplinarmaßnahmen / unentschuldigtes Fehlen / Daten ausgeschiedener Arbeitnehmer / ...)

11. Welche **anderen computergestützten Systeme** sind im Betrieb vorhanden?

12. Welche **Kopplungen** bestehen zwischen diesen Systemen und welche sind geplant? Sind Kopplungen zu externen Systemen geplant?

13. Welche **Zugriffs-** und **Kontrollrechte** sollen dem Betriebsrat eingeräumt werden?

    Wie werden die Mitbestimmungsrechte sichergestellt, wenn ein Dateitransfer zu außerbetrieblichen Stellen stattfindet? (z.B. Verarbeitung in einem externen Rechenzentrum/Weitergabe von Daten an andere Betriebe)

14. Welche **Auswertungsprogramme** gibt es im Personalinformationssystem?

15. Mit welchen **Rechnern** soll das PIS betrieben werden?

Quelle: Gewerkschaft Leder 1987

Lehreinheit 6

»Rechtliche Rahmenbedingungen«

Inhalt

Lernziele und Lerninhalte 6–3

Kurzzugang 6–4

Langfassung

    AS 1 Datenschutz für Arbeitnehmerdaten 6–5

    AS 2 Die Rechtsgrundlagen nach dem BetrVG 6–15

Rechnereinsatz 6–19

Literaturhinweise 6–21

Arbeitstransparente 2601 bis 2605 6–22

Arbeitsblätter 2601 bis 2605 6–28

Rechtliche Rahmenbedingungen 6–3

Lernziele und Lerninhalte

In Lehreinheit 6 werden die für die Umsetzung der Ziele und Forderungen der Interessenvertretung notwendigen rechtlichen Voraussetzungen abgehandelt. Dabei ist für die Arbeit des Betriebsrates natürlich vorrangig von Interesse, welche Möglichkeiten sich aus der Anwendung des Betriebsverfassungsgesetzes (BetrVG) ergeben. Die Teilnehmer/innen sollen dabei lernen, die einschlägigen Rechtsvorschriften auf den Bereich Personaldatenverarbeitung anzuwenden.

Aber auch die Kenntnis der Arbeitnehmerrechte, die sich aus dem Bundesdatenschutzgesetz (BDSG) ergeben, ist für den Betriebsrat unabdingbar. Die Teilnehmer sollen das Datenschutzgesetz als allgemeines, nicht spezifisch für die Arbeitswelt konzipiertes Rechtswerk begreifen, in dem kollektive Vertretungsrechte vernachlässigt werden. Umgekehrt ist es das Ziel, daß sie die gegenüber dem Betriebsverfassungsgesetz erweiterten Tatbestände − individuelle Rechte von Betroffenen und gesetzlich festgelegter Rahmen für die Verarbeitung von personenbezogenen Daten − als zusätzliche Ansatzpunkte für betriebliches Handeln nutzen lernen.

Darüber hinaus wird angestrebt, daß die Teilnehmer/innen die Bedeutung des Grundrechtes der »informationellen Selbstbestimmung« für die Personaldatenverarbeitung in den Unternehmen abschätzen können und lernen, dieses Recht auf betriebliche Praxisbeispiele anzuwenden.

Kurzzugang

Lerninhalte	Didaktisch-methodische Hinweise
AS 1 Datenschutz für Arbeitnehmerdaten	Lehrvortrag
1.1 Anforderungen des BVerfG an den Datenschutz	
Informationelle Selbstbestimmung	Folie 2601
1.2 Das Bundesdatenschutzgesetz §§ 1–3, 6, 23–29	Folien 2602 bis 2604
	Zeitbedarf: 80 Min.
AS 2 Die Rechtsgrundlagen nach dem BetrVG	
§ 94 sowie Verbindung von BetrVG und BDSG bzw. informationelle Selbstbestimmung, allgemeine Rechte nach §§ 75, 80, 83 BetrVG	**Variante 1** Planspielphase 4 gemäß Arbeitsblatt 2601 (Zeitbedarf: 45 Min.), anschließend Plenum mit Zusammenfassung (Arbeitsblatt 2602), Vervollständigung und Weiterentwicklung der Arbeitsgruppenergebnisse
Informations- und Beratungsrechte nach §§ 92 und 80, Mitbestimmungsrechte nach § 87 (1) Nr. 1 und 6 sowie §§ 94 und 95	**Variante 2** Arbeitsgruppen gemäß Arbeitsblatt 2603 (Zeitbedarf: 30 Min.), anschließend Plenum mit Zusammenfassung (Arbeitsblatt 2604) der Ergebnisse.
	Folie 2605 (evtl. Arbeitsblätter 1500, 1504, 1505), Arbeitsblatt 2605
	Zeitbedarf: 90 Min.

Rechtliche Rahmenbedingungen

Langfassung

1. Datenschutz für Arbeitnehmerdaten

Die Einführung und Nutzung von Personalinformationssystemen in Betrieben verläuft in einem gesetzlichen Rahmen, der insbesondere durch das Betriebsverfassungsgesetz, das Bundesdatenschutzgesetz sowie die einschlägige aktuelle Rechtsprechung des Bundesarbeitsgerichtes gebildet wird. Einige wichtige Tatbestände wurden durch das sogenannte Volkszählungsurteil des Bundesverfassungsgerichts von 1983 präzisiert. Die Kenntnis dieser Rahmenbedingungen ist für das betriebliche Handeln unabdingbar, wenngleich die rechtliche Argumentation nur ein Ausgangspunkt sein kann, um mit Hilfe betrieblichen Drucks und der Mobilisierung der Belegschaft gewerkschaftliche Forderungen durchzusetzen. Oft sind die gesetzlichen Bestimmungen unpräzise und gestatten große Auslegungsspielräume, die bei entsprechendem Druck im betrieblichen Einzelfall im Interesse der Kollegen genutzt werden können. Außerdem gehen die gewerkschaftlichen Ziele und Forderungen über die aktuelle Rechtsprechung hinaus und jeder erfolgreiche Kampf zur Durchsetzung von Arbeitnehmerforderungen im Betrieb ist auch ein Beitrag zur Fortschreibung der Gesetzgebung. Aus gewerkschaftlicher Sicht sind die oben angeführten Gesetze unzureichend und hinken technisch-gesellschaftlichen Entwicklungen und deren Bewältigung hinterher. In den seltensten Fällen ist das Recht vorausschauend gestaltend. Keinesfalls kann also der Rückgriff auf die Gesetzgebung bzw. die Rechtsprechung ein Ersatz dafür sein, unter breiter Beteiligung der Beschäftigten gestaltungsorientierte Forderungen aufzustellen, ein Handlungskonzept zu entwickeln und es betrieblich durchzusetzen.

1.1 Anforderungen des Bundesverfassungsgerichts an den Datenschutz

Die Entscheidung des Bundesverfassungsgerichts vom 15.12.1983 zum Volkszählungsgesetz hat weit über ihren eigentlichen Gegenstand hinaus Bedeutung erhalten. Auf dieser Grundlage werden derzeit die Regelungen des Datenschutzes im öffentlichen wie auch im sogenannten nichtöffentlichen Sektor überarbeitet. Im folgenden sollen die wesentlichen Feststellungen des »Volkszählungsurteils« kurz dargestellt und erste Konsequenzen für den Arbeitnehmerdatenschutz gezogen werden.

Das Grundrecht auf **informationelle Selbstbestimmung** hat das Bundesverfassungsgericht aus **Art. 1 Abs. 1** und **Art. 2 Abs. 1 GG** abgeleitet. Dieses Recht gewährleistet die »Befugnis des Einzelnen grundsätzlich selbst über die Preisgabe und Verwendung seiner Daten zu bestimmen«. Das Recht auf informationelle Selbstbestimmung gilt jedoch nicht »schrankenlos«. Der Einzelne muß vielmehr Einschränkungen »im überwiegenden allgemeinen Interesse« hinnehmen und zwar unter folgenden Voraussetzungen (vgl. **Folie 2601**):

Die Einschränkung bedarf einer (verfassungsmäßigen) gesetzlichen Grundlage (Vorbehalt des Gesetzes).

Das heißt für PDV:
Die computergestützte Personaldatenverarbeitung muß auf eine sichere Rechtsgrundlage gestellt werden. Von daher sind umfassende, die Interessen der Beschäftigten einbeziehende Betriebsvereinbarungen abzuschließen. Ohne Einwilligung des Beschäftigten bzw. Zulassung durch Rechtsvorschriften, Tarifverträge oder Betriebsvereinbarungen dürfen nur solche Daten gespeichert, verarbeitet und verwendet werden, die unmittelbar zur Abwicklung des Arbeitsverhältnisses erforderlich sind.

Voraussetzungen und Umfang der Einschränkung müssen klar und für den Bürger erkennbar sein (Grundsatz der Normenklarheit).

Das heißt für PDV:
Wer, wann und bei welcher Gelegenheit im Rahmen eines Arbeitsverhältnisses Daten erhebt, muß für den einzelnen Arbeitnehmer eindeutig und erkennbar offengelegt werden. Die vielfach im BDSG verwendeten Generalklauseln (insbesondere §§ 23, 24, 25) entsprechen nicht dem Prinzip der Normenklarheit, gleichgültig, ob es um die Bezugnahme auf die Zweckbestimmung von Rechtsverhältnissen oder um das Begriffspaar »berechtigte Interessen – schutzwürdige Belange« geht. Von klar definierten Verarbeitungsvoraussetzungen kann keine Rede sein.

Die Einschränkung muß dem Grundsatz der Verhältnismäßigkeit (Geeignetheit, Erforderlichkeit) genügen.

Das heißt für PDV:
Die Menge der erfaßten, gespeicherten und verarbeiteten Personaldaten muß zur Erfüllung einer beschriebenen Aufgabe erforderlich sein. Insbesondere ist damit eine Totalerfassung gesetzlich ausgeschlossen. So handelt es sich bei der über den Abrechnungsmonat hinausgehenden Langzeitspeicherung und -auswertung von Arbeitszeitdaten sicher nicht um eine erforderliche Maßnahme.

Bei Einschränkung des Grundrechtes müssen organisatorische und verfahrensrechtliche Regeln zum Schutz der Betroffenen aufgestellt werden (Auskunfts- und Löschungsvorschriften, Existenz eines unabhängigen Datenschutzbeauftragten).

Das heißt für PDV:
Ein wirklich unabhängiger Datenschutzbeauftragter (vgl. § 28 BDSG) existiert für den nichtöffentlichen Bereich nicht, solange die Mitbestimmung des Betriebsrats bei seiner Bestellung und Abberufung nicht realisiert ist. Daher fehlt auch eine wesentliche organisatorische und verfahrensrechtliche Regelung.

Bei Einschränkung des Grundrechtes muß eine präzise Bestimmung des Verwendungszwecks erfolgen (Grundsatz der Zweckbindung).

Das heißt für PDV:
Dieser Grundsatz verbietet eine »Vorratshaltung« von Daten. Danach dürfte die Speicherung von Fehlzeiten für einen langen Zeitraum nicht erlaubt sein. Ebenso ist die Speicherung und Auswertung von durch Kontrolleinrichtungen aufgezeichneten Daten (z.B. Telefondatenerfassung, Zugangskontrollen) sowie das Erstellen von Persönlichkeitsprofilen äußerst bedenklich.

Rechtliche Rahmenbedingungen   6–7

Das Volkszählungsurteil hat schwere Mängel des derzeitigen Rechtszustandes offen-gelegt und begründet durchgreifende Zweifel an der Verfassungsmäßigkeit vieler Regelungen. Insbesondere werden deshalb zur Zeit die Datenschutzgesetze des Bundes und der Länder neu überarbeitet (vgl. die folgenden Abschnitte). Auch die Rechtsprechung zur praktischen Handhabung des Datenschutzes im Betrieb muß sich diesem Urteil anpassen.

> Die **Folie 2601** enthält nur Grundsätze, welche der Referent mit den angegebenen Erläuterungen und Beispielen kommentieren muß.

1.2 Das Bundesdatenschutzgesetz

Das Bundesdatenschutzgesetz (BDSG) von 1977 ist mit einer Reihe von Strukturfeh-lern behaftet, die einen wirksamen Datenschutz erschweren. Der entscheidende Mangel besteht in der nahezu ausschließlichen Stärkung der Individualrechte und der Vernachlässigung der kollektiven Interessenwahrnehmung durch die Betriebs-räte. Die tägliche Praxis in den Betrieben zeigt, daß ein effektiver Schutz der Arbeit-nehmerdaten in erster Linie durch eine Stärkung der Mitbestimmungsrechte der Betriebsräte zu verwirklichen ist.

Des weiteren ist das BDSG ein »**Gesetz zum Schutz vor Mißbrauch von personen-bezogenen Daten**«. Somit verfolgt es nicht die Zielsetzung, die Nutzung der EDV zu beschränken, sondern allenfalls die Datenverarbeitung in geordnete Bahnen zu len-ken. Klare Grenzen hierfür werden allerdings nirgendwo definiert. Seine Kritiker, wie der Rechtsexperte Prof. Steinmüller, nennen das Gesetz wegen seiner unpräzisen Regelungen auch »Datenfreigabegesetz«. Umgekehrt betont jedoch das Bundesver-fassungsgericht die Wichtigkeit des Datenschutzes als Teil des allgemeinen Persön-lichkeitsrechtes, wie es in **Artikel 2 des Grundgesetzes** festgelegt ist.

Das BDSG sollte jedoch trotz der Lücken und unpräzisen Regelungen Richtschnur für das Handeln des Betriebsrates sein. Dabei ist es gerade wegen der erwähnten Mängel wichtig, die konkreten betrieblichen Forderungen auf eine offensive Interpre-tation der durch das BDSG gegebenen Arbeitnehmerrechte zu gründen und sich dabei auf das Urteil des Bundesverfassungsgerichtes zu stützen.

Nach diesen Vorbemerkungen kommen wir nun zum eigentlichen Gesetzestext. Das BDSG gliedert sich in sechs Abschnitte. Der erste Abschnitt (**§§ 1 bis 6**) enthält allgemeine Vorschriften. Der zweite (**§§ 7 bis 21**) regelt die Datenverarbeitung der Behörden und sonstigen öffentlichen Stellen, der dritte (**§§ 22 bis 30**) hat die Daten-verarbeitung nichtöffentlicher Stellen für eigene Zwecke zum Gegenstand und ist deshalb für Arbeitnehmer besonders wichtig. Im vierten Abschnitt (**§§ 31 bis 40**) wird die geschäftsmäßige Datenverarbeitung nichtöffentlicher Stellen für fremde Zwecke geregelt und die letzten Abschnitte schließlich beinhalten Straf- und Übergangsvor-schriften. Für die Arbeitnehmer ist der erste und der dritte Abschnitt des Gesetzes von Bedeutung. Die dort beschriebenen Rechte gelten nicht nur für die in der Privatwirtschaft tätigen Arbeitnehmer, sondern auch für die im öffentlichen Dienst beschäftigten Arbeiter, Angestellten und Beamten. Im einzelnen gilt (vgl. **Folie 2602**):

§ 1 Aufgabe des Datenschutzes

»Aufgabe des Datenschutzes ist es, durch den Schutz personenbezogener Daten vor Mißbrauch bei ihrer Speicherung, Übermittlung, Veränderung und Löschung (Datenverarbeitung) der Beeinträchtigung schutzwürdiger Belange der Betroffenen entgegenzuwirken.« Bereits hieraus sind die Grenzen des Gesetzes deutlich erkennbar. Der Mißbrauch soll nicht verhindert werden, sondern ihm wird nur entgegengewirkt. Was Mißbrauch ist, regelt das Gesetz an keiner Stelle. Es bleibt den Betroffenen selbst überlassen, zu argumentieren, warum und wann es sich um einen Mißbrauch ihrer Daten handelt. Es empfiehlt sich von daher, Gebrauch und Mißbrauch exakt in der Betriebsvereinbarung zu definieren.

Wenn man der Argumentation des Bundesverfassungsgerichts folgt, dann liegen schutzwürdige Belange der Betroffenen immer vor, da sie einen Bestandteil der Persönlichkeitsrechte ausmachen. Im Rahmen seiner gesetzlichen Überwachungsaufgaben (z.B. § 80 BetrVG) hat der Betriebsrat nicht nur das Recht, sondern auch die Pflicht, diese Belange der Betroffenen zu schützen.

§ 2 Begriffsbestimmungen

Als **personenbezogene Daten** sind Einzelangaben über Personen, also beispielsweise Name, Geburtsdatum, Anschrift oder auch Werturteile aufzufassen. Allerdings muß die zugehörige Person bestimmbar sein. Dies ist nicht nur dann der Fall, wenn sie durch ein eindeutiges Merkmal (sog. ID-Merkmal) wie z.B. Name, Personalnummer oder Geburtstag, bestimmt ist, sondern auch, wenn in individuellen Datensätzen die Bezugsperson nicht ausdrücklich angegeben, aber nachträglich mit Hilfe von Merkmalskombinationen (z.B. Schornsteinfeger mit 4 Kindern in X-Stadt) bestimmbar ist. Schließlich können auch mathematisch-statistische Methoden sowie Auswertungs- und Analyseprogramme eine Rückführung von Datensätzen auf einzelne Personen (Re-Individualisierung) erleichtern. Nach dem Kommentar zum Bundesdatenschutzgesetz von Dammann gilt folglich auch dann das BDSG, wenn mit vertretbarem Aufwand und angemessener Erfolgswahrscheinlichkeit eine Re-Identifikation durchgeführt werden kann.

Ferner wird in § 2 auch der Verarbeitungsbegriff bestimmt. Als **Verarbeitung** definiert das Gesetz die Speicherung, Übermittlung, Veränderung und Löschung von Daten. Durch diese Definition fallen die wichtigen Verarbeitungsphasen Erhebung, Verwendung, Verknüpfung und Nutzung im Grundsatz aus dem Anwendungsbereich des Gesetzes heraus. Den jeweiligen Gebrauch der Daten, z.B. in verschiedenen Auswertungs- und Analyseprogrammen eines Personalinformationssystems regelt dieses Gesetz nicht. Diese Lücke kann der Betriebsrat aber durch die Forderung nach einer Betriebsvereinbarung schließen. In dieser kann dann der Verarbeitungsbegriff einschließlich Erhebung etc. definiert und festgelegt werden, wie im EDV-System mit den gespeicherten Daten zu verfahren ist und wozu die Ergebnisse verwendet werden dürfen.

Wichtig ist, daß die Verarbeitungsphasen Speichern. Übermitteln, Verändern und Löschen »ungeachtet der dabei angewendeten Verfahren«, also nicht nur im Zusammenhang mit EDV-Anlagen definiert werden. So ist auch der Begriff Speichern

Rechtliche Rahmenbedingungen 6–9

losgelöst von der EDV-Fachsprache zu verstehen. Jedes Material, das beschriftet werden kann, genügt. Entscheidend ist, daß die Information wiedergewonnen werden kann und zum Zwecke der weiteren Verwendung fixiert wurde.

§ 3 Zulässigkeit der Datenverarbeitung

Speicherung, Übermittlung, Veränderung und Löschung sind nur zulässig, wenn

1. das BDSG oder
2. eine andere Rechtsvorschrift dies erlaubt oder
3. der Betroffene schriftlich eingewilligt hat.

Der eigentlich im Bereich des Datenschutzes vernünftige Rechtsgrundsatz »Alles, was nicht ausdrücklich erlaubt ist, ist verboten« wird durch die schwammigen Erlaubnistatbestände stark ausgehöhlt.

Zu 1:
Die für die Arbeitnehmer in Frage kommenden Erlaubnistatbestände des Bundesdatenschutzgesetzes sind in den **§§ 23, 24 und 25** aufgeführt. Wegen ihres »Gummicharakters« müssen sie nahezu als Einladung zum Datenmißbrauch verstanden werden, zumindest solange die Beschäftigten nicht selbst individuell und kollektiv ihre Rechte einfordern (vgl. dazu weiter unten).

Zu 2:
Mit Rechtsvorschriften sind Gesetze und Rechtsverordnungen gemeint, die ausdrücklich die Verarbeitung personenbezogener Daten für zulässig erklären. Deshalb reicht auch die bloße Beschreibung einer Aufgabe selbst dann nicht aus, wenn ihre Verwirklichung durchaus die Verarbeitung personenbezogener Daten nach sich ziehen kann. Unter Rechtsvorschriften fallen auch tarifliche und betriebliche Normen, wie insbesondere Betriebsvereinbarungen und das gesamte Betriebsverfassungsgesetz. Allgemeine Verwaltungsvorschriften reichen dazu nicht aus.

Zu 3:
Die schriftliche Einwilligung des Betroffenen läßt sich besonders von Bewerbern einfach erzwingen. Sie muß jedoch individuell gegeben werden, kollektive Unterschriftenlisten sind ungenügend. Eine einmal gegebene Einwilligung kann jederzeit – z.B. nach einer halbjährigen Probezeit – widerrufen werden. Wichtig ist, daß eine Verpflichtung zur Abgabe der Einwilligungserklärung aufgrund des Arbeitsvertrages nicht besteht. Nach gewerkschaftlicher Erfahrung stellen jedoch solche individuellen Arbeitnehmerrechte immer nur einen sehr schwachen Schutz dar, da sie wegen des bestehenden Machtungleichgewichts kaum eingefordert werden.

§ 6 Technische und organisatorische Maßnahmen

Hierunter fällt die Verpflichtung der datenverarbeitenden Stelle zu technischen und organisatorischen Maßnahmen, um die sich aus dem Gesetz ergebenden Anforderungen zu gewährleisten. Diese Maßnahmen sollen je nach Art der zu schützenden personenbezogenen Daten geeignet sein (vgl. **Folie 2604**)

»1. Unbefugten den Zugang zu Datenverarbeitungsanlagen, mit denen personenbezogene Daten verarbeitet werden, zu verwehren (**Zugangskontrolle**),

2. Personen, die bei der Verarbeitung personenbezogener Daten tätig sind, daran zu hindern, daß sie Datenträger unbefugt entfernen (**Abgangskontrolle**),
3. die unbefugte Eingabe in den Speicher sowie die unbefugte Kenntnisnahme, Veränderung oder Löschung gespeicherter personenbezogener Daten zu verhindern (**Speicherkontrolle**),
4. die Benutzung von Datenverarbeitungssystemen, aus denen oder in die personenbezogene Daten durch selbsttätige Einrichtungen übermittelt werden, durch unbefugte Personen zu verhindern (**Benutzerkontrolle**),
5. zu gewährleisten, daß die zur Benutzung eines Datenverarbeitungssystems Berechtigten durch selbsttätige Einrichtungen ausschließlich auf die ihrer Zugriffsberechtigung unterliegenden personenbezogenen Daten zugreifen können (**Zugriffskontrolle**),
6. zu gewährleisten, daß überprüft und festgestellt werden kann, an welche Stellen personenbezogene Daten durch selbsttätige Einrichtungen übermittelt werden können (**Übermittlungskontrolle),**
7. zu gewährleisten, daß nachträglich überprüft und festgestellt werden kann, welche personenbezogenen Daten zu welcher Zeit von wem in Datenverarbeitungssysteme eingegeben worden sind (**Eingabekontrolle**),
8. zu gewährleisten, daß personenbezogene Daten, die im Auftrag verarbeitet werden, nur entsprechend den Weisungen des Auftraggebers verarbeitet werden können (**Auftragskontrolle**),
9. zu gewährleisten, daß bei der Übermittlung personenbezogener Daten sowie beim Transport entsprechender Datenträger diese nicht unbefugt gelesen, verändert oder gelöscht werden können (**Transportkontrolle**),
10. die innerbehördliche oder innerbetriebliche Organisation so zu gestalten, daß sie den besonderen Anforderungen des Datenschutzes gerecht wird (**Organisationskontrolle**).» (Vgl. Anlage zu § 6 BDSG)

Die Kenntnis dieses Gesetzes und seine Anwendung sind besonders für Betriebsräte wichtig, die den Einsatz von PCs zur Personaldatenverarbeitung regeln müssen. Da PCs weniger als Großrechner kontrollierbar sind, müssen zusätzliche Maßnahmen wie z. B.

– Sicherungssoftware,
– Datensafe,
– Zugriffsschutz,
– Protokollierung,
– Verriegelung der Diskettenstation u. ä.

in einer **Betriebsvereinbarung** festgelegt werden (vgl. auch Lehreinheit 2).

§§ 23, 24, 25 Datenspeicherung, Datenübermittlung, Datenveränderung

In diesen Paragraphen wird die Zulässigkeit der Datenverarbeitung nichtöffentlicher Stellen für eigene Zwecke geregelt. Neben der Möglichkeit der Speicherung, Übermittlung und Veränderung aufgrund einer Einwilligung bzw. einer Erlaubnisvorschrift außerhalb des BDSG kann sich die Zulässigkeit auch auf diese Paragraphen stützen. Dabei handelt es sich praktisch um den häufigsten Fall.

Danach ist eine Speicherung (§ 23), Übermittlung (§ 24) und Veränderung (§ 25) zulässig

- im Rahmen der Zweckbestimmung eines Vertragsverhältnisses mit dem Betroffenen oder
- im Rahmen der Zweckbestimmung eines vertragsähnlichen Vertrauensverhältnisses mit dem Betroffenen oder
- soweit es zur Wahrung berechtigter Interessen der speichernden Stelle erforderlich ist und kein Grund zur Annahme besteht, daß dadurch schutzwürdige Belange der Betroffenen beeinträchtigt werden.

Die Generalklauseln »Zweckbestimmung eines Vertragsverhältnisses«, »berechtigte Interessen« und »schutzwürdige Belange« lassen einen erheblichen Interpretationsspielraum zu, der es Arbeitnehmern nur sehr schwer möglich macht, ihre Datenschutzinteressen gegen die Arbeitgeberinteressen durchzusetzen. Diese Generalklauseln verstoßen auch gegen den vom Bundesverfassungsgericht geforderten Grundsatz der Normenklarheit. In ihnen werden die Interessen der speichernden Stelle den Belangen des Betroffenen gegenübergestellt. Auf den Betrieb angewendet heißt dies: Die Speicherung ist zulässig im Rahmen der Zweckbestimmung des Arbeitsverhältnisses oder zur Wahrnehmung berechtigter Interessen des Arbeitgebers. Es darf aber kein Grund zur Annahme bestehen, daß dadurch schutzwürdige Belange des Arbeitnehmers beeinträchtigt werden.

Für den Arbeitgeber besteht die Verpflichtung, sich bei der Speicherung strikt an den Vertragszweck zu halten. Gerade nach dem »Volkszählungsurteil« des Bundesverfassungsgerichts kann die Arbeitgeberpraxis, Daten »auf Vorrat« zu sammeln, nicht mehr rechtlich begründet werden.

Da die schutzwürdigen Belange des Arbeitnehmers an keiner Stelle definiert sind, genügt seine subjektive Empfindung. Wenn der Arbeitnehmer Gründe hat, anzunehmen, daß die Speicherung bestimmter Daten über ihn dazu führt, daß schutzwürdige Belange, z.B. sein Recht auf menschenwürdige Arbeit, beschnitten werden, ist die Speicherung unzulässig, bis die Gründe, die für die Gefährdung sprechen, ausgeräumt sind.

Ein Beispiel:
Als möglicher Grund ist z.B. die einfache Vermutung ausreichend, daß personenbezogene Daten nicht nur zum Zwecke der Lohn- und Gehaltsabrechnung, sondern zur Langzeitüberwachung, zur Leistungs- und Verhaltenskontrolle, zur Personalplanung oder ähnlichen Zwecken ausgewertet werden. In diesem Fall kann der Arbeitnehmer der Geschäftsleitung den Gebrauch seiner Daten untersagen, etwa bis durch Abschluß einer **Betriebsvereinbarung** sichergestellt ist, daß die Datenverarbeitung auf bestimmte Zwecke begrenzt wird. Wegen der schwachen Position eines einzelnen Arbeitnehmers gegenüber der Unternehmermacht empfiehlt es sich, eine Weigerung erst nach Ablauf einer eventuellen Probezeit auszusprechen und möglichst kollektiv vorzugehen. So haben bei Daimler-Benz etwa 9 000 Arbeitnehmer in einer gemeinsamen Erklärung der Geschäftsführung untersagt, bis zum Abschluß einer Betriebsvereinbarung ihre persönlichen Daten in diesem System zu verarbeiten. Im

einzelnen können dazu die in den folgenden Paragraphen beschriebenen Rechte in Anspruch genommen werden.

§ 26 Auskunftsrecht

Der Arbeitnehmer hat das Recht auf Auskunft über die zu seiner Person gespeicherten Daten und – falls diese automatisch verarbeitet werden – über die Personen und Stellen, an die seine Daten regelmäßig übermittelt werden. Diese Auskunft wird auf Antrag erteilt. Bei der erstmaligen Datenspeicherung hat eine automatische Benachrichtigung zu erfolgen. Der Auskunfts- und Benachrichtigungsanspruch wird durch eine Reihe von Beschränkungen in der Praxis begrenzt und zwar durch

– Ausnahmeregelungen, z.B. bei Gefährdung der Geschäftszwecke und der öffentlichen Sicherheit oder im Zusammenhang mit der Geheimhaltungspflicht und
– durch die Tatsache, daß diese Auskünfte laut BDSG nicht kostenlos erteilt werden müssen. Allerdings kann im Geltungsbereich des Betriebsverfassungsgesetzes wegen des Rechts auf Einsicht in die Personalakte eine kostenlose Auskunft verlangt werden (das kostenlose Auskunftsrecht kann auch Bestandteil der **Betriebsvereinbarung** werden).

Empfehlenswert ist die gleichzeitige Frage nach der Verwendung der Daten. Der Arbeitgeber ist zwar nicht zur Antwort verpflichtet, bei einer Weigerung liefert er aber erhebliche Verdachtsmomente dafür, daß die Datenverwendung mit den schutzwürdigen Arbeitnehmerbelangen nicht im Einklang steht und ihre Speicherung unzulässig ist.

§ 27 Korrekturrechte

Nach dieser Vorschrift gilt:

– Der Arbeitnehmer hat das Recht auf Berichtigung seiner personenbezogenen Daten, wenn diese falsch sind.
– Läßt sich weder die Richtigkeit noch die Unrichtigkeit seiner Daten feststellen, so sind diese zu sperren. Sperrung der Daten bedeutet, daß sie zwar im Computer verbleiben, aber mit einem Vermerk versehen sind, wonach sie nicht mehr verarbeitet werden dürfen. Die Daten sind auch dann zu sperren, wenn sie für den Arbeitgeber nicht mehr erforderlich sind.
– Der Arbeitnehmer kann darüber hinaus bei den sogenannten sensiblen Daten des **§ 27 Abs. 3 Satz 3 BDSG** (gesundheitliche Verhältnisse, strafbare Handlungen, religiöse und politische Anschauungen) verlangen, daß sie gelöscht werden, wenn ihre Richtigkeit vom Arbeitgeber nicht bewiesen werden kann. Die Daten sind in jedem Fall dann zu löschen, wenn ihre Speicherung unzulässig ist. Das ist immer dann der Fall, wenn weder das BDSG noch ein anderes Recht eine Erlaubnis vorsieht und auch keine Einwilligung des Betroffenen vorliegt. Löschung von Daten bedeutet, daß sie für den Arbeitgeber und jeden Dritten unkenntlich gemacht werden, also nicht mehr verwendbar sind.

Zur betrieblichen Praxis muß man sich vor Augen halten, daß die Rechte auf Benachrichtigung und Auskunft, auf Berichtigung, Sperrung und Löschung zwar formal sehr starke Instrumente darstellen, sie stehen aber immer nur dem einzelnen

Rechtliche Rahmenbedingungen

hinsichtlich seiner eigenen Daten zu. Wenn ein einzelner von diesen Rechten Gebrauch macht, fällt er unangenehm auf. Die genannten Rechte sollten daher gemeinsam in Anspruch genommen werden. Je mehr Kollegen gleichzeitig ihre persönlichen Rechte auf Auskunft, Sperrung und Löschung in möglichst einheitlicher Form einfordern, um so geringer wird der Druck sein, der auf den einzelnen ausgeübt werden kann und um so eher ist es dem Betriebsrat möglich, geeignete **Betriebsvereinbarungen** über die Verwendung personenbezogener Daten abzuschließen.

§§ 28, 29 Der betriebliche Datenschutzbeauftragte

Nach **§ 29** hat der betriebliche Datenschutzbeauftragte dafür Sorge zu tragen, daß der Arbeitgeber seine Pflichten aus dem BDSG erfüllt und die Rechte der Arbeitnehmer nicht unterläuft. Dem betrieblichen Datenschutzbeauftragten fehlt es in der Praxis jedoch sowohl an der Unabhängigkeit gegenüber der speichernden Stelle, also dem Arbeitgeber, als auch an Sanktionsmöglichkeiten. Er ist zwar formal in seiner Funktion als Datenschutzbeauftragter weisungsfrei, unterliegt aber ansonsten dem Weisungsrecht des Arbeitgebers und ist von diesem auch in seiner beruflichen Existenz und seinem Fortkommen abhängig.

So dürfte es hauptsächlich von den Aktivitäten der Betriebsräte und von der Wachsamkeit der Arbeitnehmer insgesamt abhängen, ob der Datenschutzbeauftragte wenigstens ansatzweise zum Datenschützer im Sinne der Arbeitnehmer wird. Wichtig ist seine Position deshalb, weil er Einblick in die gesamte Verarbeitung personenbezogener Daten im Betrieb hat und der Arbeitgeber dafür Sorge tragen muß, daß er die erforderliche Fachkenntnis zur Erfüllung seiner Schutzfunktionen besitzt. Der Betriebsrat darf nicht gehindert werden, sich mit dem Datenschutzbeauftragten zu beraten. Dieser muß ihm erläutern, mit welchen Zwecken und auf welche Ziele hin Daten von Arbeitnehmern verarbeitet werden und wie sich verhindern läßt, daß Daten keiner unzweckgemäßen Verarbeitung unterliegen. Falls notwendig, kann der Betriebsrat sich dabei auf seine Informationsrechte laut **§ 80 Abs. 2 BetrVG** berufen und gegebenenfalls auch entsprechende DV-Listen und Unterlagen anfordern.

Nach **§ 99 BetrVG** ist die Bestellung des Datenschutzbeauftragten insofern mitbestimmungspflichtig, als es sich nicht um eine Aufgabe unternehmenspolitischer Art handelt, die in den Tätigkeitsbereich eines leitenden Angestellten gehört. Allerdings umgehen die Arbeitgeber diese Mitbestimmungsmöglichkeit dadurch, daß sie als Datenschutzbeauftragten einen Angestellten bestellen, der bereits aufgrund seiner anderen Aufgaben zum Personenkreis der leitenden Angestellten (**§ 5 Abs. 3 BetrVG**) gehört, wie z.B. der Leiter der EDV- oder Organisationsabteilung, und deshalb von der Mitbestimmung nicht erfaßt wird.

In Kommentaren zum BDSG wird die Auffassung vertreten, daß es mit den Kontrollfunktionen des Datenschutzbeauftragten nicht zu vereinbaren ist, wenn er gleichzeitig als EDV-Leiter fungiert. Er müßte sich dann nämlich selbst kontrollieren, denn er führt ja gerade die Datenverarbeitung nach den Interessen des Arbeitgebers durch. Ähnliches gilt für den Personalleiter, der seiner Funktion nach darauf bedacht sein muß, ständig Personaldaten zu erheben und zu verarbeiten. Es ist somit auch Aufgabe des Betriebsrates, darauf zu achten, daß der zu bestellende Datenschutzbeauftragte nicht in Interessenkollisionen gerät. Das Mitbestimmungsrecht des Betriebsrats enthält auch ein Vorschlagsrecht.

Der betriebliche Datenschutzbeauftragte ist nach dem BDSG eindeutig ein »Mann des Unternehmens«. Somit ist ihm auch eine Bestandsaufnahme und Kontrolle über Daten und Dateien des Betriebsrats nicht gestattet, denn sonst würde die als Prinzip im BetrVG verankerte unabhängige Stellung des Betriebsrats gegenüber dem Arbeitgeber gefährdet werden. Der Gesetzgeber hat also zur Kontrolle des Datenschutzes im nichtöffentlichen Bereich einen Weg zwischen »Selbstverantwortlichkeit« der speichernden Stelle und der »Kontrolle von außen« gewählt. Zwar verzichtete er bewußt auf eine umfassende und ausschließlich zuständige Fremdkontrolle, aber nur zugunsten einer »abgestuften Selbstkontrolle«. Das BDSG gibt einem zweistufigen System den Vorzug: Die interne, der speichernden Stelle zuzuordnende Instanz des Datenschutzbeauftragten, die mit einem gesetzlichen Auftrag versehen ist, wird ergänzt durch die Kontrolltätigkeit einer staatlichen Aufsichtsbehörde (§ 30 BDSG). Dies ist in NRW das Regierungspräsidium Köln bzw. Arnsberg. **Folie 2603** zeigt, wer die Durchführung der Datenschutzgesetze im einzelnen kontrolliert.

Nach **§ 30 BDSG** kann sich der betriebliche Datenschutzbeauftragte zur Ausführung des Gesetzes in Zweifelsfällen an die Aufsichtsbehörde wenden. Sie wird auch tätig, wenn ein Betroffener begründet darlegt, daß er bei der Verarbeitung seiner personenbezogenen Daten in seinen Rechten verletzt worden ist. Auch der Betriebsrat kann sich bei Verstößen gegen das BDSG direkt an die Aufsichtsbehörde wenden, wenn er von einem oder mehreren betroffenen Arbeitnehmern dazu bevollmächtigt wird. Je besser der Betriebsrat mit den Aufsichtsbehörden zusammenarbeitet, um so mehr Druck übt er damit auf den Arbeitgeber zur Erfüllung seiner Datenschutzverpflichtungen aus.

Ende 1987 hat die Bundesregierung einen ersten Entwurf zur **Novellierung des Bundesdatenschutzgesetzes** vorgelegt. Auch dieser Entwurf genügt nicht den Anforderungen aus gewerkschaftlicher Sicht. Der DGB hat deshalb im Februar 1988 in einer ersten Stellungnahme folgende Punkte kritisiert:

– Eine Regelung des Arbeitnehmerdatenschutzes fehlt,
– trotz Volkszählungsurteil ist die Datenerhebung noch nicht geregelt,
– der Grundsatz der Zweckbindung wird unzureichend berücksichtigt,
– die Unabhängigkeit des betrieblichen Datenschutzbeauftragten ist nicht gegeben,
– neue technische Entwicklungen sind nicht ausreichend berücksichtigt und
– ein behördlicher Datenschutzbeauftragter für den öffentlichen Bereich fehlt.

Mittlerweile wurde von der Bundesregierung ein neuer Entwurf vorgelegt.

Der Stoff des Arbeitsschrittes 1 sollte im Lehrvortrag behandelt werden, da die Komplexität des Themas unter zeitökonomischen Gesichtspunkten keine andere Vermittlungsform zuläßt. Zur Verdeutlichung können sowohl die Gesetzestexte als auch die im Text erwähnten **Folien 2601** bis **2604** hinzugezogen werden. Natürlich muß hier eine Auswahl getroffen werden, welche Bereiche aus dem BDSG im Seminar behandelt werden können. Zu berücksichtigen ist, daß im

Rechtliche Rahmenbedingungen 6–15

Abschnitt 1.2 das einstweilen noch gültige BDSG dargestellt und kommentiert ist. Nach Verabschiedung der z.Z. diskutierten Novelle wird hier der neue Gesetzestext aufzunehmen sein.

2. Die Rechtsgrundlagen nach dem BetrVG

Variante 1

In diesem Arbeitsschritt sind Arbeitsgruppen zur Planspielphase 4 gemäß **Arbeitsblatt 2601** (Zeitbedarf: 45 Min.) vorgesehen. Hier wird § 94 BetrVG erarbeitet und die Verbindung von BetrVG und BDSG bzw. informationeller Selbstbestimmung hergestellt. Da es sich um ein Aufbauseminar handelt, können die Inhalte der Lehreinheit 5 aus Band 1 »Grundwissen zur Technikgestaltung« vorausgesetzt werden. Es muß daher auch kein Überblick über die in Frage stehenden Rechte vorgeschaltet werden, wie dies in Band 1 nötig war.

Vorausgesetzt wird insbesondere, daß die Teilnehmer wissen,
– was rechtzeitige und umfassende Information heißt,
– was Beratung bedeutet,
– wie § 80 Abs. 2 die Informationspflichten der Geschäftsleitung beim EDV-Einsatz regelt,
– wie der Arbeitgeber nach § 90 über Planungsvorhaben zu unterrichten hat,
– welche Informationsrechte dem Betriebsrat über den Wirtschaftsausschuß nach § 106 zukommen und
– welche Bedeutung den §§ 111ff. beim EDV-Einsatz zukommt.

Sollte dennoch eine Wiederholung nötig sein, so können die **Arbeitsblätter 1500, 1504** und **1505** aus Band 1 als Gerüst für die Darstellung der allgemeinen Rechte des Betriebsrates im Zusammenhang mit der EDV-Einführung herangezogen werden.

Der folgende Text dient zusammen mit den Lösungshinweisen in **Arbeitsblatt 2602** zur Zusammenfassung, Vervollständigung und Weiterentwicklung der Arbeitsgruppenergebnisse.

Variante 2

Statt des Planspiels Arbeitsgruppen gemäß **Arbeitsblatt 2603**. Aus Zeitersparnisgründen sollten die Aufgaben auf verschiedene Gruppen verteilt werden (Zeitbedarf: 30 Min.). Lösungshinweise in **Arbeitsblatt 2604**. Ansonsten analog zur Variante 1.

Bei der Darstellung der rechtlichen Möglichkeiten soll zwischen allgemeinen Rechten, Informations- und Beratungsrechten sowie Mitbestimmungsrechten unterschieden werden. Die bei der Einführung und dem Einsatz der computergestützten Personaldatenverarbeitung im Betrieb relevanten Rechte des Betriebsrats nach dem BetrVG sind zusammenfassend in **Folie 2605** dargestellt.

Auf **Folie 2605** sind nur die Rechte dargestellt, die in diesem Lehrgang und im Zusammenhang mit Personaldatenverarbeitung vertiefend behandelt werden müssen. Sie sind gleichzeitig Gegenstand der Fragen in den Arbeitsgruppen. Für die weiteren hier nicht vertieften Rechte nach BetrVG vgl. **Arbeitsblätter 1500, 1504** und **1505**.

2.1 Allgemeine Rechte

§ 75 Abs. 1 und 2 – Durchsetzung von Grundrechten

Arbeitgeber und Betriebsrat haben danach die Einhaltung von Grundrechten der im Betrieb beschäftigten Arbeitnehmer durchzusetzen und insbesondere die freie Entfaltung der Persönlichkeit zu schützen und zu fördern. Hierbei handelt es sich um eine wichtige Auslegungsregel bei Mitbestimmungsrechten, die verhindern soll, daß der Arbeitnehmer in seiner Persönlichkeitsentfaltung eingeschränkt wird.

§ 80 Abs. 1 – Überwachung rechtlicher Bestimmungen

Unter diesen Paragraphen fällt die allgemeine Aufgabe des Betriebsrats, geltende Gesetze zum Schutz der Arbeitnehmer zu überwachen. Das Bundesdatenschutzgesetz ist ein solches Gesetz. **§ 80 Abs. 1 Ziff. 2 und 3** ermöglichen es darüber hinaus, erforderliche Datenschutzmaßnahmen technischer und organisatorischer Natur zur Einhaltung des Bundesdatenschutzgesetzes bei der Gestaltung von EDV-Systemen zu beantragen und festzuschreiben.

§ 83 Abs. 1 und 2 – Einsicht in die Personalakte

Dieser Paragraph regelt zunächst den individualrechtlichen Anspruch von Arbeitnehmern auf Einsicht in die Personalakte. Trotzdem ist hier auch der Betriebsrat gefordert. Seine Überwachungsverpflichtung gemäß **§ 80** schließt die Aufgabe ein, sicherzustellen, daß ein Arbeitnehmer dieses Einsichtsrecht wahrnehmen kann. Personaldaten im Computersystem sind fester Bestandteil der Personalakte.

2.2 Informations- und Beratungsrechte

Das BetrVG sichert dem Betriebsrat eine Reihe von Informations- und Beratungsrechten zu. Sie bieten die juristische Grundlage für eine aktive Politik der Informationsbeschaffung durch den Betriebsrat.

§ 92 Abs. 1 und 2 – Personalplanung

Zu der Unterrichtungspflicht nach dieser Vorschrift zählen auch Informationen über die Methoden der Personalplanung sowie der organisatorischen und technischen Hilfsmittel, derer sich der Unternehmer dabei bedient. Unstreitig ist, daß Informationen über Altersaufbau, Fluktuation und Einkommensstruktur sowie eine Fehlzeitenanalyse oder eine Darstellung der Qualifikation der Arbeitnehmer Bestandteile der Personalplanung sind. In Verbindung mit **§ 80 Abs. 2 BetrVG** sind dem Betriebsrat

Rechtliche Rahmenbedingungen   6–17

entsprechende Unterlagen auch zur Verfügung zu stellen. Da es in der Praxis keine
reinen Lohn- und Gehaltssysteme gibt, ist dieser Paragraph nahezu immer anwend-
bar. Die geplanten Maßnahmen sind mit dem Betriebsrat auch zu beraten.

2.3 Mitbestimmungsrechte

Die Frage, ob eine computergestützte Personaldatenverarbeitung mitbestimmungspflichtig ist, ist nach der BAG-Entscheidung vom 14.09. 1984 entschieden. Die
Einführung und der Betrieb eines computergestützten Personaldatenverarbeitungs-
systems ist mitbestimmungspflichtig und der Abschluß einer Betriebsvereinbarung
damit erzwingbar.

Im einzelnen sieht das BetrVG folgende Mitbestimmungsrechte vor:

§ 87 Abs. 1 Nr. 6 – Technische Einrichtungen zur Überwachung von Verhalten oder Leistung

Dieser Paragraph begründet das wichtigste und umfassendste Mitbestimmungsrecht
des Betriebsrats bei der Einführung und Anwendung von computergestützten Personaldatensystemen. Danach hat der Betriebsrat mitzubestimmen, wenn »technische
Einrichtungen dazu bestimmt sind, Verhalten oder die Leistung der Arbeitnehmer zu
überwachen«.

Dieses Mitbestimmungsrecht ist insbesondere durch die aktuelle Rechtsprechung
des Bundesarbeitsgerichts inzwischen so weit bestätigt und gefestigt, daß es den
Betriebsräten einen guten Hebel zur betrieblichen Regelung der PDV bietet (vgl.
Arbeitsblatt 2605).

§ 87 Abs. 1 Nr. 1 – Fragen der Ordnung des Betriebes und des Verhaltens der Arbeitnehmer

Zu den mitbestimmungspflichtigen Regelungsbereichen dieser Vorschrift gehören
alle Maßnahmen, die das Verhalten der Arbeitnehmer in bezug auf die Ordnung des
Betriebes beeinflussen, soweit diese nicht unter **§ 87 Abs. 1 Nr. 6 BetrVG** fallen, wie
z.B. Tor- und Anwesenheitskontrollen, An- und Abmeldeverfahren, die Führung von
Anwesenheitslisten, die Einführung von arbeitsbegleitenden Papieren, die Verwendung von Erfassungsbögen zu Kalkulationszwecken sowie die »computergerechte«
Umgestaltung von Tageszetteln, Erfassungsbögen, Anwesenheitslisten oder sonstigen Arbeitsbelegen zum Zwecke der automatisierten Erfassung und Auswertung.

§ 94 Abs. 1 und 2 – Personalfragebogen, Beurteilungsgrundsätze

Die Bestimmung in **Absatz 1** gibt dem Betriebsrat eine Handhabe, schon im Vorfeld
der Datenverarbeitung, nämlich bei der Erhebung bzw. Erfassung von Arbeitnehmerdaten auf den Umfang der Daten einzuwirken. Dabei ist es unerheblich, ob Personalfragebogen allen Beschäftigten oder nur Bewerbern vorgelegt werden. Das Mitbestimmungsrecht erstreckt sich auf die Einführung und jede Änderung des Personal-
fragebogens. Es ist nicht auf schriftliche Personalfragebogen beschränkt. Der
Zustimmung des Betriebsrates unterliegen daher auch solche standardisierten Fra-

gen, die nicht in einem schriftlichen Fragebogen vom Arbeitnehmer oder Bewerber selbst beantwortet werden müssen, sondern aufgrund von Interviews bei Einstellungsgesprächen oder innerhalb von Tests gestellt werden. Dies gilt auch, wenn die erfragten Informationen über ein Datensichtgerät unmittelbar in einen Datenträger eingegeben oder über optische Belegleser eingelesen werden und für alle standardisierten Erhebungen bzw. Mitarbeiterbefragungen auch dann, wenn der Unternehmer routinemäßig und gleichförmig unter Einschaltung Dritter Erhebungen über Arbeitnehmer durchführt.

Wird ein zwischen Betriebsrat und Unternehmer vereinbarter Personalfragebogen »lediglich« – ohne inhaltliche Änderung – nachträglich auf »computergerechte« Fragestellungen zum Zwecke der Datenerfassung umgestellt, unterliegt dies ebenfalls der Mitbestimmung des Betriebsrats. Die Mitbestimmung erstreckt sich auch auf die nähere Festlegung des Verwendbarkeitszwecks der aufgrund des Fragebogens von den Arbeitnehmern gegebenen Informationen, da sonst die Schutzfunktion des § 94 unzureichend wäre. Das Mitbestimmungsrecht erfaßt somit auch die Sammlung, Bearbeitung, Verwertung, Speicherung von und die Zugriffsmöglichkeit auf Arbeitnehmerdaten.

Der Mitbestimmung des Betriebsrats unterliegen nach § 94 Abs. 2 der Erlaß wie auch die Verwendung von Beurteilungsgrundsätzen. Hierbei handelt es sich um Richtlinien, nach denen Leistung und Verhalten der Arbeitnehmer bewertet werden. Die Festlegung von katalogmäßigen Klassifikationsmerkmalen für eine automationsgerechte Erstellung von Fähigkeits- und Eignungsprofilen stellt eine Aufstellung von Beurteilungsgrundsätzen dar, die der Mitbestimmung unterliegt. Der Mitbestimmung des Betriebsrats unterliegt dabei auch die Frage, ob und welche Daten in das System eingegeben werden und ob die Beurteilung automatisch oder durch Zwischenschaltung einer Person erfolgt. Im übrigen gelten im Grundsatz die gleichen Ausführungen wie zum Personalfragebogen.

§ 95 Abs. 1 und 2 – Auswahlrichtlinien

Wird ein Personaldatensystem so aufgebaut, daß es durch entsprechende Verknüpfung von Daten personelle Entscheidungen vorbereitet, ist davon auszugehen, daß die für die »automatische Auswahl« maßgebenden Kriterien und Anhaltspunkte im einzelnen festgelegt worden sind. Die Festlegung dieser Kriterien unterliegt der Mitbestimmung des Betriebsrates. Der Mitbestimmung unterliegt auch, ob und welche Kriterien und Anhaltspunkte im einzelnen in das Personaldatensystem eingegeben werden.

Rechtliche Rahmenbedingungen 6–19

Rechnereinsatz

1. Demonstration des Zugriffsschutzes

Ziel:

Mit dem Rechnereinsatz sollen einfache Beispiele für den praktischen Arbeitnehmer-datenschutz, insbesondere die Vergabe von Benutzerberechtigungen und die mit-laufende Protokollierung, vorgeführt werden. Gleichzeitig soll jedoch auch verdeut-licht werden, daß diese Schutzmechanismen – besonders bei PC-Anwendungen – durchlöchert werden können, wenn nicht weitere Vorkehrungen (z.B. Benutzung von Sicherungssystemen) getroffen werden.

Systemvoraussetzungen:

PC mit MS-DOS 3.2, TBS-Diskette mit PISDEMO

Start:

Siehe Datei READ.TBS auf der TBS-Diskette.
Vgl. Lehreinheit 2, Rechnereinsatz Nr. 1, Variante b

Ende:

Menügesteuert, dann anstatt des Namens ›ende‹ eingeben

Vorgehen:

1. Vereinbarung von zugriffsberechtigten Benutzernamen und Paßwort lt. READ.ME im Verzeichnis PISDEMOV.

2. Demonstration des berechtigten und unberechtigten Zugriffs
   – jeweils einmal mit falschem Benutzernamen bzw. falschem Paßwort das Pro-gramm aufrufen,
   – anschließend mit der gültigen Zugriffsberechtigung das Programm starten.

3. Mitlaufende Protokollierung
   Im Hauptmenü Komponente »Zugriffskontrolle« anwählen. Das ausgegebene Pro-tokoll enthält zuerst alle nicht berechtigten Zugriffe mit den angegebenen Benut-zernamen und Paßworten sowie jeweils Datum und Uhrzeit des Zugriffs.

   Anschließend werden alle berechtigten Zugriffe ausgegeben. Hierbei werden die aufgerufenen Menüteile, die zugegriffenen Datenfelder (Druckfelder) und die ge-wählten Selektionsbedingungen (Schlüsselfelder) sowie Datum und Uhrzeit des Zugriffs ausgegeben.

4. Vergleich der Schutzmechanismen von PC und Rechenzentrum
   Hier sollten die zusätzlichen Risiken der PC-Nutzung im Vergleich zum Rechen-zentrum aufgearbeitet werden, wo eine organisatorische Trennung zwischen Sy-stemherrn und Anwender besteht. Während dort der Systemadministrator den Benutzern Paßworte zuteilt und als einziger Zugriff auf die Paßwortdatei hat, sind bei der PC-Nutzung z.B. folgende Manipulationen möglich:

- Das Passwort kann leicht verändert werden durch die Programmroutine lt. READ.ME;
- das Paßwort kann entschlüsselt werden durch direkten Lesezugriff auf die Paßwortdatei;
- der Inhalt der Passwortdatei kann durch Schreibzugriff verändert werden;
- das Anwendungsprogramm kann direkt manipuliert werden.

Rechtliche Rahmenbedingungen 6–21

Literaturhinweise

Simitis; Dammann; Mallmann; Reh:
  Kommentar zum Bundesdatenschutz, Baden-Baden 1981

Steinmüller, W.:
  Entwicklungslinien der Informationstechnologien und Handlungschancen der Betroffenen, in: Ringvorlesung 1983/84, Hg. IG Metall, Vorstand/Ruhr-Universität Bochum, Frankfurt 1984

Arbeitstransparente

2601 Inhalt des »Volkszählungsurteils«
2602 Datenschutz für Arbeitnehmer nach dem Bundesdatenschutzgesetz (BDSG)
2603 Kontrolle der Durchführung der Datenschutzgesetze
2604 Geforderte Maßnahmen des BDSG bei der automatischen Verarbeitung personenbezogener Daten
2605 Rechte des Betriebsrats bei Personaldatenverarbeitung

TBS 2601

Technologieberatungsstelle beim DGB Landesbezirk NRW   Computertechnik für Arbeitnehmervertreter

Inhalt des „Volkszählungsurteils"

Grundsatz: informationelle Selbstbestimmung

Voraussetzung für die Einschränkung dieses Rechts:

Gesetzliche Grundlage

Grundsatz der Normenklarheit

Geeignetheit, Erforderlichkeit

organisatorische und verfahrenstechnische Regeln

Grundsatz der Zweckbindung

© TBS

TBS

2602

Technologieberatungsstelle beim DGB Landesbezirk NRW   Computertechnik für Arbeitnehmervertreter

Datenschutz für Arbeitnehmer nach dem Bundesdatenschutzgesetz (BDSG)

Vorschrift   Problem

Allgemeine Vorschriften

§ 1 Aufgabe des
Datenschutzes

- Unbestimmtheit der Aufgabe des Gesetzes

§ 2 Begriffsbestimmung

- Erhebung und Verwendung von Daten nicht geregelt

§ 3 Zulässigkeit der
Datenverarbeitung
i.V.m. §§ 23, 24, 25

- Unbestimmtheit der zu schützenden Daten

Rechte des Betroffenen

§ 26 Auskunftsrecht

- Umfangreiche Ausnahme-regelung
- Kostenpflichtigkeit
- „nur" Individualrecht

§ 27 Korrekturrechte

- „nur" Individualrecht

Kontrollmöglichkeiten

§§ 28, 29
Datenschutzbeauftragte

- Bestellung und Abberufung mitbestimmungsfrei
- keine Unabhängigkeit
- fehlende Kompetenzen

§ 30 Aufsichtsbehörde

- fehlende Kompetenzen
- nur Anlaßaufsicht

© TBS

Kontrolle der Durchführung der Datenschutzgesetze

Im öffentlichen Bereich

Bund	Länder	Gemeinden
Bundesbeauftragter für Datenschutz	Landesbeauftragter für Datenschutz	
↓	↓	
kontrolliert	kontrolliert	
↓	↓	↓
Bundesbehörden	Landesbehörden	Kommunalbehörden

Im nicht-öffentlichen Bereich

Aufsichtsbehörden der Länder		Datenschutzbeauftragte der datenverarbeitenden Stellen
↓		↓
kontrollieren von außen		kontrollieren von innen
	↓	
	Privatwirtschaft	

© TBS

Geforderte Maßnahmen des BDSG bei der automatischen Verarbeitung personenbezogener Daten

Kontrolle von:

 Zugang

 Abgang

 Speicher

 Benutzer

 Zugriff

 Übermittlung

 Eingabe

 Auftrag

 Transport

 Organisation

Quelle: Anlage zu § 6. Abs. 1 Satz 1 des BDSG, 1979

TBS 2605

Technologieberatungsstelle beim DGB Landesbezirk NRW   Computertechnik für Arbeitnehmervertreter

Rechte des Betriebsrats bei Personaldatenverarbeitung

Betr.VG	**Allgemeines Recht**
§ 75 Abs. 1,2	Durchsetzung von Grundrechten
§ 80 Abs. 1	Überwachung rechtlicher Bestimmungen
§ 83 Abs. 1,2	Einsicht in die Personalakte

Informations- und Beratungsrechte

§ 92 Abs. 1,2	Personalplanung

Mitbestimmungsrechte

§ 87 Abs. 1 Nr. 6	Einrichtungen zur Überwachung von Verhalten und Leistung
§ 87 Abs. 1 Nr. 1	Fragen der Ordnung des Betriebs und Verhalten der Arbeitnehmer
§ 94 Abs. 1,2	Personalfragebögen Beurteilungsgrundsätze
§ 95 Abs. 1,2	Auswahlrichtlinien bei Personalentscheidungen

© TBS

Arbeitsblätter

2601	Planspielphase 4
2602	Lösungshinweise zu Arbeitsblatt 2601
2603	Rechte des Betriebsrats bei PDV-Systemen
2604	Lösungshinweise zu Arbeitsblatt 2603: Rechte des Betriebsrats bei PDV-Systemen
2605	BAG-Rechtsprechung zu § 87 Abs. 1 Nr. 6

TBS

Arbeitsblatt 2601

Technologieberatungsstelle beim DGB Landesbezirk NRW | Computertechnik für Arbeitnehmervertreter

Planspielphase 4

Arbeitsaufgabe

Die Geschäftsleitung wendet sich im Zuge der Einführung von
IPAS mit einem Schreiben an alle Mitarbeiter/innen. Hier
heißt es u.a.:
"Um eine sachgerechte Personalplanung durchführen zu können,
die aufgrund der zukünftigen EDV-mäßigen Unterstützung ihre
Fähigkeiten besser einbeziehen kann, benötigen wir folgende
aktuelle Daten zu Ihrer Person:

(Feld 1)	Name	:
(Feld 2)	Vorname	:
(Feld 3)	Alter in Jahren	:
(Feld 4)	Geschlecht m/w	:
(Feld 5)	Krankheitstage im letzten Jahr	:
(Feld 6)	Teilzeitarbeit ja=1, nein=0	:
(Feld 7)	Haben Sie Nebeneinkünfte?	:
	Höhe der Einkünfte	:
(Feld 8)	Berufsabschluß	:
(Feld 9)	Berufserfahrung als	:
(Feld 10)	Beruf und Arbeitgeber des Ehe-partners	:

Haben sie Bitte Verständnis für diese Nacherhebung aus aktu-
ellem Anlaß. Die Personalabteilung wird ihre Angaben sicher
verwahren".

Eine Kollegin kommt zum Betriebsrat und fragt, ob sie das
Formblatt ausfüllen muß.

Klärt bitte die folgenden Fragen:

1. Welche Mitbestimmungsrechte hat der Betriebsrat in diesem
   Fall
   - bei der Erhebung der Daten,
   - bei der Verarbeitung der Daten?
   Bitte begründet Eure Antwort!

2. Welche rechtlichen Bestimmungen sollte der BR zur Beurteilung der Zulässigkeit der erhobenen Daten heranziehen?
   Wie kann er dieses Heranziehen begründen?

3. Welche Daten sollten nach Meinung des BR nicht erhoben
   werden und wie kann er dies begründen?

4. Wie sollte sich der BR zu dieser Arbeitgebermaßnahme verhalten und was könnte er unternehmen?

5. Können die Beschäftigten verpflichtet werden, den Fragebogen auszufüllen (Begründung)?

	Arbeitsblatt 2602

ĪBS

Technologieberatungsstelle beim DGB Landesbezirk NRW · Computertechnik für Arbeitnehmervertreter

Lösungshinweise zu Arbeitsblatt 2601

Zu Frage 1:
Bei dem Anschreiben an die Mitarbeiter/innen handelt es sich um einen verdeckten Personalfragebogen. Die Geschäftsleitung verstößt somit gegen das Mitbestimmungsrecht des Betriebsrates nach § 94 BetrVG, da es sich um eine **formularmäßig gefaßte Zusammenstellung persönlicher Angaben** handelt. Das Mitbestimmungsrecht bezieht sich nicht nur auf die Erfassung, sondern auch auf die Verarbeitung von Daten. Der Betriebsrat hat das Recht, über den Verwendungszweck der einzelnen Daten mitzubestimmen.

Zu Frage 2:
In Verbindung mit dem § 80 Abs. 1 Nr. 1 (Überwachung der Einhaltung von Gesetzen zugunsten der Arbeitnehmer) und § 75 Abs. 2 BetrVG (Freie Entfaltung der Persönlichkeit des einzelnen Arbeitnehmers) ist das BDSG und das Volkszählungsurteil einbeziehbar (vgl. hierzu W. Däubler, Mitbestimmung bei BDE, in: Der Betriebsrat, Nr. 10/87, S. 458 ff).

Zu Frage 3:
Offen diskutiert werden sollte, welche Fragen besonders problematisch sind, insbesondere bei beliebigen Verknüpfungsmöglichkeiten. Die Felder 5 - 7 und 9 - 10 sind häufig dem Arbeitgeber zwar bekannt, aber ihrer EDV-mäßigen Speicherung und Verarbeitung sollte nicht zugestimmt werden, da die Fragen zum Teil rechtlich unzulässig und für den Zweck des Arbeitsverhältnisses verzichtbar sind. Mit welchem Zweck die Daten gespeichert werden, ist nicht ersichtlich. Einer Speicherung auf Vorrat ohne Zweckbindung kann nicht zugestimmt werden (vgl. Volkszählungsurteil). Ziel dieser Frage ist es, Problembewußtsein für die Gefährdungen zu festigen.

Zu Frage 4:
Die Teilnehmer/innen sollten frei diskutieren, wie und ob sie den Personalfragebogen verhindern. Hierbei ist eine Mobilisierung der Beschäftigten (Flugblatt, Betriebsversammlung etc.) in Erwägung zu ziehen. Falls die Verhinderung nicht durchsetzbar ist, sollte eine Betriebsvereinbarung geschlossen werden, mit Festlegung der Daten (der beste Datenschutz ist die Nichterfassung von Daten) und des Verwendungszweckes mit Verknüpfungsverboten, Eingrenzung zugreifender Programme usw. (vgl. hierzu Lehreinheit 7). Außerdem müssen die Vorschriften des BDSG (§ 3 und Anlage zu § 6) beachtet werden.

Zu Frage 5:
Die/der Betroffene kann zur Wahrung ihres/seines allgemeinen Persönlichkeitsrechtes die Beantwortung verweigern. Hier kann auf § 75 Abs. 2 BetrVG und auf § 3 (Einwilligung) und § 23 BDSG verwiesen werden.

Arbeitsblatt 2603 Seite 1

TBS — Technologieberatungsstelle beim DGB Landesbezirk NRW — Computertechnik für Arbeitnehmervertreter

Rechte des Betriebsrates bei PDV-Systemen

1. Der Arbeitgeber plant die Einführung von PAISY mit dem Argument, dies erleichtere die Lohnbuchhaltung.
   Welche Mitbestimmungs- und Informationsrechte hat der Betriebsrat?
   Welche Unterlagen kann er u.U. verlangen?
   Zu welchem Zeitpunkt kann er diese Unterlagen verlangen?
   Kann er die Herausgabe von Kopien verlangen bzw. ist er zur Erstellung von Kopien berechtigt?
   Inwieweit besteht eine Geheimhaltungspflicht gegenüber den Belegschaftsmitgliedern und Gewerkschaftsvertretern?

2. In einem Klein-Unternehmen wird seit mehreren Jahren die Lohn- und Gehaltsabrechnung EDV-mäßig über einen PC abgewickelt. Eine entsprechende Betriebsvereinbarung wurde abgeschlossen. Da der PC in einem öffentlich zugänglichen Raum steht, drängt der Betriebsrat auf die Durchsetzung erforderlicher Maßnahmen zum Datenschutz.

   Der Arbeitgeber weist darauf hin, daß er schließlich zur Sicherstellung der Vorschriften des BDSG einen betrieblichen Datenschutzbeauftragten bestellt habe; solange dieser die ordnungsgemäße Durchführung der Datenverarbeitung nicht beanstande, gebe es keinen Anlaß zum Handeln.
   Welche Rechte hat der Betriebsrat?

3. In einem metallverarbeitenden Unternehmen läuft das Informationssystem PAISY. Vor einiger Zeit wurde eine - relativ unpräzise - Betriebsvereinbarung abgeschlossen, die der Geschäftsleitung wenig Grenzen zur Nutzung von PAISY setzt. Damals wurde das System zur Personalabrechnung eingesetzt. Der Betriebsrat, der sich mittlerweile in mehreren Seminaren weiterqualifiziert hat, stellt bei zufälligen Kontrollen und in Gesprächen mit Kollegen fest, daß das System inzwischen mit dem BDE-System in der Produktion und dem Zugangskontroll-System am Werkstor gekoppelt ist. Arbeitsleistung und Unpünktlichkeiten werden im PAISY mit ausgewertet. In einigen Fällen legte die Geschäftsleitung bei "Mitarbeitergesprächen" auch elektronisch erstellte Persönlichkeitsprofile vor.
   Wie kann der Betriebsrat **kurzfristig**, d.h. ohne Kündigung der Betriebsvereinbarung, dagegen vorgehen?

4. Der Arbeitgeber hat eine Personaldatenbank eingeführt. Deren Struktur und Datenfelder sind mit dem Betriebsrat vereinbart. Ein Arbeitnehmer befürchtet aufgrund gewisser Indizien, daß seine Fähigkeiten und Qualifikationen falsch beurteilt sind und verlangt einen Auszug der über ihn erfaßten Daten. Der Arbeitgeber antwortet, nur mit unverhältnismäßig großem Aufwand ließe sich eine solche Liste erstellen, außerdem gebe es kein EDV-Programm, was die einzelnen Datenfelder entschlüssele. Zudem müsse der Arbeitnehmer die Kosten für den Sonderlauf zahlen. Wie kann der Betriebsrat den Arbeitnehmer unterstützen?

TBS	Arbeitsblatt 2603 Seite 2
Technologieberatungsstelle beim DGB Landesbezirk NRW	Computertechnik für Arbeitnehmervertreter

5. Die Personalabteilung nutzt ein im Einsatz befindliches Personalinformationssystem, das Software zur Personalverwaltung und Informationen über Altersaufbau, Betriebszugehörigkeit und Einkommensstruktur enthält, für die Zwecke der innerbetrieblichen Einsatzplanung. Gibt es eine Unterrichtungspflicht des Arbeitgebers, unabhängig von irgendeinem Verlangen des Betriebsrates?

6. In einem Großbetrieb mit ca. 1.500 Beschäftigten sollen innerbetriebliche Versetzungen und Umgruppierungen künftig mit Unterstützung eines PIS durchgeführt werden. Zu diesem Zweck hat das Unternehmen bei verschiedenen Herstellern Informationen über Softwarepakete angefordert. Welche Rechte hat der Betriebsrat

   a) bei der Entscheidung über die anzuschaffende Software?
   b) bei der Einstellung, Umgruppierung oder Versetzung von Arbeitnehmern?

7. Die Löhne und Gehälter eines Kleinunternehmens wurden bisher manuell abgerechnet. Plötzlich tauchen im Unternehmen Bögen mit detaillierten Fragen zu den persönlichen Verhältnissen auf und die Beschäftigten werden aufgefordert, sie innerhalb von 3 Werktagen auszufüllen. Nachfragen des Betriebsrates ergeben, daß die Daten benötigt würden, um die Lohn- und Gehaltsabrechnung künftig mit Hilfe von EDV abzuwickeln. Die Abrechnung würde in einem Service-Rechenzentrum durchgeführt. Der genaue Leistungsumfang der Programme sei noch nicht bekannt, da man sich noch im Stadium der Vertragsverhandlungen befindet. Man wolle sich jedoch auf die unbedingt notwendigen Abrechnungen beschränken, insbesondere würden keinerlei Leistungs- oder Verhaltensdaten verarbeitet. Daher sei auch kein Mitbestimmungsrecht entsprechend § 87 Abs.1 Nr. 6 BetrVG gegeben.

   Können die Beschäftigten verpflichtet werden, den Fragebogen auszufüllen?

   Welche Mitwirkungsrechte hat der Betriebsrat

   - bei der Erhebung der Daten?
   - bei der Verarbeitung der Daten?

8. Es soll ein Personalinformationssystem eingeführt werden. Der Betriebsrat möchte sich hinsichtlich der Wahrnehmung seiner Mitbestimmungsrechte von der TBS beraten lassen. Wie kann er dies durchsetzen?

TBS

Arbeitsblatt 2604

Technologieberatungsstelle beim DGB Landesbezirk NRW — Computertechnik für Arbeitnehmervertreter

Lösungen zum Arbeitsblatt 2603:
Rechte des Betriebsrats bei PDV-Systemen

1. Bisher Lohnabrechnung ohne EDV

    (1)   § 87 (1) 6 - objektive Eignung   -- Mitbestimmung
                       (später mehr)

          § 90, 2-4 - andere Arbeitsab-   -- Unterrichtung
                    läufe   und Beratung

          § 92, 1   - Personalplanung   -- Unterrichtung

          § 111, 4 - Betriebsänderung   -- Unterrichtung
                                        und Beratung

    (2)   § 80 (2)   Informationsrechte

    (3)   Pflichtenheft, Systembeschrei-
          bung, Kaufvertrag
          Kein Geschäftsgeheimnis ent-
          gegen einschränkenden Formu-
          lierungen bei Wirtschaftsaus-
          schuß (§ 106)   Unterlagen

    (4)   Rechtzeitig, d.h. auf jeden
          Fall **vor** endgültiger Ent-
          scheidung Beschlußverfahren

                                          Zeitpunkt

    (5)   Ja, nach § 80 (2): "erforder-
          lichen Unterlagen zur Verfü-
          gung stellen"

    (6)   § 79, kein Geheimnis   wenn nicht ausdrück-
                                      lich als geheimhal-
                                      tungsbedürftig ge-
                                      kennzeichnet

2. § 80 in Verbindung mit BDSG

3. § 75 allgemeine Persönlichkeits-
      rechte

4. § 83 Einsicht in Personalakte

5. § 92

6. § 95

7. § 94 Personalfragebogen   -- Mitbestimmung
                                           über die Erhebung
                                       Zweckbindung (BDSG);
                                      keine Datenhaltung
                                      (BVG)

8. Sachverständige (§ 80 (3))
        besser: über Einzelgewerk-
        schaft als "Gewerkschaftsver-
        treter" (§ 31)

TBS

Technologieberatungsstelle beim DGB Landesbezirk NRW — Computertechnik für Arbeitnehmervertreter

BAG-Rechtsprechung zu § 87 Abs. 1 Nr. 6

	Problem	Ergebnis
1. Entscheidung Bildschirm/PANAM BAG vom 06.12.1983	Objektive Geeignetheit der technischen Einrichtung zur Kontrolle oder subjektiver Wille des Arbeitgebers maßgeblich?	Die objektive Geeignetheit der technischen Anlage zur Überwachung der Arbeitnehmer reicht unabhängig vom erklärten Zweck (Auswertung) der Erfassung für die Mitbestimmung aus.
2. Entscheidung Rank Xerox BAG vom 14.09.1984	Keine unmittelbare Erfassung der Daten durch die technische Einrichtung selbst	Die Kontrolle/Überwachung kann aus mehreren Phasen bestehen. Es reicht, wenn ein Teil des Überwachungsvorgangs technisch abläuft. Auch dann ist das System mitbestimmungspflichtig.
3. und 4. Entscheidung TÜV/Textverarbeitung BAG vom 23.04.1985	Erfaßte, personenbeziehbare Daten (Namenskürzel, Personalkennziffer) erlauben Leistungsüberwachung nur in Verbindung mit Zusatzinformationen oder bei aufwendigen Rechenoperationen	Vom EDV-System erfaßte Daten müssen nicht für sich allein eine Leistungsbeurteilung ermöglichen. Auch wenn eine Aussage erst in Verbindung mit weiteren Daten und Umständen eine Beurteilung ergibt, gilt die Mitbestimmung.
5. Entscheidung Kienzle-Schreiber BAG vom 18.02.1986	Nicht der einzelne Arbeiter wird überwacht, sondern eine Arbeitsgruppe	Auch dann gilt die Mitbestimmung, wenn der "Überwachungsdruck" auf den einzelnen durchschlägt (Akkordgruppe).

Arbeitsblatt 2605 Seite 2

TBS — Technologieberatungsstelle beim DGB Landesbezirk NRW — Computertechnik für Arbeitnehmervertreter

Entscheidung	Problem	Ergebnis
6. Entscheidung PAISY bei Opel BAG vom 11.03.1986	a) Sind "Krankheitsdaten" Verhaltensdaten? b) Beschluß der Einigungsstelle erlaubt Krankensuchläufe durch PAISY in bestimmten Fällen	a) Krankheitsdaten sind Aussagen über das Verhalten des Arbeitnehmers b) keine Ermessensüberschreitung der Einigungsstelle
7. Entscheidung Telefondatenerfassung BAG vom 27.05.1986	a) Einigungsstellenbeschluß erlaubt Erfassung der Zielnummer bei Dienst- und Privatgesprächen aus dienstlichem Anlaß. b) Bei Ferngesprächen des BR - Erfassung von Zeitpunkt und Dauer der Gespräche (nicht sie insgesamt die Arbeit- Zielnummer!)	a) Keine Beanstandung der BV! Betriebsvereinbarung oder Spruch der Einigungsstelle Spruch der Einigungsstelle kann zu Ungunsten der Arbeitnehmer von Vorschriften des BDSG abweichen, wenn sie insgesamt die Arbeitnehmer nicht ganz einseitig belastet. b) Keine unzulässige Behinderung der Betriebsratsarbeit.
8. Entscheidung Erhebung, Speicherung und Löschung von Arbeitnehmerdaten BAG vom 22.10.1986	Der Betrieb speichert Personaldaten, die vor Inkrafttreten des BetrVG 1972 ohne Mitbestimmung erhoben wurden.	a) BDSG regelt nicht Datenerhebung. Speicherung unzulässig erhobener Daten ist verboten. b) Speichern in zulässiger Weise erhobener Daten ist im Rahmen der Zweckbestimmung des Arbeitsverhältnisses erlaubt - Einschränkung durch informationelles Selbstbestimmungsrecht - Berücksichtigung der beiderseitigen Belange erlaubt Speicherung von Geschlecht, Familienstand, Ausbildung, Sprachkenntnissen c) Speicherung dieser Daten verletzt nicht Mitbestimmungsrecht des BR

Lehreinheit 7

»Regelungstatbestände und Betriebsvereinbarungen«

Inhalt

Lernziele und Lerninhalte . . . . 7−3

Kurzzugang . . . . 7−4

Langfassung

    AS 1 Zielsetzungen und Ebenen einer betrieblichen Regelung . . . . 7−6

    AS 2 Formulierungshinweise für eine Betriebsvereinbarung . . . . 7−9

    AS 3 Seminarkritik . . . . 7−15

Literaturhinweise . . . . 7−17

Arbeitstransparente 2701 bis 2703 . . . . 7−18

Arbeitsblätter 2701 bis 2709 . . . . 7−22

Lernziele und Lerninhalte

Ausgehend von der Kenntnis des rechtlichen Instrumentariums und den Handlungsmöglichkeiten bei der Einführung von PIS soll der Betriebsrat befähigt werden, seine Mitbestimmungsrechte zum Abschluß einer Betriebsvereinbarung zu nutzen. Er soll lernen, eigene Zielsetzungen zu entwickeln und daraus Regelungsgrundsätze für die Verhandlung mit der Unternehmensleitung abzuleiten. Dies umfaßt die Fähigkeit zur Formulierung ausgewählter Regelungen.

Ziel ist darüber hinaus, daß der Betriebsrat den Abschluß einer Betriebsvereinbarung nicht als das Ende der betrieblichen Auseinandersetzung ansieht, sondern ihre Umsetzung und Kontrolle als ein Instrument zur Einbeziehung aller Beschäftigten in die gewerkschaftliche Arbeit nutzt.

Kurzzugang

Lerninhalt	Didaktisch-methodische Hinweise
AS 1 Zielsetzungen und Ebenen einer betrieblichen Regelung	Lehrgespräch
Einwirkung auf die Personalplanung, Begrenzung des EDV-Einsatzes, Einschränkung der Personaldaten und Zweckbindung, Transparenz der betrieblichen PDV, organisatorisch-technische Abschottungen, Kontrolle der Einhaltung von Betriebsvereinbarungen	Folie 2701 Arbeitsblätter 2701 bis 2703
Regelungsbereiche Eingabe, Verarbeitung, Ausgabe	Folie 2702, Arbeitsblatt 2704
	Zeitbedarf: 20 Min.
AS 2 Formulierungshinweise für eine Betriebsvereinbarung	
Grundsätze, Zweckbestimmung Geltungsbereich, Hardware, Datenbestand, Auswertungen, Abfragesprachen, Schnittstellen, Datenübermittlung an Dritte, Datenschutzmaßnahmen, Rechte des einzelnen Arbeitnehmers, Rechte des Betriebsrats, Inkrafttreten und Kündigung	**Variante 1** Planspielphase 5 in Arbeitsgruppen gem. Arbeitsblatt 2707 (Zeitbedarf: 80 Min.) Anschl. Plenum mit Zusammenfassung, Vervollständigung und Systematisierung der Arbeitsgruppenergebnisse entlang des Textes der Langfassung **Zeitbedarf:** 120 Min.
	Variante 2 Analyse einer Betriebsvereinbarung Arbeitsblatt 2708 oder eines Entwurfes gem. Arbeitsblatt 2705 in Arbeitsgruppen (Zeitbedarf: 45 Min.) Anschl. Plenum mit Diskussion der Schwachpunkte **Zeitbedarf:** 90 Min.
	Variante 3 Lehrvortrag und Lehrgespräch **Zeitbedarf:** 60 Min.
	Für alle Varianten: Folie 2703, Arbeitsblatt 2706

Regelungstatbestände und Betriebsvereinbarung 7–5

AS 3 Seminarkritik

Fragebogen (Arbeitsblatt 2709, Zeitbedarf: 10 Min.)

Wandzeitung für Klebepunkte (Zeitbedarf: 10 Min.)

Anschließend mündliche Seminarkritik

Zeitbedarf: 30 Min.

Langfassung

Ebenso wichtig wie die Kenntnis der Mitbestimmungsrechte für die betriebliche Interessenvertretung ist das Wissen um wünschenswerte Ziele der Arbeitnehmervertretung bei Einführung von PIS. Ohne die Kenntnis von Alternativen bzw. sinnvollen Gegenforderungen wäre die Wahrnehmung der Mitbestimmungsrechte »kopflos«. Für die Betriebsräte kommt es also darauf an, zuerst einmal Ziele zu formulieren, für ihre Durchsetzung breit im Betrieb zu mobilisieren und schließlich in Formulierungen für eine Betriebsvereinbarung umzusetzen. Dabei sollte die Betriebsvereinbarung nicht Selbstzweck des Handelns sein, sondern Ausgangspunkt einer Mobilisierungsstrategie, die die gesamte betriebliche Realität zum Gestaltungsfeld macht.

1. Zielsetzungen und Ebenen einer betrieblichen Regelung

Der Betriebsrat muß sich zuerst einmal klar werden, auf welcher Ebene er Regelungen mit der Geschäftsleitung anstrebt. Das ist im wesentlichen von betrieblichen Konstellationen abhängig.

Erstens: Die weitestgehende Regelungsebene (vgl. **Folie 2701**) ist ein **Einfluß auf die Personalplanung** selbst. Auf diese Weise wird der Zweck der Personaldatenverarbeitung selbst und damit auch die Erfassung, Speicherung und Auswertung von Personaldaten geregelt. Wenn die Arbeitnehmerseite die Zwecke des Informationssystems geregelt hat, ist die Verwendung des Arbeitsinstrumentes zur Erreichung dieser Zwecke eine zwar weiterhin wichtige, aber zweitrangige Sache.

Zweitens: Diese Ebene beinhaltet die Entscheidung, **ob ein Personalinformationssystem generell abgelehnt wird** oder ob die computergestützte Personaldatenverarbeitung in einer Betriebsvereinbarung geregelt werden soll.

Drittens: Im Falle einer betrieblichen Regelung von Personalinformationssystemen ist die weitestgehende Forderung seitens des Betriebsrats, **für alle Personaldaten eine Zweckbindung** festzulegen. Im hessischen Datenschutzgesetz ist beispielsweise der Erhebungs- und der Verarbeitungszweck der Personaldaten festgeschrieben. Dies ist auch im neuen Datenschutzgesetz NRW vorgesehen. Die Forderung des Betriebsrates könnte lauten: Für jedes Datum auch seinen Verwendungszweck mit vereinbaren und darüber hinaus im Datensatz den Kontextbezug eines Datums festhalten.

Viertens: Auf dieser Ebene geht es um technische Regelungen, die die »**Transparenz**« der betrieblichen Personaldatenverarbeitung zum Ziel haben (vgl. Anlage zum § 6 des BDSG). Die Forderung des Betriebsrates lautet hier, offenzulegen, wer zu welchem Zweck welche Daten erfaßt, speichert, auswertet, über welche Schnittstellen an welche anderen Personen übermittelt. Auch ein PC-Bestandsverzeichnis sollte erstellt werden. In der Forderung nach Transparenz, insbesondere bei PCs, trifft sich das Interesse von Betriebsrat und Geschäftsleitung, da auch die Geschäftsleitung häufig einen Überblick über den Wildwuchs an Anwenderprogrammen in den einzelnen Fachabteilungen gewinnen möchte.

Regelungstatbestände und Betriebsvereinbarung 7–7

Fünftens: Diese Ebene behandelt **organisatorisch-technische Regelungen zur »Abschottung«** der Personaldatenverarbeitung. In vielen Betrieben stellen die **organisatorischen** Abläufe bereits sicher, daß der Zugang zu Personaldaten und Auswertungen nicht eigenmächtig von jedermann möglich ist. Dabei geht es z.B. um

– Vergabe von Zugriffsberechtigungen,
– Planungsschritte bei Einführung neuer Systeme oder
– Freigabe neuer oder geänderter Auswertungsprogramme.

Eine klare Funktionstrennung zwischen Fachabteilungen und Rechenzentrum sowie eine Abgrenzung von Zuständigkeiten innerhalb der EDV können den Betriebsrat bei der Überprüfung von Systemen unterstützen und verhindern, daß der Personalleiter sich zwischendurch zusätzliche (nicht vereinbarte) Listen ausdrucken läßt (**Arbeitsblatt 2701**).

Eine geeignete Regelung würde vorsehen, daß der Personalleiter der Systementwicklung eine Anforderung über das gewünschte Programm übergibt. Dort wird der Programmierauftrag abgeschätzt und eingeplant. Das Programm wird geschrieben, archiviert, getestet und anschließend in einem Freigabeverfahren von Qualitätssicherung, Fachabteilung, Revision und betrieblichem Datenschutzbeauftragten geprüft. Erst dann kopiert der Sicherheitsbeauftragte das Programm von der Systementwicklung in den Bereich der Personalabteilung, wo es eingepaßt wird. Die Systementwicklung hat jetzt keinen Zugriff mehr darauf, kann das Programm also nicht mehr ändern.

Zur Abschottung gehören auch **technische** Regelungen wie sogenannte »Zugriffsschutzsysteme«, die vor jedem Zugriff auf Personaldaten und Programme prüfen, ob der Bediener als hierfür berechtigt eingetragen ist.

Sehr viel schwieriger ist die Abschottung bei der Verarbeitung von Personaldaten auf PCs, da hier Systementwicklung, Freigabe und Betrieb in einer Hand liegen. Kann der Betriebsrat die PC-Nutzung nicht verhindern, sollte auf jeden Fall zusätzliche Sicherungssoftware zum Einsatz kommen.

Sechstens: In dieser Ebene schließlich geht es um die **Kontrolle der Einhaltung von abgeschlossenen Vereinbarungen.** Hier sind technische Kontrollmechanismen (z.B. Maschinenprotokolle) und organisatorische Regelungen zu vereinbaren, um die präventiven Maßnahmen zur Unterbindung unzulässiger Verarbeitung (5. Ebene) durch nachlaufende Kontrollen zu ergänzen.

Der Betriebsrat kann das in Rede stehende Personalinformationssystem anhand eines Pflichtenheftes aus Arbeitnehmersicht auf seine Kontrollierbarkeit hin bewerten (vgl. **Arbeitsblatt 2702**); ferner sollte er ein Überprüfbarkeitskonzept aufstellen (vgl. **Arbeitsblatt 2703**).

Erläuterungen zum **Arbeitsblatt 2702:**
Im ordnungsgemäßen Fall greift der Benutzer über die Ebenen Anwendungsprogramm, Datenbanksystem und Betriebsystem auf die Datenebene zu. Jede Ebene kann exakt beschrieben und festgelegt, d.h. »geregelt« werden. Auf der

> linken Seite sind Möglichkeiten des unberechtigten Unterlaufens, auf der rechten Seite entsprechende Kontrollmöglichkeiten aufgezeigt.

Obwohl vor einem schematischen Übertragen von Modellvereinbarungen auf andere Betriebe gewarnt wird, da sich die von Systemherstellern angebotenen Softwarepakete und die von Unternehmen gewünschten Anwendungen und Auswertungen sowie die konkreten Einführungsschritte und Aushandlungsmechanismen von Betrieb zu Betrieb stark unterscheiden, soll hier doch versucht werden, allgemeine und von diesen Faktoren unabhängige Regelungsbereiche darzustellen. Im daran anschließenden Abschnitt wird anhand einer Musterbetriebsvereinbarung die Umsetzung in schriftliche Formulierungen diskutiert.

Da sich elektronische Datenverarbeitung generell nach dem EVA-Prinzip (vgl. Band 1, S. 2–9ff) vollzieht, muß der Betriebsrat darauf achten, daß eine umfassende Regelung sich auf alle drei Phasen, also auf Eingabe, Verarbeitung und Ausgabe erstreckt (vgl. **Folie 2702** und **Arbeitsblatt 2704**).

Zur Regelung der Dateneingabe ist es erforderlich, daß der Betriebsrat den Charakter und den Weg der Personaldaten im Betrieb kennt, die computermäßig verarbeitet werden. Dies erstreckt sich auf alle in der Lehreinheit 2 genannten Bereiche. Insbesondere sollte der Betriebsrat sämtliche BDE-Systeme im Betrieb sowie Ort und Zugriffsberechtigungen für alle Datenerfassungsstationen kennen. Auch Datenflußpläne und eine Sammlung aller Formulare, die Personaldaten enthalten, sind auf Verlangen dem Betriebsrat auszuhändigen.

Wichtig zur Beurteilung des Leistungsumfangs der computergestützten Personaldatenverarbeitung sind auch die Angaben über die Datenbasis und die Kopplungsmöglichkeiten mit anderen Systemen in den Herstellerunterlagen.

Für die Eingabe sind beispielsweise folgende Regelungen sinnvoll:

— Personal- und Betriebsdaten strikt trennen!
— Zeitgenauigkeit gering halten und bei Zeitabläufen nur Summenspeicherung vorsehen!
— OFF-LINE-Systeme bevorzugen!
— Alle Daten und Verschlüsselungen genau festlegen (Datenkatalog)!
— Nicht alle Daten in die Datenbank!

Bei den Daten unterscheidet man zwischen Stamm- und Bewegungsdaten. Mit Stammdaten werden Daten wie Name, Personalnummer, Adresse, Geburtsdatum usw. bezeichnet, die sich selten oder nicht ändern. Demgegenüber ändern sich Bewegungsdaten, wie abgeleistete Stunden, Fehlzeiten, Zuschläge usw. häufig. Die Übergänge zwischen beiden Datengruppen sind fließend. Deshalb müssen Stamm- und Bewegungsdaten genau definiert werden. Prinzipiell variiert der Datenkatalog von Betrieb zu Betrieb. Er ist vom System her nicht festgelegt und auch nicht umfangmäßig begrenzt (vgl. Auszüge aus der Systembeschreibung). Er muß daher Gegenstand einer Betriebsvereinbarung sein.

Wichtig zur Interpretation der meist codierten Daten ist die Kenntnis des genauen Schlüsselverzeichnisses. Aus der Anzahl der Ziffern des Schlüssels kann außerdem

Regelungstatbestände und Betriebsvereinbarung   7–9

auch auf den möglichen Detailliertheitsgrad der Angaben und auf eventuelle Ausbaupläne geschlossen werden.

Für die Verarbeitung der bereits erfaßten und eingegebenen Daten sind Aufbau und Inhalt der Datenbank, Beschaffenheit und Zielsetzung der Verarbeitungssoftware sowie die Organisation des EDV-Betriebs die entscheidenden regelungsbedürftigen Bereiche.

Aus Arbeitnehmersicht sind folgende Zielsetzungen anzustreben:

– Statt Dialog- nur Stapel-Betrieb
– Keinerlei Abfragesprachen
– Genaue Dokumentation aller Programme und Daten
– Zwangsprotokollierung auf Systemebene
– Festlegung der Speicherdauer

Eine wirksame Kontrolle der Weiterverarbeitung von Daten ist die sogenannte Zwangsprotokollierung, die durch das Betriebssystem alle Bearbeitungsvorgänge minutengenau festhält. Da im Arbeitnehmerinteresse zur Vermeidung weiterer Gefährdungen alle Programme, Datenkombinationen und Auswertungen nach Absprache mit dem Betriebsrat schriftlich festgeschrieben werden, sind solche festprogrammierten und kontrollierbaren Auswertungsroutinen auch dem Gebrauch von freien Abfragesprachen vorzuziehen. Hiermit ist bereits ein Übergang zu den Regelungsbereichen für die Ausgabe hergestellt, wo folgende Festlegungen getroffen werden sollten:

– Keine Ad-hoc-Abfragen am Bildschirm!
– Nur dokumentierte Auswertungen zulassen (Auswertungskatalog)!
– Interne und externe Empfänger (Benutzer) und Häufigkeit der einzelnen Ausgaben festlegen!
– Zugriffssicherung und Datenschutz beschreiben!

Das Thema »Zielsetzungen und Ebenen einer betrieblichen Regelung« sollte möglichst im Rahmen eines Lehrgesprächs, das die praktischen Erfahrungen von Seminarteilnehmern in der Auseinandersetzung um PIS einbezieht, erarbeitet werden. Die Regelung aller drei Phasen des EVA-Prinzips in einer Betriebsvereinbarung kann anhand von **Folie 2701** deutlich gemacht werden. Regelungsbeispiele finden sich in **Arbeitsblatt 2704**.

In einer Checkliste (**Arbeitsblatt 2705**) die gleichzeitig zur Bewertung einer Betriebsvereinbarung oder eines Betriebsvereinbarungsentwurfes herangezogen werden kann, sind noch einmal zusammenfassend wesentliche Regelungspunkte aufgeführt.

---

2. Formulierungshinweise für eine Betriebsvereinbarung

In diesem Arbeitsschritt wird ein Vorschlag zum Aufbau und zur Gliederung einer Betriebsvereinbarung vorgestellt (vgl. auch **Folie 2703** und **Arbeitsblatt 2706**).

2.1 Grundsätze

Oberster Grundsatz der Betriebsvereinbarung sollte das von der Verfassung einge-räumte Recht des Einzelnen sein, grundsätzlich selbst über Preisgabe und Verwen-dung seiner persönlichen Daten zu bestimmen (Recht auf informationelle Selbstbe-stimmung).

Daraus abgeleitet könnten als Grundsätze die Dateneinsparung (z.B. durch arbeits-organisatorische Maßnahmen) und die Abschottung (unvernetzte EDV-Systeme mit unterschiedlichen Anwendungen) vereinbart werden, außerdem der Grundsatz der Beteiligung und der Transparenz für ArbeitnehmerInnen.

2.2 Zweckbestimmung

Vorrangiges Ziel einer jeden PIS-Betriebsvereinbarung muß es sein, das System auf seine Lohn- und Gehaltsfunktionen zu begrenzen. Zustimmungsfähige Zweckbe-stimmungen können daher sein:

— Lohn- und Gehaltsabrechnungen,
— Werksrentenabrechnungen,
— Durchführung von DEVO/DÜVO-Vorschriften und
— Aufgaben der Personalverwaltung ausschließlich nach den in dieser Vereinbarung festgelegten Zwecken.

Wenn es gelingt, ein PIS auf ein Abrechnungssystem zu reduzieren, so sind damit nicht alle Gefahren gebannt. Je nachdem, welche Daten im System geführt werden, können auch Abrechnungsdaten noch umfassende Kontrollfunktionen ermöglichen.

2.3 Geltungsbereich

Räumlicher Geltungsbereich:
Der räumliche Geltungsbereich umfaßt den Betrieb im Sinne des BetrVG. Wird das PIS bei einem anderen Unternehmen im Wege der Auftragsdatenverarbeitung be-trieben, so bleibt nach dem BDSG das auftraggebende Unternehmen »Herr der Daten«.

Persönlicher Geltungsbereich:
Der Personenkreis umfaßt alle derzeit im örtlichen Geltungsbereich der Betriebsver-einbarung beschäftigten Arbeitnehmer, für die eine Lohn- und Gehaltsabrechnung durchgeführt wird. Sie umfaßt ferner ehemalige Arbeitnehmer, wenn sie eine An-wartschaft auf künftige abrechnungsrelevante Leistungen des Unternehmens erwor-ben haben, z.B. Anwärter und Bezieher von Werksrenten. Die Speicherung von Daten künftiger Arbeitnehmer, vor allem von Bewerbern, sollte ausgeschlossen wer-den.

Sachlicher Geltungsbereich:
Der sachliche Geltungsbereich muß das eingesetzte PIS selbst umfassen (also z.B. PAISY, IPAS etc.) sowie die gesamte sonstige Verarbeitung von Personaldaten.

Regelungstatbestände und Betriebsvereinbarung   7–11

Unbedingt sollte eine Öffnungsklausel den Abschluß weiterer ergänzender Betriebsvereinbarungen, z.B. BDE, Arbeitszeiterfassung, Telefonsysteme ermöglichen.

Als nächster Abschnitt könnte gegebenenfalls zusätzlich eine Begriffsbestimmung zur gemeinsamen Festlegung wichtiger Begriffe wie Personaldaten (alle personenbezogenen oder -beziehbaren Daten), Datenverarbeitung, Erheben, Erfassen, Speichern, Verändern, Übermitteln, Sperren, Löschen, Nutzen (möglichst orientiert an Formulierungen des Datenschutzgesetzes NRW) eingefügt werden.

2.4 Hardware (inklusive systemnaher Software)

Es ist wichtig, die Rechenanlagen und die peripheren Geräte (Terminals, Ausgabegeräte), mit denen das PIS betrieben wird, genau festzulegen, möglichst mit Benennung der Standorte. Dabei sollte eine Regelung angestrebt werden, die den gesamten Gerätepark und alle Standorte festschreibt. Dann muß über jede Ausweitung und Standortverlegung mit dem Betriebsrat verhandelt werden. Bei Geräte- und Standortüberlegungen sind folgende Aspekte zu berücksichtigen:

— Die Geräte müssen eine umfassende Protokollierbarkeit (Dokumentation) erlauben und
— es sollten möglichst wenig Geräte ausgelagert und möglichst viele mit einer zentralen Rechenanlage betrieben werden.

2.5 Datenbestand (inklusive Datenstruktur)

Der Datenbestand ist abschließend zu vereinbaren (Positivliste). Die Vereinbarung sollte festhalten, daß andere personenbezogene Daten nicht gespeichert werden dürfen. Jede Veränderung und insbesondere Erweiterung ist an die vorherige Information und Zustimmung des Betriebsrats zu koppeln.

Die vereinbarten Daten müssen in einem Datenkatalog enthalten sein, der als Anlage Bestandteil der Betriebsvereinbarung wird. Die Anlage sollte im einzelnen enthalten:

— Bezeichnung des Datenfeldes,
— verwendete Schlüssel und deren Bedeutung,
— Feldlänge (Umfang der reservierten Zeichen),
— Feldart (numerisch, alphabetisch, alphanumerisch),
— Name für das Ansprechen des Datenfeldes im Bildschirmdialog mit Hilfe einer Abfragesprache bzw. Vermerk über Dialogfähigkeit,
— Zweck der Speicherung (Erforderlichkeit),
— ggf. die Stelle innerhalb und außerhalb des Betriebes, an die die Daten regelmäßig übermittelt werden sollen,
— Nummern der Auswertungen, in denen die Daten verwendet werden und
— Löschungsfristen bzw. Ereignisse, aufgrund deren die Daten automatisch zu löschen sind.

2.6 Auswertungen

Die Auswertungen bzw. Ausgaben sind ebenfalls abschließend zu vereinbaren. Die Vereinbarung sollte festhalten, daß andere Auswertungen nicht erlaubt sind. Jede Veränderung und insbesondere Erweiterung wird an die vorherige Information und Zustimmung des Betriebsrats gebunden.

Die vereinbarten, erlaubten Auswertungen und Ausgaben können in einem Ausgaben- und Auswertungskatalog aufgeführt werden, der als Anlage Bestandteil der Betriebsvereinbarung wird. Wie die zu vereinbarende Anlage aussieht, hängt u.a. von der bereits vorhandenen Dokumentation der EDV-Abteilung und den Systemen ab. Die Auswertungen können z.B. folgende Angaben enthalten:

— Arbeitsnummer,
— Name der Auswertung/Ausgabe,
— Kurzbeschreibung,
— Zweck der Auswertung (Erforderlichkeit),
— ggf. die Stelle innerhalb und außerhalb des Unternehmens, an die die Auswertungen weitergegeben werden,
— Daten, die in die Auswertungen eingehen,
— Form der Auswertung (Listenmuster, Ausgabebildschirmmaske) und
— Zeitpunkt der Auswertung.

2.7 Abfragesprachen

Abfragesprachen (z.B. PAISY-INFO bei PAISY, CULPRIT bei IPAS und INTERPERS) eröffnen universelle, kaum zu kontrollierende Auswertungsmöglichkeiten von Personaldaten. Daher ist es unabdingbar, die Anwendung von Abfragesprachen in der Betriebsvereinbarung zu regeln.

Die weitestgehende Einschränkung ist der Verzicht auf den Gebrauch von Abfragesprachen überhaupt. Ist kein generelles Verbot durchzusetzen, so sollten ihre Anwendungsmöglichkeiten beschränkt werden. Das kann geschehen, indem

— möglichst wenig Datenfelder für einen Dialog ansprechbar gemacht werden (bei PAISY z.B. durch sparsame Vergabe von INFO-Namen),
— das unmittelbare Formulieren von Abfragen (sogenannte »Spontanabfragen«) unterbunden wird,
— die Abfragesprache nur im Stapelbetrieb benutzt werden darf.

2.8 Schnittstellen

Es wird empfohlen, Schnittstellen zu beschränken und in einer Anlage festzuhalten,

— welche Schnittstellen bestehen und
— welche Daten, wann in welche Richtung an den Schnittstellen ausgetauscht werden dürfen.

Jede Veränderung wird an die vorherige Information und Zustimmung des Betriebsrats gebunden.

2.9 Datenübermittlung an Dritte

Die Weitergabe von Daten sollte möglichst beschränkt werden. Darüber hinaus empfiehlt es sich, in einer gesonderten Anlage festzuhalten, welche Daten auf welcher gesetzlichen Grundlage zu welchem Zeitpunkt an welche Dritte weitergegeben werden dürfen. Einfacher ist eine Erweiterung des Daten- bzw. Auswertungskataloges um eine Spalte »Datenübermittlung«. Jede Veränderung und insbesondere Erweiterung wird an die vorherige Information und Zustimmung des Betriebsrates gebunden.

2.10 Datenschutzmaßnahmen

Die bisher beschriebenen Instrumente der Festschreibung des Datenbestandes und der Auswertung bedürfen eines Kontrollverfahrens, das die Einhaltung getroffener Vereinbarungen überprüfbar macht. Dazu gehört an **technischen** Datenschutzmaßnahmen

- eine gestufte und möglichst eng zu fassende Zugriffsregelung, die in einer Anlage zur Betriebsvereinbarung dokumentiert wird,
- eine einheitliche Datenbankschnittstelle, die verhindert, daß am Anwendungsprogramm vorbei Personaldaten abgerufen werden (vgl. Arbeitsschritt 1),
- eine automatische, lückenlose Protokollierung aller Auswertungsläufe (»Zwangsprotokollierung«) und
- die Möglichkeit jederzeit Listen auszudrucken, die den gesamten Datenbestand dokumentieren.

In der Betriebsvereinbarung sollte sichergestellt werden, daß die technischen Datensicherungsmaßnahmen jeweils dem neuesten technischen Stand angepaßt werden müssen.

Außerdem müssen begleitende **organisatorische** Datenschutzmaßnahmen vereinbart werden wie

- betriebliche/r Datenschutzbeauftragte/r,
- Weiterbildung in Datenschutzfragen,
- Verbot bzw. Verhinderung der Nutzung betriebsfremder EDV-Systeme,
- Verbot bzw. Verhinderung der Mitnahme von Datenträgern,
- evtl. Zutrittsregelung zum Rechnerraum (bei Abteilungsrechnern),
- organisatorische Verfahren zur Änderung von Daten, Auswertungen (vgl. Arbeitsschritt 1) und technischen Anlagen.

2.11 Rechte des einzelnen Arbeitnehmers

Der einzelne Arbeitnehmer muß einen Anspruch darauf haben, daß

- er einmal jährlich kostenlos und automatisch über alle über ihn gespeicherten Daten in verständlicher und lesbarer Form informiert wird,
- falsche Daten bzw. »strittige« Daten, deren Richtigkeit der Arbeitgeber nicht beweisen kann, physikalisch gelöscht werden,
- personelle Maßnahmen, die auf Informationen beruhen, die unter Verletzung der

getroffenen Vereinbarungen gewonnen wurden, unwirksam sind (Verwertungsverbot) und
— ihm durch die Einführung eines PDV-Systems keine Nachteile entstehen (Sicherung von Arbeitsplatz, Einkommen und Qualifikation vor allem für die Personalsachbearbeiter, aber auch für die anderen Beschäftigten).

In diesem Abschnitt sollten auch die Schulungsmaßnahmen für die Beschäftigten der Personalabteilung und die Mitbestimmungsrechte des Betriebsrates bei der Bestimmung der Inhalte festgelegt werden.

Bei der Einrichtung von Bildschirmarbeitsplätzen sind neueste arbeitswissenschaftliche Erkenntnisse und DIN-Normen (66233 und 66234) anzuwenden.

Die Einrichtung von vielseitigen und qualifizierten Arbeitsplätzen (z.B. Wechsel von Bildschirm- und Nicht-Bildschirmtätigkeit) ist als Gestaltungsgrundsatz zu formulieren.

2.12 Rechte des Betriebsrates

Der Betriebsrat sollte ein Recht haben auf
— Erhalt sämtlicher die Personaldatenverarbeitung betreffender Systemunterlagen (Hardware und Software),
— jederzeitigen Zugang zum Rechenzentrum,
— jederzeitige Auflistung des Datenkataloges,
— Erhalt des Protokolls über alle durchgeführten Auswertungsläufe,
— Teilnahme an PDV-Anwenderseminaren sowie Schulungen in Personaldatenverarbeitung und EDV-Lehrgängen und auf
— Hinzuziehung eines Sachverständigen nach freier Wahl.

Die Mitbestimmungsrechte wiederholen sich bei allen Änderungen von System, Auswertungen und Datenbeständen.

2.13 Inkrafttreten, Kündigung

Bei Kündigung des Arbeitgebers hat die Betriebsvereinbarung Nachwirkung, nicht jedoch bei außerordentlicher Kündigung durch den Betriebsrat.

Arbeitsschritt 2 kann in drei Varianten durchgeführt werden.

Variante 1
Fortsetzung des Planspiels in Arbeitsgruppen mit der Planspielphase 5 (**Arbeitsblatt 2707**, Zeitbedarf: 80 Min.). Bei Bedarf kann den Teilnehmern **Arbeitsblatt 2705** als Hilfestellung an die Hand gegeben werden. Bei Variante 1 dient der Text von Arbeitsschritt 2 als Hintergrundmaterial für die Zusammenfassung, Vervollständigung und Systematisierung der Arbeitsgruppenergebnisse im Plenum.

Variante 2
Die Teilnehmer analysieren ebenfalls in Arbeitsgruppen gemäß der Checkliste in

Regelungstatbestände und Betriebsvereinbarung 7–15

Arbeitsblatt 2705 eine abgeschlossene Betriebsvereinbarung (z.B. **Arbeitsblatt 2708**) oder einen Betriebsvereinbarungsentwurf. Der Zeitbedarf beträgt 45 Min.

Bei dieser Variante sollen die etwaigen Schwachpunkte der analysierten Vereinbarung im Plenum diskutiert und verbessert werden. Zu letzterem bietet der Text von Arbeitsschritt 2 Hilfe.

Variante 3
Die Regelungspunkte werden im Lehrvortrag und Lehrgespräch vorgestellt und erarbeitet. Hierzu steht **Folie 2703** und **Arbeitsblatt 2706** zur Verfügung.

3. Seminarkritik

Die Seminarkritik ist ein wesentlicher Bestandteil des Lehrgangs. Sie dient einerseits einer zusammenhängenden Reflexion des Gelernten durch die Teilnehmer/innen. Zweitens ist sie zur permanenten Verbesserung der vorliegenden Seminarkonzeption unverzichtbar.
0
Bei der Seminarkritik kann folgendermaßen vorgegangen werden:

1. Schritt:
Die Teilnehmer/innen werden gebeten, den Fragebogen **anonym** auszufüllen (**Arbeitsblatt 2709**, Zeitbedarf ca. 15 Minuten). Die Auswertung der Arbeitsblätter geschieht **im Anschluß** an das Seminar.

Alternativ
Gemeinsame Bewertung (ca. 5 Minuten) des Seminars auf einer vorgefertigten Wandzeitung der folgenden Form:

Wandzeitung zur Seminarbewertung

	− − −	− −	−	0	+	+ +	+ + +
* Tagungsstätte/ Unterkunft/ Verpflegung							
* Freizeiteinrich- tungen/-angebot							
* Seminar- atmosphäre							
* Vorgehensweisen/ Arbeitsmethoden							
* Behandelte Seminar- themen							

* Auftreten der
Referenten/innen

* Anwendbarkeit/
Nutzen für die
Praxis

Dabei erhält jeder Teilnehmer und jede Teilnehmerin 7 Klebepunkte, die entsprechend der Bewertung in die 7 Felder verteilt werden.

2. Schritt:
Mündliche Seminarkritik
Die Teilnehmer/innen werden gebeten, reihum kurz eine Gesamteinschätzung zum Seminar zu äußern. Auch der/die Referent/in nimmt abschließend Stellung. Eventuell erläutert er/sie auch Probleme, die in der Kritik genannt wurden.

Regelungstatbestände und Betriebsvereinbarung 7–17

Literaturhinweise

Barthel, T.; Bick, M.; Kühn, M.; Mott, U.; Voogd, G.:
Revisionsfähigkeit personaldatenverarbeitender Systeme – sind Betriebsvereinbarungen über Personaldatenverarbeitung verifizierbar?; in: Datenschutz und Datensicherung 4/89

Forbit e.V.:
Pflichtenheft zu dem Thema »Anforderungen an die Kontrollierbarkeit personaldatenverarbeitender Systeme aus der Sicht der Arbeitnehmervertretung«, unveröffentlichtes Manuskript, 1988 (erscheint 1990 in der Reihe: Informationen zur Technologieberatung, hrsg. v. d. TBS beim DGB Landesbezirk NRW)

Hexel, D.:
Personaldaten und EDV. Sonderdruck der Zeitschrift »Der Betriebsrat«; Hg. IG Chemie-Papier-Keramik, Hannover 1986

Arbeitstransparente

2701   Regelungsebenen bei PDV
2702   Regelungsbereiche bei Personaldatensystemen
2703   Vorschlag für Betriebsvereinbarungen zu PIS

TBS

2701

Technologieberatungsstelle beim DGB Landesbezirk NRW   Computertechnik für Arbeitnehmervertreter

Regelungsebenen bei PDV

Einwirkung auf die Personalplanung

Begrenzung des EDV-Einsatzes

Einschränkung der Personaldaten und Zweckbindung

Transparenz der betrieblichen PDV

Organisatorisch-technische Abschottungen

Kontrolle der Einhaltung von BV

© TBS

TBS
2702
Technologieberatungsstelle beim DGB Landesbezirk NRW Computertechnik für Arbeitnehmervertreter

Regelungsbereiche bei Personaldatensystemen

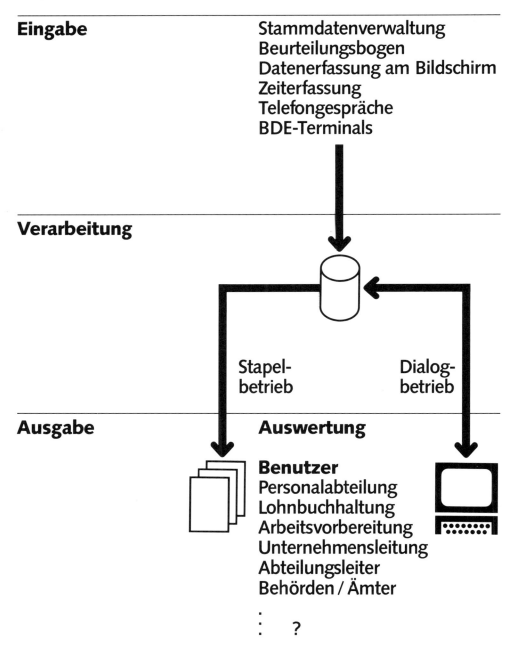

Eingabe
Stammdatenverwaltung
Beurteilungsbogen
Datenerfassung am Bildschirm
Zeiterfassung
Telefongespräche
BDE-Terminals

Verarbeitung

Stapel-betrieb   **Dialog-betrieb**

Ausgabe   **Auswertung**

Benutzer
Personalabteilung
Lohnbuchhaltung
Arbeitsvorbereitung
Unternehmensleitung
Abteilungsleiter
Behörden / Ämter
.
. ?

nach: Hexel 1986

TBS   2703

Technologieberatungsstelle beim DGB Landesbezirk NRW   Computertechnik für Arbeitnehmervertreter

Vorschlag für Betriebsvereinbarungen zu PIS

1	Grundsätze
2	Zweckbestimmung
3	Geltungsbereiche
4	Hardware
5	Datenbestand
6	Auswertung / Ausgaben
7	Abfragesprachen
8	Schnittstellen
9	Datenübermittlung an Dritte
10	Datenschutzmaßnahmen
11	Rechte des einzelnen Arbeitnehmers
12	Rechte des Betriebsrates
13	Inkrafttreten, Kündigung

© TBS

Arbeitsblätter

2701	Geordnetes Freigabeverfahren von EDV-Programmen: Hilfsmittel für die Kontrollierbarkeit durch den Betriebsrat
2702	Kontrollierbarkeit eines Personalinformationssystems
2703	Regeln für ein Überprüfbarkeitskonzept
2704	Regelungsbereiche bei Personaldatensystemen
2705	Checkliste zur Einschätzung eines Betriebsvereinbarungsentwurfs
2706	Gliederungsvorschlag für Betriebsvereinbarungen zu Personalinformationssystemen
2707	Planspielphase 5
2708	Ein Beispiel für eine abgeschlossene IPAS-Vereinbarung
2709	Fragebogen zur Beurteilung des Seminars

TBS — Arbeitsblatt 2701

Technologieberatungsstelle beim DGB Landesbezirk NRW — Computertechnik für Arbeitnehmervertreter

Geordnetes Freigabeverfahren von EDV-Programmen: Hilfsmittel für die Kontrollierbarkeit durch den Betriebsrat

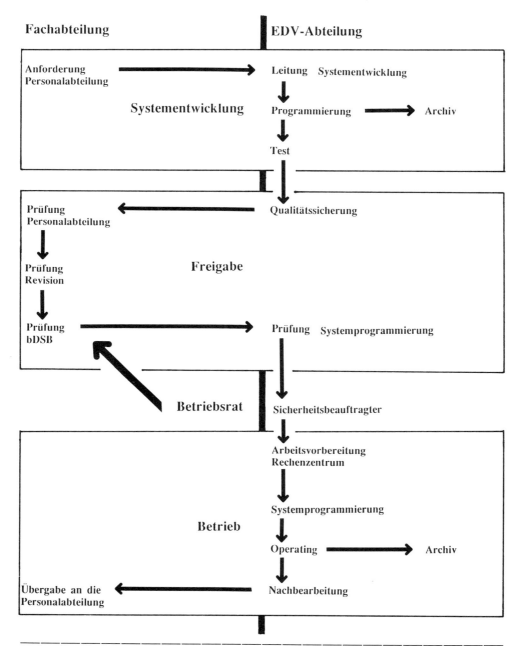

nach: Barthel u.a. 1889

TBS — Technologieberatungsstelle beim DGB Landesbezirk NRW

Arbeitsblatt 2702
Computertechnik für Arbeitnehmervertreter

Kontrollierbarkeit eines Personalinformationssystems

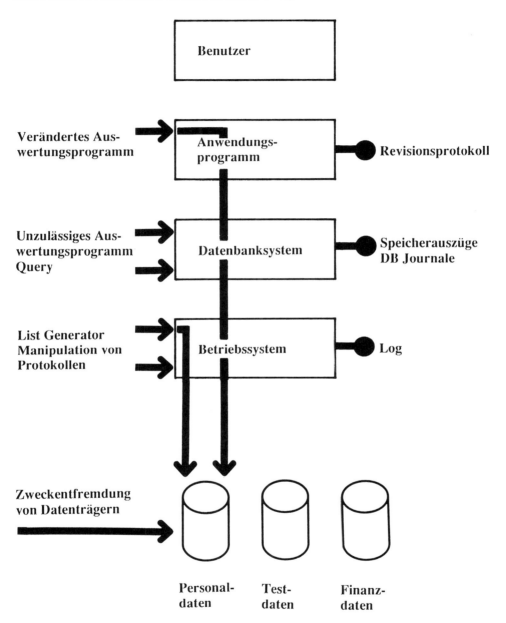

nach: Forbit 1988

	Arbeitsblatt 2703
TBS	
Technologieberatungsstelle beim DGB Landesbezirk NRW	Computertechnik für Arbeitnehmervertreter

Regeln für ein Überprüfbarkeitskonzept

Organisatorische vor technische Maßnahmen

Abschottung vor nachlaufender Kontrolle

Kontrolle des Systemzustandes vor Kontrolle des laufenden Betriebes

Kontrolle des laufenden Betriebes zur Minimierung der verbleibenden Risiken

Protokolle in lesbarer Form

Quelle: Forbit 1988

TBS
Arbeitsblatt 2704

Technologieberatungsstelle beim DGB Landesbezirk NRW Computertechnik für Arbeitnehmervertreter

Regelungsbereiche bei Personaldatensystemen

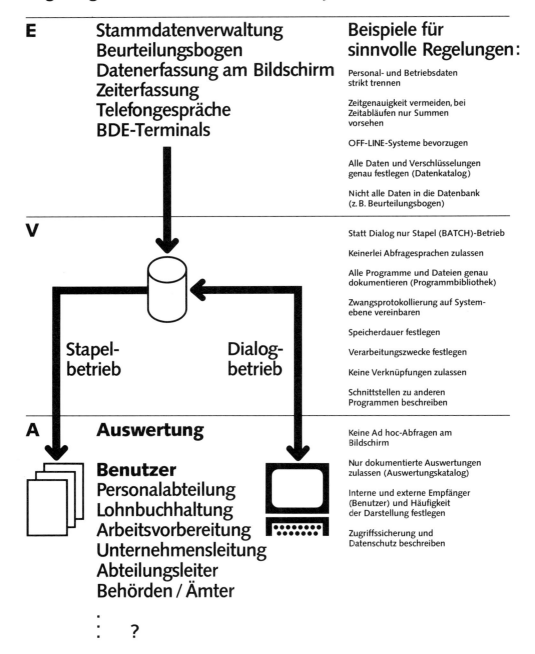

E Stammdatenverwaltung
Beurteilungsbogen
Datenerfassung am Bildschirm
Zeiterfassung
Telefongespräche
BDE-Terminals

V Stapelbetrieb / Dialogbetrieb

A Auswertung

Benutzer
Personalabteilung
Lohnbuchhaltung
Arbeitsvorbereitung
Unternehmensleitung
Abteilungsleiter
Behörden / Ämter
⋮
?

Beispiele für sinnvolle Regelungen:

Personal- und Betriebsdaten strikt trennen

Zeitgenauigkeit vermeiden, bei Zeitabläufen nur Summen vorsehen

OFF-LINE-Systeme bevorzugen

Alle Daten und Verschlüsselungen genau festlegen (Datenkatalog)

Nicht alle Daten in die Datenbank (z. B. Beurteilungsbogen)

Statt Dialog nur Stapel (BATCH)-Betrieb

Keinerlei Abfragesprachen zulassen

Alle Programme und Dateien genau dokumentieren (Programmbibliothek)

Zwangsprotokollierung auf Systemebene vereinbaren

Speicherdauer festlegen

Verarbeitungszwecke festlegen

Keine Verknüpfungen zulassen

Schnittstellen zu anderen Programmen beschreiben

Keine Ad hoc-Abfragen am Bildschirm

Nur dokumentierte Auswertungen zulassen (Auswertungskatalog)

Interne und externe Empfänger (Benutzer) und Häufigkeit der Darstellung festlegen

Zugriffssicherung und Datenschutz beschreiben

nach: Hexel, 1986

TBS | Arbeitsblatt 2705

Technologieberatungsstelle beim DGB Landesbezirk NRW | Computertechnik für Arbeitnehmervertreter

Checkliste zur Einschätzung eines Betriebsvereinbarungsentwurfs

	Ja	Über-wiegend	teils, teils	schwach	Nein	Nicht geregelt
1. Besteht Klarheit über den Inhalt jeder Ausgabe (Listen, Reports, Statistiken, Bildschirmmasken, Texte, etc.)?						
2. Hat je ein Muster vorgelegen?						
3. Ist **jeder** Ausgabe eine unveränderliche Arbeits- oder Programm-nummer zugeordnet, die im Ausgabekatalog fest vereinbart ist?						
4. Ist der Ausgabekatalog fester Bestandteil der BV?						
5. Gibt es Veränderungen (Inhalt der Auswertung oder Erweiterung des Ausgabekataloges) nur, wenn der Betriebsrat zugestimmt hat?						
6. Sind alle Empfänger der **Ausgaben** (intern und extern) genau festgelegt (abgestufter Datenschutz)?						
7. Sind Programmwerkzeuge wie Abfragesprachen, List-Generato-ren, etc. geregelt (Verbot bzw. Einschränkung)?						
8. Ist die Geräteausstattung (Zentraleinheit) einschließlich der Ein-/ Ausgabegeräte mit den jeweiligen Standorten und Gerätetypen fixiert?						
9. Sind die einzelnen Programme und ihre Leistungen in Form eines Programmverzeichnisses oder einer Grobdokumentation festge-legt?						
10. Sind alle **Daten**, die eingegeben, gespeichert und verarbeitet werden, in einem maschinellen Datenkatalog (unter Nennung der Datenfeldlänge und -art) eindeutig festgelegt?						
11. Ist dieser Datenkatalog fester Bestandteil der BV?						
12. Sind verschlüsselte Daten in einem Schlüsselverzeichnis festge-legt, das fester Bestandteil der BV ist?						
13. Sind Schnittstellen zu anderen EDV-Systemen eindeutig definiert bzw. untersagt?						
14. Sind Personaldaten und Betriebsdaten strikt getrennt?						
15. Ist die Übermittlung von Daten/Ausgaben an Dritte präzise fest-gelegt? (Hinweise auf BDSG reichen nicht!)						
16. Sind die Zugriffsberechtigungen fixiert?						
17. Ist für Verarbeitung und Ausgabe der Daten ausschließlich Sta-pel-Betrieb vereinbart?						
18. Ist eine Zwangsprotokollierung vereinbart, die protokolliert, wer welche Daten verändert bzw. wer welche Ausgaben erstellt?						
19. Ist jede ad-hoc-Abfrage am Bildschirm (außer zur Stammdaten-pflege) untersagt?						
20. Erhält jeder Mitarbeiter mindestens jährlich unaufgefordert **alle** seine Daten?						
21. Sind automatisierte Profilabgleiche und Alarmberichte untersagt und eingeschränkt?						
22. Sind für die Daten Löschfristen (getrennt nach Aktiven und Aus-geschiedenen) vereinbart?						
23. Ist die Speicherung von Bewerberdaten unzulässig?						
24. Unterliegen alle Veränderungen der Software, des Datenkatalogs und des Ausgabekatalogs der **Beteiligung bzw. Zustimmung** des Betriebsrates?						
25. Unterliegen alle Veränderungen der **Hardware** der Beteiligung **bzw. Zustimmung** des Betriebsrates?						
26. Sind die Rationalisierungsfolgen im Bereich Personalabteilung und EDV geregelt?						
27. Sind Ausbildungsmaßnahmen für die betroffenen Sachbearbeiter festgelegt?						

Quelle: Hexel 1986

TBS	Arbeitsblatt 2706 Seite 1
Technologieberatungsstelle beim DGB Landesbezirk NRW	Computertechnik für Arbeitnehmervertreter

Gliederungsvorschlag für Betriebsvereinbarungen zu Personalinformationssystemen

1. Grundsätze
   * Recht auf informationelle Selbstbestimmung
   * Beteiligung

2. Zweckbestimmung
   * Lohn- und Gehaltsabrechnung
   * Werksrentenabrechnung
   * Durchführung von DEVO/DÜVO-Vorschriften
   * Aufgaben der Personalverwaltung gemäß Betriebsvereinbarung

3. Geltungsbereiche
   * räumlich: Betrieb X
   * persönlich: alle Arbeitnehmer, Anwärter/Bezieher
                   von Werksrenten
   * sachlich: die Verarbeitung von Personaldaten in
                   allen EDV-Systemen (Öffnungsklausel!)

4. Hardware (und systemnahe Software)
   * Festlegung des Rechners und der Peripherie (Anzahl und
     Standorte)
   * Informations- bzw. Mitbestimmungsrechte bei allen Änderungen

5. Datenbestand (und Datenstruktur)
   * Festlegung des Datenbestandes (Datenfeld, Schlüsselverzeichnis, Dialogfähigkeit, Erforderlichkeit, Verwendung in Auswertung, Übermittlung/Adressat, Löschungszeitpunkt)
   * Mitbestimmungspflicht bei allen Änderungen

6. Auswertung/Ausgaben
   * Festlegung aller Auswertungen/Ausgaben (Erforderlichkeit, Form der Auswertung, Daten in Auswertung, Übermittlung/Adressat, Auswertungszeitpunkt)
   * Ausschluß von Leistungs- und Verhaltenskontrollen
   * Mitbestimmungspflicht bei allen Änderungen

7. Abfragesprachen
   * Verbot von Abfragesprachen bzw.
   * Begrenzung ihrer Anwendung
     * keine "Spontanabfragen"
     * keine weiteren Abfragesprachen
     * Nutzung nur im Stapelbetrieb

IBS   Arbeitsblatt 2706   Seite 2

Technologieberatungsstelle beim DGB Landesbezirk NRW   Computertechnik für Arbeitnehmervertreter

---

8. Schnittstellen
   * Festlegung aller Schnittstellen (Art der Daten, Richtung und Zeitpunkt des Datentransfers)
   * Mitbestimmungspflicht bei allen Änderungen

9. Datenübermittlung an Dritte
   * Festlegung aller Datenübermittlungen an Dritte (Art der Daten, Verwendungszweck, Zeitpunkt der Weitergabe, Adressat)
   * Mitbestimmungspflicht bei allen Änderungen

10. Datenschutzmaßnahmen
    * technischer Art:
      Zugriffsrechte, Protokollierung, einheitliche Datenbankschnittstelle, ausdruckbarer Datenkatalog;
      Anpassung der Sicherungsmaßnahmen an den technischen Stand;
    * organisatorischer Art:
      Datenschutzbeauftrager, Weiterbildung in Datenschutzfragen, Nutzungsverbot betriebsfremder EDV-Systeme, organisatorische Abschottungsverfahren.

11. Rechte des einzelnen Arbeitnehmers
    * kostenlose, jährliche, automatische Information über seine Daten in lesbarer Form
    * physikalische Löschung von falschen bzw. "strittigen" Daten (Beweispflicht beim Arbeitgeber)
    * Verwertungsverbot
      Nachteilsverbot bzw. Ausgleich bei Verschlechterung
    * Schulungsmaßnahmen
    * ergonomische Bildschirmarbeitsplätze
    * qualifizierte, abwechselungsreiche Arbeitsplätze.

12. Rechte des Betriebsrates
    * Mitbestimmungsrechte bei allen Änderungen in den o.g. Punkten
    * Erhalt sämtlicher Systemunterlagen
    * jederzeitiger Zugang zum Rechenzentrum
    * Erhalt des Datenkataloges und des Maschinenprotokolls
    * Qualifizierung durch Schulung
    * Hinzuziehung eines Sachverständigen

13. Inkrafttreten, Kündigung
    * Nachwirkung

TBS	Arbeitsblatt 2707 Seite 1
Technologieberatungsstelle beim DGB Landesbezirk NRW	Computertechnik für Arbeitnehmervertreter

Planspielphase 5

Arbeitsaufgabe

Die Unternehmensleitung hat dem Betriebsrat einen Entwurf für eine Betriebsvereinbarung übersandt.

1. Analysiert den Entwurf (Was sind die angesprochenen Regelungsbereiche, wie sind sie formuliert, wo liegen die Defizite?).

2. Macht zu den einzelnen §§ alternative Formulierungsvorschläge.

   Wie können die Forderungen aus der früheren Planspielphase in der Betriebsvereinbarung formuliert bzw. anders durchgesetzt werden?

TBS	Arbeitsblatt 2707 Seite 2
Technologieberatungsstelle beim DGB Landesbezirk NRW	Computertechnik für Arbeitnehmervertreter

Betriebsvereinbarung über die Einführung des IPAS-Systems bei den Max Meier Werken in Kalkar

Zwischen

der Geschäftsleitung

und

dem Betriebsrat der Max Meier Werke

wird folgende Betriebsvereinbarung abgeschlossen:

1 Präambel

Die bei Max Meier bestehenden Abrechnungssysteme genügen den steigenden gesetzlichen, tariflichen und betrieblichen Anforderungen nicht mehr. Unter den Gesichtspunkten der Arbeitserleichterung in der Personalverwaltung, der Wirtschaftlichkeit und der Anpassungsfähigkeit an künftige Entwicklungen wird das informative Personalabrechnungs-System (IPAS) eingeführt.

2 Geltungsbereich

Diese Vereinbarung gilt für alle Mitarbeiter der Max Meier Werke in Kalkar.

Sie regelt die Erfassung und Speicherung von personenbezogenen Daten mit Hilfe des IPAS-Systems.

3 Zweck und Ziele des Einsatzes von IPAS

Personenbezogene Daten werden hauptsächlich zu folgenden Zwecken in IPAS verarbeitet:

3.1 Der Lohn- und Gehaltsabrechnung sowie vergleichbarer Abrechnungen wie z.B. Ausbildungsvergütungen, Werksrenten, Pensionsabrechnungen, Anwartschaften u.ä..

3.2 Zur Erhebung und Verarbeitung der dazu nötigen Grunddaten, wie z.B. maschinelle Erfassung von Arbeits- und Fehlzeiten, Beurteilungsdaten, Leistungsdaten u.ä..

3.3 Der Erfüllung von Aufgaben der Personalwirtschaft zur Sicherung des Unternehmens.

3.4 Neben den genannten Zwecken hat die Unternehmensleitung nicht die Absicht, IPAS zur Leistungs- und Verhaltenskontrolle der Mitarbeiter einzusetzen.

TBS	Arbeitsblatt 2707 Seite 3	
Technologieberatungsstelle beim DGB Landesbezirk NRW	Computertechnik für Arbeitnehmervertreter	

4 Rechte der Arbeitnehmer

4.1 Nach Einführung von IPAS erhält jeder Mitarbeiter ein Listing der wichtigsten über ihn gespeicherten personenbezogenen Stammdaten.

4.2 Jeder Mitarbeiter hat einmal jährlich das Recht, sich nach dem BDSG einen Ausdruck seiner personenbezogenen Stammdaten erstellen zu lassen.

4.3 Wenn ein Mitarbeiter die Unrichtigkeit oder Unvollständigkeit von personenbezogenen Daten nachweist, sind diese auf Verlagen des Mitarbeiters zu berichtigen oder zu ergänzen.

5 Systemdokumentation

5.1 Der Betriebsrat wird über die Anzahl der Bildschirmgeräte und PC's, die an IPAS angeschlossen sind, informiert.

5.2 Eine Systembeschreibung von IPAS wird dem Betriebsrat zugestellt.

5.3 Die Geschäftsleitung führt folgende Dokumente, in die der Betriebsrat nach Verlangen Einsicht nehmen kann:

- Einen Datenkatalog mit den Namen der wichtigsten in IPAS gespeicherten personenbezogenen Datenfelder;
- einen Ausgabenkatalog mit den Listen, Tabellen, Statistiken und Auswertungen des Systems und
- eine Liste der vergebenen Zugriffsrechte.

6 Datensicherung

Ein unberechtigter Zugriff auf IPAS-Daten wird verhindert durch systemtechnische Regelungen. Diese bestimmen (durch ein Passwort), wer auf IPAS-Daten zugreifen kann. Versuche von Zuwiderhandlungen werden abgewiesen.

7 Änderungen und Erweiterungen des Systems

Die Geschäftsleitung informiert den Betriebsrat über die Änderungen und Erweiterungen von Software und Hardware des IPAS-Systems.

8 Löschung von Daten

Nicht mehr benötigte personenbezogene Daten werden auf Verlangen des Mitarbeiters gelöscht.

| TBS | Arbeitsblatt 2707 Seite 4 |
| Technologieberatungsstelle beim DGB Landesbezirk NRW | Computertechnik für Arbeitnehmervertreter |

9 Meinungsverschiedenheiten

Geschäftsleitung und Betriebsrat gehen davon aus, daß eventuelle Meinungsverschiedenheiten über die Auslegung und Anwendung dieser Betriebsvereinbarung in sozialpartnerschaftlicher Weise gemeinsam beigelegt werden können.

10 Geltungsdauer

Diese Betriebsvereinbarung tritt zum .... in Kraft. Sie kann mit einer Frist von 12 Monaten, erstmals zum 31.12.1995 gekündigt werden.

Kalkar, den

Geschäftsleitung   Betriebsrat

TBS	Arbeitsblatt 2708 - Seite 1 -
Technologieberatungsstelle beim DGB Landesbezirk NRW	Computertechnik für Arbeitnehmervertreter

Ein Beispiel für eine abgeschlossene IPAS-Vereinbarung

Betriebsvereinbarung über die Erfassung, Speicherung und Verarbeitung personenbezogener Daten mit Hilfe des EDV-Systems IPAS

Präambel

Die bei ... bestehenden unterschiedlich aufgebauten Entgeltabrechnungssysteme genügen den steigenden, gesetzlichen, tarifvertraglichen und betrieblichen Anforderungen nicht mehr. Unter den Gesichtspunkten moderner Datentechnik, der Wirtschaftlichkeit und der Anpassungsfähigkeit an künftige Entwicklungen wird als einheitliches System das

Informative Personal-Abrechnungssystem (IPAS)

eingeführt.

1. Grundsätze

1.1 Das Recht des Einzelnen, grundsätzlich über die Verwendung seiner personenbezogenen Daten zu bestimmen, darf nicht beeinträchtigt werden. Der Schutz des Einzelnen sowie aller Beschäftigten vor einem ungehinderten Gebrauch seiner/ihrer personenbezogenen Daten ist daher ein vorrangiges Ziel dieser Vereinbarung.

1.2 Durch den Einsatz von IPAS für die Verarbeitung von personenbezogenen Daten soll eine rationelle und kostengünstige Abrechnung ermöglicht werden.

1.3 IPAS wird nicht zum Zweck der Leistungs- bzw. Verhaltenskontrolle eingesetzt.

2. Geltungsbereich

2.1 Diese Vereinbarungg gilt für alle vom Gesamtbetriebsrat/Betriebsrat vertretenen Mitarbeiter.

2.2 Sie gilt ferner für alle ehemaligen Mitarbeiter.

2.3 Diese Betriebsvereinbarung regelt die Erfassung, Speicherung, Verarbeitung und Übermittlung personenbezogener Daten mit Hilfe von IPAS.

3. Zweck der durch IPAS verarbeiteten personenbezogenen Daten

Personenbezogene Daten dürfen ausschließlich zu folgenden Zwecken verarbeitet werden:

TBS   Arbeitsblatt 2708 - Seite 2 -

Technologieberatungsstelle beim DGB Landesbezirk NRW   Computertechnik für Arbeitnehmervertreter

3.1   der Lohn- und Gehaltsabrechnung - einschließlich der Ausbildungsvergütungen,

3.2   der Werksrenten- und Pensionsabrechnung sowie der Berechnung von Anwartschaften,

3.3   der Erfüllung von Aufgaben der Personalwirtschaft nach den in dieser Vereinbarung festgelegten Zwecken.

4. Rechte einzelner Arbeitnehmer

4.1   Die mit Hilfe von IPAS erfaßten, gespeicherten und verarbeiteten personenbezogenen Stammdaten sind Bestandteil der Personalakte.

4.2   Nach Einführung von IPAS erhält jeder Mitarbeiter einen Ausdruck sämtlicher über ihn personenbezogen gespeicherten Stammdaten. Der Ausdruck wird so gestaltet, daß er ohne spezielle Sachkenntnis verstanden werden kann.

4.3   Jeder Mitarbeiter hat einmal jährlich zum Quartalsende das Recht, sich kostenlos einen Ausdruck seiner personenbezogenen Stammdaten erstellen zu lassen.

4.4   Ausscheidende Mitarbeiter erhalten auf Wunsch einen Ausdruck ihrer personenbezogenen Stammdaten.

4.5   Die personenebezogenen Daten sind auf Verlangen des Mitarbeiters im Falle ihrer Unrichtigkeit oder Unvollständigkeit zu berichtigen oder zu ergänzen.

Im Zweifelsfall ist die Richtigkeit oder Vollständigkeit nachzuweisen

a) vom Unternehmen, soweit diese Daten auf Angaben des Unternehmens beruhen;
b) vom Mitarbeiter, soweit sie auf Angaben des Mitarbeiters beruhen.

5. Dokumentation des Systems

5.1   Hardware

5.1.1 Der Gesamtbetriebsrat/Betriebsrat wird über alle Endgeräte, die Zugriff auf IPAS haben, informiert.

5.1.2 Freiprogrammierbare Computer werden mit IPAS ausschließlich im Rahmen der Zugriffsberechtigung gem. Ziff. 11 verbunden.

Arbeitsblatt 2708 – Seite 3 –

Technologieberatungsstelle beim DGB Landesbezirk NRW   Computertechnik für Arbeitnehmervertreter

5.1.3 Über Veränderungen der Hardware wird der Gesamt-betriebsrat/Betriebsrat rechtzeitig unterrichtet.

5.2   Software

Eine Systembeschreibung von IPAS liegt dieser Be-triebsvereinbarung als Anlage 1 bei.

5.3   Die Erfassung, Speicherung, Verarbeitung und Weitergabe der Daten wird geregelt in:

5.3.1 einem Datenkatalog

5.3.2 einem Schlüsselverzeichnis

5.3.3 einem Ausgabenkatalog

5.3.4 einer Schnittstellen-Beschreibung.

6. Datenkatalog

Alle über Mitarbeiter gespeicherten personenbezo-genen Daten werden in einem Datenkatalog getrennt nach Stamm- und Bewegungsdaten (Anlage 2, Satzauf-bau der P-Segmente) aufgeführt.

7. Schlüsselverzeichnis

Personenbezogene Daten, deren Codierung (Ver-schlüsselung) nicht aus sich selbst verständlich ist, werden in einem Schlüsselverzeichnis (Anlage 3) aufgeführt.

8. Ausgabenkatalog

Alle Listen, Tabellen, Statistiken und Aus-wertungen des Systems werden in einem Ausgaben-katalog (Anlage 4) aufgeführt.

Der jeweilige Ausdruck (Listenbild) liegt dieser Betriebsvereinbarung als Anlage 5 bei.

Ausgaben können auch Dateien zur datentechnischen Weiterverarbeitung sein.

9. Info-Pool

9.1   Für statistische Auswertungen im Vorfeld und zu Zwecken der
- Personalbedarfsplanung
- Personalentwicklungsplanung
- Personaleinsatzplanung und
- Personalkostenplanung
werden zwei Info-Pool-Dateien gebildet.

Arbeitsblatt 2708 - Seite 4 -

Technologieberatungsstelle beim DGB Landesbezirk NRW   Computertechnik für Arbeitnehmervertreter

Ihr Dateninhalt ist in der Anlage 6 (Datenkatalog) vereinbart.

Die Dateien enthalten weder Personalnummer noch Name noch ein sonstiges direkt personenidentifizierendes Merkmal. Um die Möglichkeiten einer Reindividualisierung gering zu halten, werden als einzige arbeitnehmergruppenidentifizierende Merkmale in Pool 1 der Abrechnungskreis, in Pool 2 Abrechnungs- und Abstimmkreis verwendet. Der jeweilige Abrechnungskreis ist identisch mit den vom Gesamtbetriebsrat/Betriebsrat repräsentierten Werken der ...AG und deren Beteiligungsgesellschaften und enthält keine weiteren verschlüsselten Informationen. Der Schlüssel für die Abstimmkreise ist in Anlage 3 (Texttabellen) vereinbart. Für die Tätigkeit wird der Schlüssel der Bundesanstalt für Arbeit verwendet. Die Angaben über Geburts- und Eintrittsdaten werden bei der Erzeugung der Dateien so umgewandelt, daß sie nur das Kalenderjahr und den Kalendermonat, nicht aber den Kalendertag enthalten.

9.2   Pool 1 enthält nur Daten von Beschäftigten, Pool 2 von Beschäftigten und ehemaligen Beschäftigten der ...AG bzw. der repräsentierten Beteiligungsgesellschaften.

9.3   Die Daten der Pools werden für das laufende und abgeschlossene Jahr gespeichert und danach physikalisch gelöscht. Es werden über diesen Zeitpunkt hinaus keine Kopien auf EDV-fähigen Datenträgern hergestellt und aufbewahrt.

9.4   Die Pool-Dateien werden nur auf dem Zentralrechner gespeichert. Über die Vergabe der Zugriffsrechte wird sichergestellt, daß sie nicht auf andere Systeme, insbesondere Personal Computer, kopiert werden können. Ausnahmen sind nur mit Zustimmung des Gesamtbetriebsrats/Betriebsrats möglich.

9.5   Es werden nur Auswertungsinstrumente benutzt, für die

- dateiweise ein Zugriffsrecht vereinbart werden kann und,
- soweit technisch möglich, die bei der Auswertung verwendbaren Einzelbefehle festgelegt werden können.

9.6   Die Dateien Pool 1 und Pool 2 werden weder untereinander noch mit sonstigen Dateien außerhalb der Pools verknüpft; ausgenommen davon ist der Zugriff

TBS — Technologieberatungsstelle beim DGB Landesbezirk NRW

Arbeitsblatt 2708 - Seite 5 -

Computertechnik für Arbeitnehmervertreter

auf die Texttabellen des IPAS-Systems, die in der Satzaufbaubeschreibung der Pool-Dateien angegeben sind.

Um diese Vorschrift technisch abzusichern, wird kein Zugriffsrecht vergeben, das den gleichzeitigen Dateizugriff auf Pool 1 und Pool 2 erlaubt.

9.7 Um sicherzustellen, daß nur statistische Auswertungen gemacht werden, wird die Unternehmensleitung den zugriffsberechtigten Mitarbeitern aufgegeben, keine Einzelsätze der Pooldateien anzulisten, soweit dies nicht bereits technisch auszuschließen ist.

10. Schnittstellen

IPAS ist ausschließlich mit den EDV-Systemen gemäß Anlage 7 verbunden.

Art bzw. Inhalt der zu übertragenden Daten sind darin getrennt nach Eingaben in IPAS und Ausgaben aus IPAS angegeben.

11. Zugriffsrechte

11.1 Die vergebenen Zugriffsrechte (Eingaben und Ausgaben) auf den Datenbestand von IPAS sind in Anlage 8 aufgeführt.

11.2 Außer für die Pooldateien stehen Abfrageinstrumente (Abfragesprachen, List- oder Berichtsgeneratoren o.ä.) auf der Benutzerebene (Sachbearbeiter) nicht zur Verfügung.

11.3 Zur Erstellung von Programmen über personenbezogene Daten ist die Verwendung von Testdaten zulässig. Auf echte Personaldaten darf dabei nicht zugegriffen werden.

12. Datensicherung

Ein unberechtigter Zugriff auf IPAS-Daten wird verhindert durch systemtechnische Regelungen. Diese bestimmen im einzelnen

- wer (Passwort)
- von welchem Gerät
- wann (Tageszeit)
- auf welche Datei (Dateiname)
- in welcher Verarbeitungsart

zugreifen kann.
Versuche von Zuwiderhandlung werden abgewiesen und protokolliert.

Arbeitsblatt 2708 - Seite 6 -

Technologieberatungsstelle beim DGB Landesbezirk NRW   Computertechnik für Arbeitnehmervertreter

13. Änderungen und Erweiterungen des Systems

13.1   Änderungen und Erweiterungen von

- Dateien und Datenfeldern (Anlagen 2 und 6)
- Tabellen (Anlage 3)
- Ausgaben (Anlagen 4 und 5) und
- Schnittstellen zu anderen Systemen (Anlage 7)

sowie der Einsatz neuer Abfrageinstrumente bedürfen unter den Mitbestimmungsvoraussetzungen von § 87.1.6 BetrVG der vorherigen Zustimmung des Gesamtbetriebsrats. Werden bei Pool 1 und Pool 2 neue Abfrageinstrumente eingesetzt, sind ergänzende Regelungen zu dieser Vereinbarung zu treffen.

13.2   Der Gesamtbetriebsrat erteilt bereits jetzt seine Zustimmung zu allen Änderungen bzw. Erweiterungen, soweit sie einer nach Gesetz oder Traifvertrag zu erfüllenden Aufgabe dienen bzw. aufgrund einer neuen oder geänderten Betriebsvereinbarung erforderlich werden.

13.3   Die Anlagen zu dieser Betriebsvereinbarung sind auf dem aktuellen Stand zu halten.

14. Datenübermittlung

Eine Übermittlung personenbezogener Daten an Stellen außerhalb der ...AG und der Beteiligungsgesellschaften erfolgt ausschließlich im Rahmen gesetzlicher, tarifvertraglicher und einzelvertraglicher Regelungen sowie im Rahmen dieser Vereinbarung.

15. Löschung von Daten

15.1   Personenbezogene Daten, die gemäß ihrer Zweckbestimmung nicht mehr benötigt werden, werden in allen Dateien und Bändern gelöscht.

Unter Löschen wird die physische Vernichtung verstanden, ohne die Möglichkeit einer Regenerierung.

15.2   Nicht mehr benötigte personenbezogene Daten ausgeschiedener Mitarbeiter werden auf separaten Bändern gespeichert. Eine Verwendung dieser Daten erfolgt ausschließlich mit Zustimmung des Gesamtbetriebsrats/Betriebsrats.

16. Kontrollrechte des Gesamtsbetriebsrats/Betriebsrats

Der Gesamtbetriebsrat/Betriebsrat kann die voll-

Arbeitsblatt 2708 - Seite 7 -

Technologieberatungsstelle beim DGB Landesbezirk NRW   Computertechnik für Arbeitnehmervertreter

ständigen Systemunterlagen einsehen und sich auf Wunsch erläutern lassen.

Ferner hat er das Recht,
- den Satzaufbau der Segmente,
- den Inhalt der Texttabellen/Schlüsseldateien,
- die vergebenen Zugriffsberechtigungen, insbesondere für die Pool-Dateien und die auf sie zugreifenden Auswertungsinstrumente

im System direkt einzusehen.

Die vom Gesamtbetriebsrat/Betriebsrat mit der Wahrnehmung dieser Aufgaben betrauten Mitglieder können an geeigneten EDV-Schulungen teilnehmen; näheres ist gesondert zu vereinbaren.

17. Meinungsverschiedenheiten

Meinungsverschiedenheiten über die Auslegung und Anwendung dieser Betriebsvereinbarung sollen nach Möglichkeit in einer paritätischen Kommission zwischen Unternehmensleitung und Gesamtbetriebsrat beigelegt werden; ist dies nicht möglich, entscheidet die Einigungsstelle.

18. Schlußbestimmung

18.1 Diese Vereinbarung tritt am 01.02.86 in Kraft.

18.2 Sie kann mit einer Frist von 12 Monaten zum Jahresende gekündigt werden, erstmals zum 31.12.90.

Bis zum Abschluß einer neuen Vereinbarung gilt sie weiter.

01.02.1986

Unternehmensleitung   Gesamtbetriebsrat
der Aktiengesellschaft ...   der Aktiengesellschaft ..

Geschäftsführung   Betriebsrat
der ...GmbH   der ...GmbH

	Arbeitsblatt 2709 Seite 1
TBS	
Technologieberatungsstelle beim DGB Landesbezirk NRW	Computertechnik für Arbeitnehmervertreter

Fragebogen zur Beurteilung des Seminars

I **Seminarinhalt**   Können die vermittelten Inhalte in der
betrieblichen Arbeit genutzt werden?
(bitte Ankreuzen)

Lehreinheit	nein	weniger	z.T. gut	sehr gut
1. "Einführung"				
2. "Funktions- weise"				
3. "Interessen"				
4. "Gefährdungs- bereiche"				
5. "Einführungs- strategie"				
6. "Recht"				
7. "Regelungen"				

Waren die Inhalte verständlich dargestellt oder waren sie
schwer zu verstehen?

Lehreinheit	zu kom- pliziert	gerade noch	ganz gut	sehr gut
1. "Einführung"				
2. "Funktions- weise"				
3. "Interessen"				
4. "Gefährdungs- bereiche"				
5. "Einführungs- strategie"				
6. "Recht"				
7. "Regelungen"				

TBS

Technologieberatungsstelle beim DGB Landesbezirk NRW

Arbeitsblatt 2709 Seite 2

Computertechnik für Arbeitnehmervertreter

II Seminargestaltung (bitte auf der Skala ankreuzen)

1. Die Gliederung und Aufbereitung der Lerninhalte war

   übersichtlich 1 2 3 4 5 6 unübersichtlich

2. Der Seminarverlauf war

   interessant 1 2 3 4 5 6 uninteressant
   und anregend   und langweilig

3. Das Lerntempo war

   angemessen 1 2 3 4 5 6 unangemessen

4. Eigene Erfahrungen konnten von den Teilnehmern

   genügend oft 1 2 3 4 5 6 zu selten
                                   eingebracht werden.

5. Die Mischung zwischen Vortrag, Diskussion, Arbeitsgruppen, Demonstration und anderen Arbeitsformen war

   angemessen 1 2 3 4 5 6 unangemessen

6. Verbesserungsvorschläge zur Seminargestaltung:

III Referenten (bitte auf der Skala Ankreuzen)

1. Der Vortragsstil der Referenten war

   interessant 1 2 3 4 5 6 uninteressant
   und anregend   und langweilig

2. Die Sprache der Referenten war

   verständlich 1 2 3 4 5 6 unverständlich

3. Die Referenten gingen auf Fragen, Einwände und Diskus-
   sionsbeiträge

   immer und angemes- 1 2 3 4 5 6 nicht immer und
   sen ein   unangemessen ein

4. Was möchtest Du zu den Referenten sonst noch anmerken?

TBS   Arbeitsblatt 2709   Seite 3

Technologieberatungsstelle beim DGB Landesbezirk NRW   Computertechnik für Arbeitnehmervertreter

IV Seminarunterlagen (bitte auf der Skala Ankreuzen)

1. Die Teilnehmerunterlagen waren

      ausreichend   1   2   3   4   5   6   nicht ausreichend

2. Die Teilnehmerunterlagen sind für eine Nachbereitung

      geeignet   1   2   3   4   5   6   nicht geeignet

3. Die Aufbereitung der Lerninhalte in den Folien ist

      sehr gut   1   2   3   4   5   6   schlecht
      gelungen   gelungen

4. Hast Du noch Ideen zur Verbesserung der Seminar-
materialien?

V Gesamtbeurteilung

1. Das Seminar hat meine Erwartungen (bitte ankreuzen)

      erfüllt   1   2   3   4   5   6   nicht erfüllt

2. Insgesamt bewerte ich das Seminar als (bitte ankreuzen)

      sehr gut   1   2   3   4   5   6   schlecht

3. Wo ist sonst an Positivem oder Negativem zu bemerken?

    Was sollte besser gemacht werden?

Kommentierte Literaturliste
und
Liste von einsetzbaren Videos

Kommentierte Liste weiterführender Literatur

Wolfgang Kilian
Personalinformationssysteme in deutschen Großunternehmen. Ausbaustand und Rechtsprobleme. Berlin, Heidelberg, New York (Springer) 1982

Bis heute gibt es keine andere empirische Untersuchung, die auf ähnlich breiter Grundlage durch Vollerhebung den Ausbaustand bei Personalinformationssystemen festgestellt und darüber hinaus rechtlich bewertet.

Gabi Mreyen/Andreas Krüger
Stand und Qualität von Personalinformationssystemen in international tätigen Unternehmen der Privatwirtschaft (Seminararbeit, 29 S., Lehrstuhl für Marketing, 1987)

In dieser kurzen Seminararbeit werden Grundelemente, Voraussetzungen einer erfolgreichen Einrichtung und gegenwärtige Nutzungsmöglichkeiten von PIS dargestellt. In einem zweiten Teil wird der Entwicklungs- und Anwendungsstand von PIS empirisch betrachtet. Dazu werden drei Software-Produkte (KSPA, PAISY und INTERPERS) vorgestellt und der Einsatz von PIS in international tätigen Unternehmen (Ford-Werke, Adam Opel, Nixdorf Computer AG, Deutsche Bank) abgehandelt.

Ingolf Spickschen
Automatisierte Personaldatenverarbeitung und Arbeitnehmerdatenschutz, in: Verwaltungsführung, Organisation, Personal 1987 (5)

Ingolf Spickschen (Referatsleiter für Datenschutz im Sozial-, Gesundheits- und Personalwesen beim Bundesbeauftragten für den Datenschutz) stellt die datenschutzrechtlichen und gesellschaftspolitischen Risiken der automatisierten Personaldatenverarbeitung dar. Ferner zeigt er die Lücken im Rechtsschutz, insbesondere BDSG und BetrVG, auf und formuliert Anforderungen an künftige Rechtsvorschriften.

Dietmar Hexel
Personaldaten und EDV. Sonderdruck der Zeitschrift »Der Betriebsrat« für die IG Chemie-Papier-Keramik, 230 S., hrsg. von **IG Chemie Hauptvorstand,** Hannover 1986; auch erschienen als Buchveröffentlichung unter dem Titel »Mensch im Computer«, Hamburg 1986 (VSA)

Diese Broschüre ist eine an Betriebsräte gerichtete Handlungshilfe. Dementsprechend sind die rein informativen Teile sehr kurz gehalten. Statt dessen wird ein detaillierter Handlungsplan für die Einführung von Personalinformationssystemen bis zum Abschluß einer Betriebsvereinbarung dargestellt. Ausführlich werden die Regelungsbereiche einer Betriebsvereinbarung und die rechtlichen Grundlagen der Mitbestimmung behandelt. In Anhängen werden bereits abgeschlossene Betriebsvereinbarungen und die Rechtsprechung des Bundesarbeitsgerichts dokumentiert.

Gewerkschaft ÖTV Hauptvorstand

Elektronische Datenverarbeitung. Computergestützte Personaldatenverarbeitung. Bearbeitung in der gewerkschaftlichen Interessenvertretung, 84 S., Stuttgart 1983

Innerhalb ihrer Themen-Reihe »Elektronische Datenverarbeitung« legt die ÖTV Material zu »Computergestützter Personaldatenverarbeitung« vor, das aus den Teilen:

− Bearbeitung in der gewerkschaftlichen Interessenvertretung,
− Rechtliche Eingriffsmöglichkeiten für Betriebs-/Personalräte,
− Betriebs-/Dienstvereinbarungen,
− Literatur

besteht. Neben einer kurzen Sachdarstellung zur automatisierten Personaldatenverarbeitung enthält die Broschüre im Hauptteil einen ausführlich detaillierten und kommentierten Handlungsplan (inklusive Checklisten) für die betriebliche Interessenvertretung sowie Beispiele für betriebliche Kämpfe zur Abwehr personaldatenverarbeitender Systeme im Bereich der ÖTV (dokumentiert durch Flugblatt- und Faltblattfaksimiles).

DGB Bundesvorstand

Datenschutzfibel, 40 S., Düsseldorf 1980

Diese Broschüre informiert über die Gefährdungen, die durch die Sammlung von Persönlichkeitsdaten für Arbeitnehmer entstehen und zeigt die bestehenden datenschutzrechtlichen Regelungen und ihre Anwendungen in der betrieblichen Praxis auf. Sie ist einfach geschrieben und versteht sich als eine Handreichung für die typischen im Betrieb auftretenden Fälle.

Gewerkschaft ÖTV Bezirksverwaltungen Baden-Wttbg. und Bayern

Ein bißchen PIS gibt es nicht. Personalinformationssysteme im öffentlichen Dienst, 64 S., Stuttgart/München 1985

Diese Broschüre behandelt elektronische Datenverarbeitung und computergestützte Personaldatenverarbeitung am Beispiel des »Dialogunterstützten Personal- und Stellenverwaltungssystems an Hochschulen« in Bayern und des »Personal- und Stellenverwaltungssystems am Arbeitsplatz« in Baden-Württemberg. Es werden Ergebnisse eines gemeinsamen Seminars der ÖTV-Bezirksverwaltungen dokumentiert.

IG Metall Vorstand (Hrsg.)

Personalinformationssysteme. Broschüre, 74 S., Frankfurt 1986. Ausarbeitung: Thomas Klebe, Siegfried Roth (Neuauflage in Vorbereitung)

Diese Broschüre richtet sich an Betriebsräte. Sie soll der Beeinträchtigung des Persönlichkeitsrechts, den neuen Möglichkeiten von Personalauslese und Leistungskontrolle, der Verstärkung des betrieblichen Machtungleichgewichts zugunsten der Arbeitgeber durch die Personaldatenverarbeitung entgegensteuern und für den Handlungsbedarf der Betriebsräte »Hilfe zur Selbsthilfe« leisten. Die Broschüre greift auf Erfahrungen in betrieblichen Auseinandersetzungen zurück, die von Betriebsräten und hauptamtlichen Kollegen gemeinsam aufgearbeitet wurden, und orientiert sich inhaltlich an dem auch von Siegfried Roth ausgearbeiteten Referentenleitfaden der IG Metall zu Personalinformationssystemen.

IG Chemie-Papier-Keramik (Hrsg.)
Überwachung durch EDV, Der Betriebsrat (Schriftenreihe für die Betriebsräte der IGCPK) Nr. 6., 1986

In diesem Schwerpunktheft der Schriftenreihe für Betriebsräte der IG Chemie wird der Stand der Auseinandersetzungen um EDV-Betriebsvereinbarungen wiedergegeben, einige Beispiele abgedruckt und um Praxisberichte betrieblichen Handelns und eine Dokumentation der Rechtslage ergänzt.

IG Metall Vorstand Abt. Bildungswesen/Bildungspolitik
Wochenseminar: Humanisierung der Arbeit, Referentenleitfaden. Bildungsbaustein Personalinformationssysteme, 196 S., Frankfurt 1985

Dieser Leitfaden entstand im Rahmen des HdA-Qualifikationsprojekts der IG Metall. Dabei wurden Lehr- und Lernmaterialien zum Themenbereich Humanisierung des Arbeitslebens und eine entsprechende Referentenausbildung sowie Seminarkonzeption entwickelt. Dabei weist das Seminarmodell neben konstanten Arbeitseinheiten zu Problemen technisch-organisatorischer Entwicklung und darauf bezogener sozialer und humaner Gestaltungsmöglichkeiten ergänzende, variabel einsetzbare »Bildungsbausteine« zu einzelnen Technologien (neben CAD/CAM, Industrieroboter, NC-Technologie, auch zu Personalinformationssystemen) auf. Die Materialien sind so abgefaßt, daß sie auch als Bestandteil anderer Seminarmodelle eingesetzt werden und/oder für Tages-, Wochenend- oder Abendveranstaltungen Verwendung finden können.

Klaus Ahlheim/Klaus Winger
Im Griff des Computers – Computer im Griff?, 72 S., Darmstadt 1986

Dieses Heft dokumentiert Arbeitseinheiten und Materialien eines Seminars mit Arbeitnehmern, durchgeführt von und für die evangelische Erwachsenenbildung. Der Schwerpunkt des Seminars liegt dabei auf Personaldaten im Betrieb, worunter auch die methodisch-didaktische Beschreibung einer PISSI-Simulation gefaßt ist.

Karl Schmitz
Personal-Computer und Arbeitnehmerdaten (Hg. vom Ministerium für Arbeit, Gesundheit und Soziales des Landes NRW), 62 S., Düsseldorf, o.J.

Während die Personaldatenverarbeitung auf Großrechnern gute technische und juristische Regelungsmöglichkeiten bietet, ist der PC-Einsatz in der Verarbeitung von Arbeitnehmerdaten datenschutztechnisch nicht beherrscht. Im Zentrum dieser Broschüre stehen die spezifischen Datenschutzprobleme auf einem PC-System und Beispiele ihrer betrieblichen Regelung.

Kommentierte Liste weiterführender Literatur 8–5

Otto Küpferle/Hans H. Wohlgemuth

Personaldatenverarbeitende Systeme. Rechtsprobleme und Argumentationsmöglichkeiten aus der Sicht der Beschäftigten, 256 S., Düsseldorf 1987

Das Buch wendet sich an alle, die mit Rechtsfragen der Einführung und Anwendung personaldatenverarbeitender Systeme befaßt sind. Es werden rechtliche Argumente zur Begrenzung der Datenerhebung, -verarbeitung und -auswertung entwickelt. In Anwendung von Kriterien, nach welchen die Zulässigkeit der automatisierten Verarbeitung von Arbeitnehmerdaten beurteilt werden kann, wird ein auf Arbeitgeberseite ins Spiel gebrachter »gesetzlich definierter Personaldatenstammsatz je Arbeitnehmer« kritisch überprüft und eingeschränkt.

Hans H. Wohlgemuth

Datenschutz für Arbeitnehmer – Eine systematische Darstellung, 451 S., 2. Auflage, Neuwied 1988

In diesem Grundlagenwerk behandelt der Autor, Justitiar beim Bundesvorstand des Deutschen Gewerkschaftsbundes, in allgemeinverständlicher Form die für den Arbeitnehmerdatenschutz bedeutsamen Rechtsvorschriften und ihre Bedeutung in der betrieblichen Praxis. Zwar liegt der Schwerpunkt im nichtöffentlichen, also privaten Bereich mit dem Bundesdatenschutzgesetz und dem Betriebsverfassungsgesetz im Mittelpunkt, gleichwohl sind auch weiterführende Hinweise zum öffentlichen Bereich aufgenommen und zwar hinsichtlich des »Verarbeitungsrahmens« und der Datenschutzkontrolle, wofür der zweite Abschnitt des Bundesdatenschutzgesetzes und die Landesdatenschutzgesetze von Bedeutung sind. Zu diesem Bereich werden auch Ausführungen des Bundespersonalvertretungsgesetzes hinzugezogen.

Die Systematik der Darstellung folgt (nach grundsätzlichen Charakterisierungen der Datenschutzgesetze) den Phasen der Personaldatenverarbeitung: Datenerhebung, Speicherung, Übermittlung, Veränderung und Löschung; sodann folgen Ausführungen zu weiteren Rechtsfragen außerhalb des BDSG, insbesondere zu den Rechten der Betroffenen und den Handlungsmöglichkeiten von Betriebs- und Personalräten. Im Anhang ist eine Auswahl von abgeschlossenen Betriebs- und Dienstvereinbarungen dokumentiert.

Frank Braatz

Neue Technologien und die gewerkschaftliche Diskussion um ihre sozialverträgliche Gestaltung am Beispiel der Auseinandersetzung um Personalinformationssysteme. Werkstattbericht 39; Reihe Sozialverträgliche Technikgestaltung (Hg. vom Ministerium für Arbeit, Gesundheit und Soziales des Landes NRW), Düsseldorf, 1988

Diese Überblicksarbeit gibt in knapper Form die gewerkschaftliche Diskussion zu Personalinformationssystemen wieder. Dazu werden eingangs grundlegende Begriffe zu PIS behandelt, Rationalisierungsaspekte dargestellt und Fallbeispiele aus der betrieblichen Praxis aufgeführt. Im anschließenden Hauptteil werden Gewerkschaftsbeschlüsse sowie Konzepte zur praktischen Umsetzung und Arbeitsprogramme exemplarisch kommentiert. Da der Handlungsteil sehr allgemein gehalten ist, eignet sich dieser Werkstattbericht weniger für die Betriebsratsarbeit, wohl aber als einführender und allgemeiner Überblick über gewerkschaftliche Diskussionen.

Gewerkschaft Handel, Banken und Versicherungen
Zur Zukunft der Arbeit im privaten Dienstleistungsbereich. Technologie- und rationalisierungspolitisches Arbeitsprogramm der Gewerkschaft HBV. 60 S., Düsseldorf 1989

Dieses Ende 1989 vorgelegte Programm ist Ergebnis eines dreijährigen umfassenden innergewerkschaftlichen Diskussionsprozesses. Es versteht sich als Orientierungshilfe für die betriebliche und gewerkschaftliche Praxis und enthält folgende Gliederungspunkte:

- Unsere Vorstellungen von der Zukunft der Arbeit
- Das gewerkschaftliche Gestaltungskonzept
- Geschäftspolitische Strategien und Rationalisierung
- Neue Freiräume und Abhängigkeiten für ArbeitnehmerInnen
- Anwendungsformen der Computertechnik
- Anhaltspunkte für eine Technikfolgenabschätzung
- Vorausschauende Gestaltung von Arbeit und Technik – Gewerkschaftliche Ziele und Forderungen
- Anforderungen an rechtliche und gesellschaftliche Steuerungsinstrumente
- Voraussetzungen für die Durchsetzung gewerkschaftlicher Ziele – Interessenvertretung bei technisch-organisatorischer Rationalisierung
- Anhang: Begriffserklärungen

Industriegewerkschaft Chemie-Papier-Keramik (Hrsg.)
Betriebsverfassungsrechtliche Regelungsmöglichkeiten von elektronischen Systemen der Betriebsdatenverarbeitung. Heft 2 der Reihe: Mitbestimmungspraxis. Handlungshilfen für Betriebsräte. 100 S., Hannover 1989

Diese Broschüre (Autor: Karl Schmitz) zeigt – ausgehend von einer Systematisierung der BDE-Systeme – die wichtigsten Ansatzpunkte für betriebliche Regelungen auf. Verschiedene technisch-organisatorische Modelle (Protokollierungsmodell, Bibliotheksmodell, Poolmodell, BDE-Systeme mit PC) werden vorgestellt. Mitbestimmungs- und Kontrollrechte für BR werden ausführlich diskutiert und Beispiele betrieblicher Regelungen beschrieben.

Industriegewerkschaft Chemie-Papier-Keramik (Hrsg.)
Einsatz von Personalcomputern und Anwendung von Abfragesprachen. Heft 3 der Reihe: Mitbestimmungspraxis. Handlungshilfen für Betriebsräte. 176 S., Hannover 1989

Diese Broschüre dokumentiert die Beiträge einer Bildungsveranstaltung für Betriebsräte, welche u. a. Ansätze für Regelungen über Personaldatenverarbeitung auf PCs sowohl von der konzeptionellen als auch von der praktischen Seite her beschreiben.

Seibt, D.; Mülder, W. (Hrsg.)

Methoden- und computergestützte Personalplanung

In diesem Sammelband werden aus betriebswirtschaftlicher Sicht Methoden aus verschiedenen Teilbereichen der betrieblichen Personalplanung dargelegt. Für einige Anwendungen wird die Entwicklung computergestützter Teilsysteme zur Realisierung dieser Methoden beschrieben. Erfahrungsberichte aus der Praxis schließen sich an. Das Buch eignet sich gut, um einen Überblick über den möglichen EDV-Einsatz in der Personalplanung zu bekommen; es bietet jedoch keine Handlungsorientierung für Betriebsräte.

Technologieberatungsstelle beim DGB Landesbezirk NRW (Hrsg.)

Sicherungssysteme auf Personalcomputern. Anforderungskatalog und Marktrecherche. Heft 1 der Reihe: Informationen zur Technologieberatung. 32 S., Oberhausen 1988

In dieser Broschüre werden die Ergebnisse einer Untersuchung über Produkte zur Datensicherheit vorgestellt. Die Untersuchung – durchgeführt von Ulrich Mott (FORBIT) im Auftrag der TBS – stellt aus gewerkschaftlicher Sicht Anforderungen an PC-Sicherungssysteme und Beurteilungskriterien bezüglich ihrer Leistungsfähigkeit auf. Anschließend werden 40 Produkte von 26 Anbietern ausführlich in ihren Funktionen beschrieben sowie unter den angegebenen Kriterien tabellarisch gegenübergestellt. Alle Produkte laufen auf IBM-PC und kompatiblen Rechnern unter dem Betriebssystem MS-DOS.

Kommentierte Liste von einsetzbaren Videos

PAISY weiß alles

Franz Lehmkuhl, Waltraud Bierwirth; BRD 1983

Dauer: 29 Minuten (VHS)

Verleih: IGM, UNIDOC

In einem einführenden Interview mit den Entwicklern und Herstellern des Systems PAISY wird zunächst das Aufgabenspektrum von Personalinformationssystemen dargestellt. Es wird insbesondere auch auf den Einsatz von solchen Systemen zur Vorbereitung und Durchführung von Personalentscheidungen verwiesen (Personalbedarfsermittlung, -beschaffung, -einsatz etc.).

Am Beispiel der Vereinigten Aluminiumwerke wird aufgezeigt, welche Anforderungen die Unternehmensleitung an ein Personalinformationssystem stellt und wie mit Hilfe von Betriebsdatenerfassungssystemen Informationen über das Betriebsgeschehen computergestützt erfaßt und ausgewertet werden. Der Einsatz von EDV in der Materialwirtschaft, die Auftragsplanung, Auftragsverfolgung sowie die Verwendung von Prozeßrechnern ermöglicht »per Knopfdruck jederzeit die Information, was sich wo und aus welchem Grund im Unternehmen tut.«

Das Beispiel verdeutlicht die zentrale Aufgabe betrieblicher Informationssysteme als Mittel zur Aufdeckung von Rationalisierungsreserven und als Lieferant von Leistungs- und Verhaltensdaten.

Abschließend werden Hintergrundinformationen über die Einführung von PAISY bei der Thyssen Gießerei AG gegeben: über die Erwartungen und Strategie der Geschäftsleitung, Verknüpfungsmöglichkeiten arbeitsplatz- und personenbezogener Daten, Bewertung von PAISY durch Betroffene, Diskussionen im Betriebsrat. Das Schwergewicht liegt dabei auf den Risiken und Nachteilen von Personalinformationssystemen für Arbeitnehmer.

Verhindern oder mitbestimmen?

BRD 1983

Dauer: 70 Minuten (VHS; s/w)

Verleih: MPZ

Gewerkschafter aus Hamburger Groß- und Kleinbetrieben diskutieren auf einem Seminar der Innovationsberatungsstelle der IG Metall ihre Erfahrungen mit computergestützten Informationssystemen.

Schwerpunkt sind Personalinformationssysteme, die in immer mehr Betrieben, entweder als fertige Systeme, wie z.B. PAISY, oder aus Betriebsdatenerfassungssystemen mit Personalinformationsteil heranwachsend, eingesetzt werden.

Die Diskussion spitzt sich schnell auf die Fragestellung zu: Die Systeme grundsätzlich verhindern oder beim Einsatz mitbestimmen, um sie »in den Griff zu bekommen«?

Ein EDV-Experte macht Vorschläge, in Betriebsvereinbarungen Einschränkungen und bestimmte Kontrollen festzuschreiben. Aber ist das praktikabel? Schützt uns das vor dem »gläsernen Menschen« im Betrieb?

Warum setzen unsere Gewerkschaften auch Personalinformationssysteme ein?

Wieweit unterstützen uns unsere Gewerkschaften im Kampf gegen diese EDV-Systeme?

Viele Fragen sind noch offen. Im Film werden sie nicht beantwortet, aber es wird eine Richtung aufgezeigt, in der wir gemeinsam nach den Antworten suchen können. (MPZ)

»Nicht ohne uns!« Interessenvertreter im Beschlußverfahren vor dem Arbeitsgericht

KAOS Videoproduktion, im Auftrag der Gewerkschaft ÖTV, gefördert von der HBS, BRD 1988

Dauer: 45 Minuten (VHS)

Verleih: Hans-Böckler-Stiftung

Der Film handelt von der geplanten Einführung eines Personalinformationssystems, der Diskussion über ein Beschlußverfahren im Betriebsrat und der anschließenden Verhandlung vor dem Arbeitsgericht.

Zu Beginn des Filmes wird eingeblendet in den Vortrag eines Software-Herstellers über die Vorteile seines Produktes, eines PIS, zum Zwecke der anspruchsvollen Personalplanung. Dieser Vortrag wird vor dem Management eines Betriebes, der dieses Personalinformationssystem einführen will, gehalten. Gegenüber dem Betriebsrat bestreitet die Geschäftsleitung ein etwaiges Mitbestimmungsrecht.

Im zweiten Teil des Films findet eine Betriebsratssitzung unter Beteiligung des Gewerkschaftssekretärs statt. Der Gewerkschaftssekretär gibt den Betriebsratskollegen, die sich mit der Problematik Personaldatenverarbeitung erstmalig befassen, in einem Vortrag einen Überblick über

– Einsatzformen
– Gefährdungen
– Informationelles Selbstbestimmungsrecht (festgestellt durch das Bundesverfassungsgericht)

und fordert sie anschließend auf, die Einführung des Personalinformationssystemes abzulehnen und die Mitbestimmung durch gerichtliche Festsetzung eines Zwangsgeldes abzusichern. Im Anschluß an den Vortrag erfolgt eine Diskussion über das nötige Beschlußverfahren. Dabei werden die Erfolgsaussichten erwogen und über die Formalia bei der Durchführung informiert. Der 3. Teil des Films handelt von dem Antragsverfahren vor dem Arbeitsgericht. Die Vertretung des Betriebsrates beantragt beim Gericht, festzustellen, daß erstens ein Mitbestimmungsrecht besteht und zweitens ein Zwangsgeld festzusetzen für den Fall, daß PISSY vor Wahrnehmung des Mitbestimmungsrechts eingeführt würde. Die Geschäftsleitung behauptet, daß das Programm nur für administrative Zwecke eingesetzt würde und insbesondere keine Leistungs- und Verhaltenskontrolle stattfinden solle. Der Gewerkschaftssekretär als Vertreter des Betriebsrates erläutert die zutreffenden Mitbestimmungsrechte aus seiner Sicht. Nach einer längeren Wartezeit der beiden Konfliktparteien ergeht das Urteil des Arbeitsgerichtes: Mitbestimmungsrechte werden anerkannt und ein Zwangsgeld von 20.000,- DM festgesetzt. In der Begründung des Urteils wird auf die objektive Eignung des Personalinformationssystems zur Leistungs- und Verhaltenskontrolle als ausreichender Tatbestand zur Mitbestimmung eingegangen.

Insgesamt ist der Film geeignet, gerade Betriebsräte ohne EDV-Kenntnisse und ohne Erfahrungen in der Konfliktaustragung dazu zu bewegen, auch den Gang vor das Arbeitsgericht nicht zu scheuen, weil der Betriebsrat im Film vor einer vergleichbaren

Situation steht. In einzelnen Gesprächssequenzen wird z.B. die Unsicherheit des Betriebsrates recht plastisch ausgedrückt. So, als z.B. der Betriebsratsvorsitzende auf dem Weg zum Arbeitsgericht kommentiert: »Ich bin hier mal als Fahrer angefangen und heute schleppe ich den Vorstand vors Arbeitsgericht«.

Stichwortverzeichnis

Die Ziffer vor dem Bindestrich bezieht sich jeweils auf die Lehreinheit, die Ziffer hinter dem Bindestrich auf die Seite der jeweiligen Lehreinheit (z. B. bedeutet 3–29: Seite 29 innerhalb der Lehreinheit 3). »A« verweist auf ein Arbeitsblatt. Zur Numerierung der Arbeitsblätter siehe »Einführung«, S. 12.

Abfragesprachen, freie   2–11f.
Arbeitsplatzdaten   2–9, 2–13,
   A 2202
Arbeitszeiterfassung   2–14f.
Auskunftsrecht   6–12
Auswertungen   3–16
AZEV (Arbeitszeiterfassungs- und -
   Verarbeitungssysteme)   2–14f.,
   A 2208, A 2211

BDE (Betriebsdatenerfassungs-
   systeme)   2–17, A 2210
Beratung   5–9
Beratungsrechte   6–16f.
Betriebsvereinbarung   5–11, A 2705
Betriebsvereinbarung (Formulierungs-
   hinweise)   7–9ff., A 2706
Bewegungskontrolle   2–15
Bundesdatenschutzgesetz   6–7ff.

Daten   2–8f.
Datenbank   2–8f.
Datenkatalog   A 2402
Datenschatten   4–10f.
Datenschutz   6–5ff.
Datenschutz, Aufgabe des   6–8
Datenschutzbeauftragter   6–13ff.
Datenspeicherung   6–10ff.
Datenverarbeitung, Zulässigkeit
   der   6–9
Datenänderung   6–10ff.
Datenübermittlung   6–10ff.

EDV-Einführungsprozeß   5–7

Gefährdungsbereiche   4–6f.

Gegenvorstellungen, gewerkschaftliche   3–11f., 4–14f., A 2403ff.
Gestaltungskonzept   5–10f.

Initiativrecht des Betriebsrats   5–8,
   A 2501
Informationsbeschaffung   5–7ff.,
   A 2502
Informationsgewinnung (durch
   PIS)   3–5f.
Informationsrechte   5–8f., 6–16f.
Interessenvertretung, Aufgaben
   der   3–11f.
Interessenvertretung, Vorgehensweise
   der   5–7ff.

Kantinendatenerfassung   2–16
Kontextbezug   4–10f.
Kontrolle durch den BR   5–11, 7–7,
   A 2701ff.
Korrekturrechte   6–12f.

Leistungsdruck   4–8f.
Leistungskontrolle   4–8f.

Management, Argumente des   3–8ff.
Maßnahmen, technische und organisa-
   torische   6–9f., 7–7
Methodenbank   2–10ff.
Mitbestimmungsrechte   4–13ff.,
   5–8f., 6–17ff.
Mobilisierung   5–9f.

PDV (Personaldatenverarbeitung,
   computergestützte)   1–8

Stichwortverzeichnis

Personaldaten (= Arbeitnehmer-
daten) 1–8, A 2201
Personaldaten auf PC 2–19f.
Personaleinsparung 4–8
Personalinformationssystem 1–5,
1–8f., 2–7
Personalplanung 1–6ff., 3–11f., 4–7,
A 2204, A 2205
Personalverwaltung 1–6
Persönlichkeitsdaten 2–8f., 2–13
PIS (Personalinformations-
systeme) 1–5, 1–8f., 2–7
PPS (Produktionsplanungs- und
-steuerungssystem) 2–17
Profilabgleich 2–10f.

Regelung, betriebliche 7–6ff., A 2704

Scheinobjektivierung 4–9f.
Selbstbestimmung, informationelle 6–5f.

Telefondatenerfassung 2–15f.
Tankdatenerfassung 2–16
Terminüberwachung 2–10

Unternehmensstrategien 5–5ff.
Überwachung des Verhaltens 4–9

Verknüpfungen 3–6

Zugangskontrolle 2–15
Zugriffsschutz 6–19f.

Die kleine Arbeitsrechts-Bibliothek

Herausgegeben von Wolfgang Fricke, Herbert Grimberg und Wolfgang Wolter

Die kleine Arbeitsrechts-Bibliothek – eine neue Reihe für Betriebsräte, Arbeitnehmer, Gewerkschafter. Arbeitsrechtsprobleme aus der betrieblichen Praxis werden lebendig und mit vielen Arbeitshilfen dargestellt. Präzise juristische Informationen, ja – Paragraphenreiterei, nein. Nicht rechtliche Spitzfindigkeiten, sondern Menschen und ihre Probleme stehen im Mittelpunkt dieser Reihe.

Klar fundiertes juristisches Wissen als Handwerkszeug muß sein und wird detailliert und präzise in dieser Reihe vermittelt werden. Und weil hier alles so praxisnah abgehandelt wird, wird plötzlich auch überraschend klar, daß das Heraustüfteln besonders spitzfindiger juristischer Argumente und Gedankenketten sogar *Spaß* machen kann – wenn man weiß, wofür es nützt und wenn es in lebendiger und verständlicher Form präsentiert wird.

Die neue Reihe folgt dem Erfolgsrezept der »kleinen Betriebsrats-Bibliothek«:
- Jeder Band behandelt ein in sich abgeschlossenes Einzelthema – kurz und bündig.
- Ganz ohne juristische Spitzfindigkeiten geht es nicht, aber die Autoren verzichten auf langatmige theoretische Abhandlungen.
- Alle Bände geben eine Fülle von Tips aus der Praxis für die Praxis – Musterbriefe, Vordrucke, Arbeitshilfen.
- Alles ist lebendig, abwechslungsreich und leicht verständlich geschrieben und mit vielen Beispielen untermauert.
- Und auch der Humor kommt nicht zu kurz.

Die Reihe startet mit vorerst zwei Bänden. Weitere Bände werden folgen.

Band 1
Kündigungen – nicht auf die leichte Schulter nehmen!

Kein Betriebsrat wird Kündigungen wirklich auf die leichte Schulter nehmen. Entlassungen sind immer Ereignisse, die alle Beteiligten belasten und so manchem Betriebsratsmitglied schlaflose Nächte bereiten. Aber vieles hat sich in der Praxis eingeschliffen, was verbesserungswürdig ist. Nicht immer werden alle Möglichkeiten des Betriebsverfassungsgesetzes ganz konsequent und lückenlos genützt. Oft auch steht sich der Betriebsrat aufgrund von Mißverständnissen selber im Wege.

Klare Handlungsanleitungen, konkrete Arbeitshilfen, vor allem Musterbriefe geben Anregungen für jeden Betriebsrat.

Band 2
Betriebsratsrechte – Informationen, Schweigepflicht, Durchsetzung!

Informationen sind die (fast) alles entscheidende Grundlage jeder erfolgreichen Betriebsratsarbeit. Schlimm, daß immer noch sehr viele Arbeitgeber glauben, auf eine rechtzeitige und umfassende Information der Betriebsräte verzichten zu können. Hier helfen nur fundierte Kenntnisse und die Bereitschaft, Rechte auch mit den vorhandenen Mitteln durchzusetzen. Leicht gesagt – aber hier wird gezeigt, wie man es auch wirklich tun kann.

Auch die Kehrseite der Medaille, die Schweigepflicht des Betriebsrats, wird nicht vergessen. Aber: Bangemachen gilt nicht! Tatsächlich gibt es Schweigepflicht nur für einen winzigen Bruchteil der Informationen, auf die der Betriebsrat einen Anspruch hat. In diesem Band bekommt der Betriebsrat klare Entscheidungshilfen.

Bund-Verlag

Die kleine Betriebsrats-Bibliothek

Herausgegeben von Wolfgang Fricke, Herbert Grimberg und Wolfgang Wolter

In der Reihe »Die kleine Betriebsrats-Bibliothek« werden in lockerer Reihenfolge Methoden und Verfahren der Betriebsratsarbeit beschrieben, die in der praktischen Arbeit von Betriebsräten entwickelt und mit denen gute Erfahrungen gemacht wurden:

▶ Jeder Band behandelt ein in sich abgeschlossenes Thema.
▶ Auf langatmige theoretische Einführungen wird verzichtet – wir wollen Tips aus der Praxis für die Praxis weitergeben.
▶ Zu jedem Thema geben wir konkrete Hilfestellungen – Musterbriefe, Vordrucke, Arbeitshilfen.

Band 1
Die Betriebsratssitzung:
Jetzt geht's ran!

Band 2
Betriebsratsarbeit –
aber mit System!

Band 3
Die Betriebsversammlung:
So wird's gemacht!

Band 4
Das Betriebsratsbüro:
Es wird aufgeräumt!

Band 5
Der Wirtschaftsausschuß –
Sinnvoll genutzt!

Band 6
Die Betriebsratswahl:
perfekt vorbereitet und
erfolgreich durchgeführt!

Band 7
Betriebsratsarbeit
richtig »verkauft«!

Band 8
Betriebsinformation –
attraktiv gestaltet!

Band 9
Der Betriebsratscomputer
– effektiver, schneller,
besser arbeiten!

Der Band informiert über
- Einsatzmöglichkeiten für Computer in der Betriebsratsarbeit.
- Briefe, Protokolle, Standardschreiben.
- Berechnungen, Statistiken und Grafiken.
- Was ein Computer sonst noch alles kann.
- Hilfen zur Durchsetzung und Beschaffung eines Betriebsratscomputers.